彭怀祖教授简介

彭怀祖,1956 年出生,江苏海门人,南通大学党委副书记、副校长,管理学博士,教授,博士生导师。全国自然科学规划项目通讯评审专家,全国社会科学规划项目通讯评审专家,中国高等教育学会理事。

致力于高校优化资源配置研究,在全国较早系统开展高校后勤改革研究、多校区高校资源利用绩效评价研究。注重运用教育学、管理学、经济学等学科知识的交叉与综合,采用定性、定量结合的方式,建立多目标优化、数据包络分析、灰色系统等模型,利用随机分析、层次分析法等方法,开展相关研究,取得了较好的成绩。

主持全国教育科学"十五"、"十一五"规划重点课题等多项课题。在《教育研究》、《高等教育研究》、《教育与经济》等刊物发表论文四十余篇,编写《高校后勤资源配置研究》等专著五部。获第五届全国高校人文社科优秀成果奖、第四届全国教育科学研究优秀成果奖等多个奖项。

王建宏简介

王建宏，1979年出生，江苏如皋人，南通大学理学院讲师，博士生。南通大学人文社科百名科研创新人才首批培养对象，南通大学大学生科技创新活动指导教师。主要从事绩效评价与决策分析研究，主持并完成江苏省教育科学“十一五”规划课题一项、江苏省现代教育技术研究重点课题一项、南通市哲学社会科学界联合会课题一项。目前受“教育部人文社会科学研究一般项目（10YJCZH150）”资助，从事“高校教育资源利用绩效评价及其优化配置研究”。在 *Int. J. Nonlinear Sci.*、《数学的实践与认识》等刊物上发表论文10余篇。曾获江苏省哲学社会科学界第四届学术大会优秀论文二等奖，南通市经济与社会发展热点问题研究成果一等奖，南通市自然科学优秀学术论文奖等奖项。

全国教育科学“十一五”规划教育部重点课题研究成果
课题批准号：DFA090361

多校区高校运行成本优化

彭怀祖　王建宏　著

科学出版社
北京

内 容 简 介

在我国高等教育快速发展的过程中，高校运行成本尤其是多校区高校运行成本已经引起高等教育界的广泛关注。如何降低多校区高校的运行成本、实现资源的最优配置已成为我国高等教育研究者必须尽快解决的现实任务。本书从多校区高校运行的基础性条件和实际运行成本两个方面出发，在对运行成本的基础性条件——多校区选址与建设进行研究之后，深入研究了高校运行成本的最优化问题。基础性条件之所以优先探讨，是因为若选址不科学，建设成本过高，那么运行成本的优化将无从谈起。

本书作为全国教育科学"十一五"规划教育部重点课题研究成果（课题批准号：DFA090361），借助数学模型与图表分析的技术手段，借鉴合并高校的实际案例，结合国家高等教育的办学方针、政策，讨论了影响多校区高校运行成本优化的综合因素，以此寻找我国高校发展的规律与特点，实现高等教育的又好又快发展。

图书在版编目（CIP）数据

多校区高校运行成本优化 / 彭怀祖，王建宏著．—北京：科学出版社，2013.3

ISBN 978-7-03-037021-1

Ⅰ. 多…　Ⅱ. ①彭…　②王…　Ⅲ. 高等学校-教育成本-成本管理-研究-中国

Ⅳ. G647.5

中国版本图书馆 CIP 数据核字（2013）第 045793 号

责任编辑：胡治国 / 责任校对：张小霞

责任印制：徐晓晨 / 封面设计：范璧合

科学出版社出版

北京东黄城根北街 16 号

邮政编码：100717

http://www.sciencep.com

北京建宏印刷有限公司印刷

科学出版社发行　各地新华书店经销

*

2013 年 3 月第　一　版　　开本：B5（720×1000）

2019 年 1 月第五次印刷　　印张：16 3/4　插页：1

字数：330 000

定价：139.00 元

（如有印装质量问题，我社负责调换）

序

从象牙塔走向社会，从精英走向大众，已成为世界高等教育的发展潮流。跟随此发展潮流，中国已经在2003年开始跨入高等教育大众化阶段的门槛。“旧时王谢堂前燕，飞入寻常百姓家，”接受高等教育不再是少数人的特权和专利。中国高等教育从精英向大众化的发展，速度之快，变化之大，令人目不暇接，甚至眼花缭乱。而增加高等教育毛入学率，除了新办和升格的高校以外，最主要的部分是高校规模的扩大，其中最外显的是校园的扩大，而且校园的扩大往往是跨越式的，或者是合并，更多的是设置新校区，于是出现中国多数本科大学都有多个校区的状况。

高等教育大众化理论的创始人、美国学者马丁·特罗认为，在精英、大众、普及这三种高等教育系统中，典型的学校模式在规模和特点上存在不同。精英高等教育机构一般是二千至三千寄宿生的小社会。如果规模超过了三千学生，它们将被分成几个分校(院)，这些分校(院)就像牛津和剑桥大学的学院一样，规模相对较小。大众高等教育的标志是综合性学校，它们不是小社会而是由三四万学生和教师组成的寄宿和走读相结合的“大学城”。

如果校园面积足够大，一个校区是最好不过了。但是，在快速扩张的过程中，中国多数高校原有的校园面积都不足以容纳得了大大增加的在校生人数。于是，设置新校区成了必然的选择。不像分校或不同校区的独立性很强的美国巨型大学，中国绝大多数具有多校区的大学都是集权型的，重要事务都是统一由校部决策，于是多校区之间的联系紧密，人员须在各校区之间频繁往来，运营的经济成本和时间成本很大，尤其是校区距离很远的大学更是如此，一些大学的管理人员要花许多时间在“车轮”上。因此，如何在新的历史发展时期办好多校区的大学，如何减少多校区大学的管理成本，如何实现资源的最优配置，科学使用经费，成了摆在中国高等教育研究者面前的重要现实问题。

彭怀祖教授长期致力于高校优化资源配置研究，在全国较早系统开展高校后勤改革研究、多校区高校资源利用绩效评价研究。他扎实的数学专业基础、实际的工作经验和教育经济与管理学方面的博士研究，孜孜不倦、淡然处世的科研态度，使其成为高等教育绩效研究领域的先导者和前行者。彭教授所在的大学是2004年由三所普通本科院校合并成为的地方综合性大学——南通大学。南通大学近年来的改革与发展为提供了良好的研究样本，他将理论研究应用于南通大学的发展实践中，同时对新建校区的选址、合并高校的运行进行了有益的思考和研究。本书根据国家高等教育的办学方针、政策,结合实际,如何在多校区的高等院校合理、科学支配国家教育财政支出并不断优化办学成本,在发挥财政最大效益等方面进行了有益的尝试和探索。特别是对校区建设规划的路径选择、校区集中布局中的向心力、校区分散布局中的离心力,优化新校区选址的量化路径,多校区建设的优化,建筑风格的适用与雅致、校园文化的传承与创新,校区优化调整的影响因素,学科分布的科学性,优化后勤服务的资源配置,人力资源配置的优化等诸多方面,都进行了深入细致的研究。相信本书作为全国教育科学规划课题成果问世,对其他高校多校区办学具有重要的参考价值。

南通为晚清状元实业家张謇的故乡,张謇因为创办实业,成为清代最著名的状元之一。南通因为有张謇,开创了许多全国第一。南通大学地处人杰地灵的区域,并校后发展势头迅猛,且有后来居上之势。彭怀祖教授作为南通大学校领导,在繁忙的政务工作同时,倾心科研,成绩斐然,特别是其《高校后勤资源配置研究》、《关于道德动因多元的研究》论著连续获得第五、第六届高校人文社会科学优秀成果奖,《高校后勤改革的源起、现状和趋向》一文获第四届全国教育科学研究优秀成果奖,这在地方高校教师中是非常少见的。

"今之学者,官重于名,名重于学,以学起名,以名起官,循环相生,而卒归重于官"。(李贽《焚书·复焦弱候》)很多学者从政后就身不由己、无法静下心来治学了,或者无心治学了。官瘾太大会影响治学,真正的学者和善于仕学相兼的人都不是那种官迷心窍的人,而是善于忙里偷闲的人。1998 年 12 月,我曾作为团长组团赴台湾出席首届教育学方面的两岸青年学者论坛,彭怀祖教授也是十位大陆青年学者中的一位,我对彭教授的学术水平留下了深刻的印象,当时他已经是副校级领导。十多年来,彭教授在学术和政事上又有很大的发展,令人欣喜。于今,彭教授请我为其大著作序,却之不恭,故特草数语,以表祝贺之情。

刘海峰

2012 年 12 月 1 日

目　　录

导　言

一、研究背景

自新中国成立特别是1999年大扩招以来，我国普通高校数量和大学生规模急速扩大。1949年，我国普通高等学校共有205所，在校生约85.6万人。据教育部统计，截至2010年，全国共有研究生培养机构797所，普通高等学校2358所，成人高等学校365所，民办的其他高等教育机构836所[①]。高等教育招生人数和在校生规模持续增加，2010年全国招收研究生53.82万人，在学研究生153.84万；普通高等教育本专科共招生661.76万人，在校生2231.79万人；成人高等教育本专科共招生208.43万人，在校生536.04万人[②]。我国高等教育在近十几年里发生了翻天覆地的变化，这在我国高等教育史上，甚至在世界高等教育史上都是绝无仅有的。

我们知道，在20世纪90年代以前，我国高校普遍规模偏小，自20世纪90年代以后，为了克服高校规模偏小、布局欠佳、学科单一和重复建设的弊端，以及改革部门和行业办学的旧体制，通过提高规模效益、优化教育资源配置，从而提高教育质量和办学效益的目的，国家对高等学校的结构布局及管理体制进行了大规模的调整。这次改革以"共建、调整、合并、提高"为主要方针，以合并为实质内容，以1992年5月合并6所省属院校而成的扬州大学为标志。随后，大学合并的工作在行政力量的强力推动下大面积展开，在20世纪末达到高潮。规模之大，涉及范围之广，史无前例。此外，自20世纪90年代后期以来，中国加快了由精英教育向大众化教育的转变，招生规模迅速扩大，全国大学的毛入学率(gross enrollment ratio of higher education，GER)已达到了大众化的门槛。尽管如此，中国大学的毛入学率与高等教育发达的国家相比，还有很大的差距，发展的前景仍然广阔。这种大规模招生人数的增长，使得那些单校区高校的发展受到了严重限制，影响了这些学校的规模扩展和效益的提高。但是，原有的

①教育部．各级各类学校数、教职工、专任教师情况[EB/OL]．(2012-1-18)[2012-9-26]http://www.moe.edu.cn/publicfiles/business/htmlfiles/moe/s6200/201201/129517.html

②教育部．各级各类学历教育学生情况[EB/OL]．(2012-1-18)[2012-9-26]http://www.moe.edu.cn/publicfiles/business/htmlfiles/moe/s6200/201201/129518.html

高校多是建立在大城市的中心地域，办学规模的不断扩大与原有校园面积有限、发展空间受到限制的矛盾日益突出。在这种情况下，一批高校纷纷开辟新校区，从而形成多校区办学的格局。

2010 年 7 月，中共中央、国务院颁布实施《国家中长期教育改革和发展规划纲要(2010~2020 年)》[①](以下简称《纲要》)，从我国改革开放和社会主义现代化建设总体战略出发，绘制了未来 10 年我国基本实现教育现代化的宏伟蓝图。在新世纪第一个 10 年向第二个 10 年迈进的新起点上，实现从教育大国迈向教育强国，从人力资源大国迈向人力资源强国，是大力发展教育事业的必然要求，更是实现中华民族伟大复兴的必由之路。凝聚各方智慧所形成的《纲要》提出了“夯实基础，优化结构，调整布局，提升内涵”的教育发展思路，意在围绕提高质量，调整教育规模和结构，提高教育效益。规模、结构、效益和质量是影响教育发展的基本要素，也是衡量教育协调发展程度的基本要素。

《纲要》中提出：“到 2020 年基本实现教育现代化、基本形成学习型社会、进入人力资源强国的战略目标。”高等教育肩负着培养数以千万计的高级专门人才和一大批拔尖创新人才、发展科学和服务社会的重要使命。高等教育作为教育体系的重要组成部分，是社会体系的一个子系统，也必然与社会经济发生千丝万缕的联系，不断适应政治、经济发展提出的要求[②]。因此，高等教育对于提高全民素质、提升国家的综合国力和核心竞争力，都具有极其重要的战略意义。新中国成立以来，特别是改革开放以来，高等教育事业取得了巨大的历史性成就。我国建立了比较完备的高等教育体系，高等教育实现了跨越式发展，规模位居世界第一，为国家经济社会发展提供了强有力的人才和智力支撑，为实现从高等教育大国迈向高等教育强国打下了坚实基础。但是，在新的历史条件下，与国家发展战略的新挑战相比，与我国科技进步和经济社会发展的新需要相比，与人民群众对高等教育的新需求相比，与国际高等教育发展的新趋势相比，我国高等教育还存在较大差距，全面改革和发展高等教育的任务十分紧迫而艰巨[③]。

高等教育是教育的最高层面，它连接着中等教育，关乎着社会的就业格局，高等教育的规模和结构，是高等教育的重要基石[④]。《纲要》明确提出：“力争到 2020 年，高等教育在学总规模达到 3550 万人，高等教育毛入学率达到 40%，具有高等教育文化程度的人数比 2009 年翻一番”。《纲要》是诸多领导、专家智

---

①国家中长期教育改革和发展规划纲要(2010~2020 年)[EB/OL].(2010-7-29)[2012-10-30]http://www.gov.cn/jrzg/2010-07/29/content_1667143.htm

②彭怀祖，王建宏.高等教育与社会经济协调发展评价[J].江苏高教，2012.1:21

③第五战略专题调研组，周远清，张德祥.高等教育发展战略研究[J].教育研究，2010.7:26

④彭怀祖.基于 Logistic 增长曲线模型的大学在校学生数量发展预测[J].教育与经济，2011.3:7

慧的结晶，必须加以尊重和认真贯彻。然而，近年来我国人口出生率逐渐下降，适龄入学儿童数量明显下滑，影响我国大学在校学生数量的18~22岁适龄人口自2008年开始将持续下降，这必将造成未来高校生源减少①。另一方面，按照《纲要》发展要求高等教育毛入学率在未来10年还将持续上升，因而现阶段探讨多校区高校运行成本优化前需要明确：目前全国范围内普遍存在的高校多校区办学模式未来10年是否将长期存在？会进一步扩增还是有所缩减？事实上，思考这些问题也是理性学习和贯彻《纲要》的体现，既是阐述《纲要》科学性的重要内容，也会增强学习《纲要》的自觉性。

我们认为决定高校多校区办学模式是否长期存在、是扩增亦或是缩减的首要因素是高等教育在学总规模，对高等教育在学总规模的考察指标和视角很多，其中在校大学生数量是高等教育规模的最重要的基础，是规模中各种指标的逻辑起点，它要求和制约着高等学校的占地面积、固定资产、教师数量等指标，而决定在校大学生数量的关键要素是适龄人口和毛入学率。我们分别利用适龄人口预测模型、灰色系统预测模型以及在校大学生数量的毛入学率与适龄人口的乘积模型对2010~2020年间适龄人口数进行估算（表1）、2010~2020年中国GER进行预测（表2）和2010~2020年在校大学生数量预测（表3）②。

表1　2010~2020年中国18~22岁的高等教育适龄人口数（单位：万人）

出生年份	18岁人数	19岁人数	20岁人数	21岁人数	22岁人数	适龄人口	受教育年份
1992	2016.94041	2016.13364	2015.32718	2014.52105	2013.71525	11057.19903	2010
1993	2023.48319	2022.67379	2021.86472	2021.05598	2020.24756	10741.79915	2011
1994	2002.36369	2001.56274	2000.76212	1999.96181	1999.16183	10453.05388	2012
1995	1957.90739	1957.12422	1956.34137	1955.55884	1954.77661	10142.08428	2013
1996	1962.35719	1961.57225	1960.78762	1960.00331	1959.21931	9955.01476	2014
1997	1934.67309	1933.89922	1933.12566	1932.35241	1931.57947	9872.79609	2015
1998	1843.69505	1842.95757	1842.22039	1841.48350	1840.74690	9693.10256	2016
1999	1740.81984	1740.12351	1739.42747	1738.73169	1738.03620	9431.6830	2017
2000	1681.48307	1680.81048	1680.13816	1679.46610	1678.79431	9155.39869	2018
2001	1615.27132	1614.62521	1613.97936	1613.33377	1612.68843	8808.57223	2019
2002	1562.93198	1561.82320	1560.72130	1560.62820	1559.42340	8437.17394	2020

①程瑶，章冬斌．2020年前适龄人口变化与高等教育规模发展研究[J]．开放教育研究，2008.4：28

②彭怀祖，王建宏．在校大学生数量预测研究[J]．数学的实践与认识，2012.18：147~153

表2 中国 GER 2010~2020 年的预测值(%)

年份	2010	2011	2012	2013	2014	2015	2016	2017	2018	2019	2020
预测值	25.6	26.7	27.9	29.2	30.4	31.8	33.2	34.7	36.2	37.8	39.5

表3 2010~2020 年在校大学生数量的预测(万)

年份	2010	2011	2012	2013	2014	2015	2016	2017	2018	2019	2020
在校生数	2733.69	2868.06	2916.40	2961.49	3026.33	3139.55	3218.08	3272.79	3314.25	3329.64	3332.69

综合表1~表3可知:在2010~2020年间,尽管我国适龄人口数呈现持续下降趋势,然而高等教育毛入学率则保持较为稳定的发展速度,这就导致了未来10年高等教育在校学生数量规模仍将稳步增长,这也意味着高校多校区的办学模式将长期存在并有进一步扩增趋势。在这样的背景形势下,现阶段进行多校区高校运行成本优化研究有着较强的针对性和实践意义。

多校区办学模式的优势显而易见,首先,加快了高等教育体制改革。多校区高校的出现就是我国高等教育的一次重新"洗牌"。特别是高校的合并,不但打破了旧的平衡,给高校带来了巨大的变革动力,同时,也冲击着传统的教育管理体制,为解决长期存在的内部管理问题,提供了难得的机遇。其次,促进了高校学科结构优化。高等学校要发展,必须以领先世界的学科为基础,如此才能建立国际一流的大学。多校区办学有利于促进学科之间的相互融合以及构建科学合理的学科群,创造学科生长点。通过增建新校区,特别是多所高校的合并,可以为实现多学科、跨学科的交叉渗透提供必要的条件,有助于推动学科建设的不断发展,增强学科建设的整体实力。最后,提高了高校的社会资本生产能力。高校作为一个社会组织,与社会建立了广泛的关系网络,产生相应的社会资本。而多校区高校的复杂性与多样性能使这种网络急剧扩大、增多,从而提升了获取社会资本的能力,也增加了与师生有关的社会资本。多校区高校由于其规模大,常常包括多种类别和层次的教育,且校区分布在若干地区,科研与人才培养方面,与社会有更广泛的联系,能在更广阔的领域服务社会。因此,也容易获得社会对学校的支持和帮助,其社会资本的生产能力相对于相同办学层次的单校区的学校而言大大加强。

然而,在多校区高校运行的过程中,出现了多样化难以解决的问题与矛盾。首先,"横切"与"纵切"的矛盾。所谓"横切",就是在不同的校区分住着不同年级的学生。所谓"纵切",就是从学科专业设置上对学生进行分割。不论是"横切"还是"纵切",对于大学教育来说都存在根本性的缺陷。原因在于大学教育的整体性被打破了。其次,系统协调成本加大的矛盾。多校区的分散性格局,使同一法人下的高校产生了空间距离，制约了归一化的整体行动，增加了办学成本。再次，文化归属与认同的矛盾。任何一所高校都有自己独特的校园文化。多校区的存在，客观上会形成不同的风貌和精神状态。然而，各个校园不同文化的存在，难以形成一个广泛认同的大学精神和文化归属。特别是新校区的建立，由于其办学时间较短、地理位置较偏僻、人文气息很淡薄，缺乏校园文化底蕴。最后，资源共享的矛盾。高校的合并一定意义上是高等教育资源的重新组合，以达到有效的资源优化配置目标。然而，事实表明，合并高校并不一定能实现资源的共享，资源结构的优化，难以实现"帕累托最优"的目标。

由此，就产生了"如何实现多校区高校运行成本优化"的问题。这也是本书研究的宗旨所在，贯穿于各个章节之中。所谓"优化"，英文名为Optimization，亦称"最佳选择"，指根据最佳标准从大量可行的方案中找出最佳方案的过程。"优化"在科学研究领域中占有非常重要的地位，它所研究的问题是探讨在众多的方案中寻找最优方案，其是一门应用广泛、实用性很强的科学。优化的任务是根据一定极限与平衡比例确定达到专项功能的各种方案，专项功能意义最大的方案是最佳方案。对所有可能的方案进行比较和评定，是确定最佳方案的最可靠方法。在经济实践中经常出现的情况是，不能只根据一个专项功能来评价各种方案的质量，从而找出最佳方案，在这种情况下，应首先排除各项标准都比较差的方案，然后对其余的方案进行比较，从中找出适用的折中方案。这便是根据多项功能综合评定的最佳方案。

"优化"并不是完全意义上的"节约"，节约原意为节省。在多校区办学过程中，其运行成本也产生节约的问题，指的是在保证教育、教学质量的前提下，如何减少不必要的费用，使运行成本降至科学的、合理的水平。而优化则不仅含有节约之意，更为重要的是在各种"减少不必要费用，降低运行成本"的方案中，寻求一种最为可行、最为可靠的方案。因此，本书将全国教育规划课题"多校区高校运行成本节约研究"汇集于"优化研究"之中，以此体现出对"多校区高校运行成本"研究的系统性和科学性。

当然，对多校区高校运行成本的研究离不开相关命题的假设。本书设置的研究假设是：①多校区高校运行成本存在浪费现象。在保证办学质量前提下，通过管理可以提高运行成本的效率，以此缓解高校资源不足的局面。②多校区高校运行成本和一个校区高校运行成本有着诸多差异性，不同地区、不同类型的多校区高校运行成本有着各自的特点。③运行成本优化高校的经验可以推广，运行成本较高的高校不足应当避免。④可以通过教育学、计量经济学、管理学的理论与方法，建立较为科学的多校区高校运行成本评价体系。

二、研究意义

高等教育大众化的步伐不断加快,并随着高校生均培养成本的快速增加,教育经费支出逐年大幅攀升。然而,教育经费的财政投入严重不足,学生分担的培养费用部分已处于较高水平,学校自身创收能力较为有限。高校财政收支失衡的现象较为普遍,已经成为制约高校发展和提升办学质量的"瓶颈"。基于此,研究高校运行成本优化的问题,优化各类资源配置,千方百计降低运行成本,从各个层面寻求并落实优化措施,是打破"瓶颈"的必然选择。同时,目前多校区办学已经成为高校的普遍现象,如教育部直属的72所高校中就有66所为多校区高校;江苏118所高校中就有74所高校为多校区办学。为此,如何实现多校区高校运行成本的最优化,是带有普遍意义的问题。

科学发展、和谐发展已经是当今社会的主流话题,科学与和谐发展的重要内涵则是实现资源配置的优化。高校肩负着培养高层次人才、服务和引领社会的重任,高校自身的运行必须要有效率,才能率先垂范,成为节约型社会的榜样。因此,科学地、系统地总结运行成本效率较高高校的经验,找准运行成本较大高校的不足与问题,探究优化高校运行成本的规律并将其推广,具有重大的现实意义。

三、核心概念的界定

高校:高等学校的简称,在我国泛指对公民进行高等教育的学校。高等教育是在完全的中等教育基础上进行的专业教育,是为社会培养高级专门人才的活动。1993年,联合国教科文组织在巴黎召开的第27届会议发表了《关于承认高等教育学历和资格的建议》,对高等教育做出如下表述:高等教育指的是国家主管当局批准的,作为高等教育机构的大学或其他教育机构提供的各类中等教育后水平的学习、培训或研究性培训。① 我国高等学校承担着培养人才、科学研究、服务社会的基本功能,其数量庞大、类型繁多。目前社会上对高等学校的分类有很多种标准和方法,笔者比较认可依据"办学类型"对高等学校进行分类的方法。在《学科分类与代码》(国标GB/T13745—1992)给出的全国高等学校编码中,同时存在不同标准的三种分类,第一种即是按办学类型的分类,将全国的高等学校分为四大类别:培养研究生的科研机构、普通高等学校、成人高

①王建华. 高等教育学的建构[M]. 广州:高等教育出版社,2009.162

等学校、民办的其他高等教育机构,其中,普通高等学校类型中包含了本科院校和专科院校,而本科院校又有大学和学院之分(图1)①。

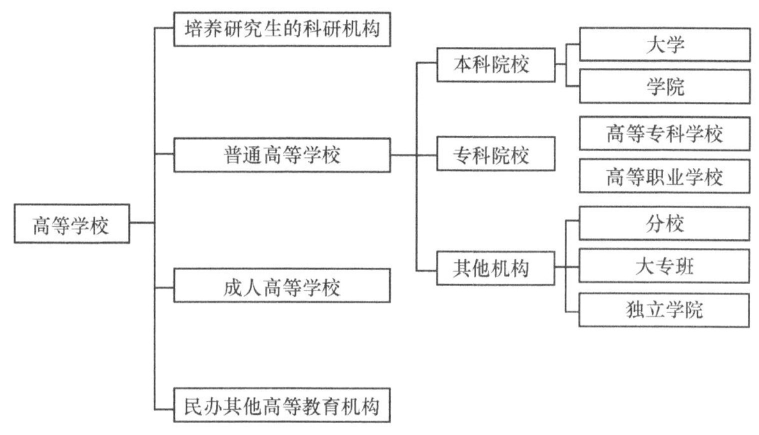

图1　高等学校的分类

多校区高校:多校区高校是指相对于具有集聚性的单一校区而言,是指具有一个独立法人资格,有两个或两个以上在地理位置上不相连的校园办学的大学,这种不相连的校园在学校内部被称为校区。由于高校合并以及高等教育大众化的逐步演进,目前许多高校已成为多校区高校。

运行成本:高校运行成本指的就是高校建设、生存、发展所耗费的货币表现。它包括两大部分,一是建设成本,二是狭义的运行成本。前者指的是高校各项资本性支出,主要包括校区土地的购买、新增教学楼、宿舍楼等房屋的建设费用;后者则指的是高校周而复始所需要的费用,主要用于保证正常的教学科研活动的经常性支出。

优化:英文名为Optimization,亦称"最佳选择"。指根据最佳标准从大量可行的方案中找出最佳方案的过程。优化的任务是根据一定极限与平衡比例确定达到专项功能的各种方案。专项功能意义最大的方案是最佳方案。

四、国内外相关研究综述

成本是经济学和会计学研究的领域,是指进行一种产品生产所需的全部费用。最早从经济学角度对成本进行阐述的是马克思,他在分析资本主义商品价值构成和成本时指出,"按照资本主义生产方式生产的每一个商品W的价值,用公式来表示就是W=C+V+M。如果我们从这个商品价值中减去剩余价值

①浙江大学课题组. 中国高等学校的分类问题[M]. 北京:高等教育出版社,2009.12

M,那么,在商品中剩下的,只是一个在生产要素上耗费去的资本价值 C+V 等价物或补偿价值。”“商品价值的这个部分,即补偿所消耗的生产资料和所使用的劳动力价格的部分,只是补偿商品使资本家自身消耗的东西,所以对资本家来说,这就是商品的成本价格①。”

高校运行成本的问题则起源于对教育成本的研究。“教育成本”的概念是在 20 世纪 50 年代末 60 年代初教育经济学产生时出现的。约翰·维泽,在其 1958 年出版的《教育成本》将教育经费视同教育成本。随后出版的《教育经济学》一书中他提出不仅要计量教育的直接成本,还应计量教育的间接成本②。1963 年,舒尔茨出版的《教育的经济价值》是教育经济学的奠基文献。舒尔茨提出“教育全部要素成本”的概念,他认为教育的全部要素成本可分为两部分,一是提供教育服务的成本,二是学生上学时间的机会成本③。科恩提出教育成本可分为两大类:直接成本和间接成本。直接成本主要是学校提供教育服务的成本,但也有一部分是学生因上学而发生的支出:额外(比不上学)的食宿费、服装费、往返于家庭与学校之间的交通费,以及书费、运动器械等学校用品费用。间接成本主要有:学生上学放弃的收入,学校享受的税款减免,用于教育的建筑物、土地等资产损失的收入(利息或租金)④。

国内学者对高校运行成本优化的研究并不多见,多数学者都以教育成本为视角,研究如何降低高等教育成本。台湾学者盖浙生指出,教育活动既是一种公共服务,又可被视为一种生产服务,教育成本分为教育生产者的成本和教育消费者的成本。教育生产者是公私教育机构,教育消费者是学生。教育成本=教育生产者成本(即直接成本,即公私教育机构之费用支出)+教育消费者成本(即间接成本,也即机会成本)⑤。大陆学者王善迈教授认为,教育成本是用于培养学生所耗费的教育资源的价值,或者说是以货币形态表现的,由社会和个人或家庭直接或间接支付的全部费用⑥。林荣日认为,教育成本就是培养一名学生所耗费的年度资源综合,这里的资源综合是指物化劳动和活劳动的价值综合。教育成本大体可分为广义教育成本和狭义教育成本。前者是指从国家或社会的角度来看,培养一名学生所耗费的来自国家、社会、学校和学生个人的年度资源总和(这里包括机会成本、固定资产折旧成本和潜在租金总损失等),而后者是仅从学校的角度来看的,指学校为培养一名学生所花费的资源总和(这

---

①[德]马克思. 资本论[A]. 马克思恩格斯全集(25 卷)第 1 分册[M]. 北京:人民出版社,1974.30

②袁连生. 教育成本计量探讨[M]. 北京:北京师范大学出版社,2000.10

③林钢,武雷. 高等教育成本研究[M]. 北京:中国人民大学出版社,2008.13

④袁连生. 教育成本计量探讨[J]. 北京师范大学学报(人文社会科学版),2000.1:17~18

⑤盖浙生. 教育经济学[M]. 北京:三民书局.1982.100~105

⑥王善迈. 教育投入与产出研究[M]. 石家庄:河北教育出版社,1996.168

里不包括机会成本),因而这种成本常常被认为学校教育成本或学校培养成本[①]。

教育成本的研究提高了我们对优化多校区高校办学成本的认识,提醒我们对此问题的研究必须要有系统性。无论国外还是国内,教育成本具有宏观政策的意味,对一个国家、地区的高等教育发展具有非常重要的作用。然而,宏观上的研究不能引起高校自身对本校运行成本的重视,因此有的学者已经认识到此问题,开始对高校运行成本进行定义。牛彦绍认为,"高校运行成本的本质是受教育者接受高等教育服务而耗费的资源价值。主要包括教师、图书馆工作人员、学校管理人员的服务成本,维持学校运行耗费的要素成本,以及房屋、土地等的折旧、利息成本等[②]。"毕方水认为,"高校运行成本主要是指高校在年度事业发展中所形成的支出总和,其内涵与培养成本有较大不同[③]。"而黎明、黄金曦、顾海英等对高校运行成本进行了分类。黎明、黄金曦认为,高校运行成本是指高校在日常运营过程中所耗费的各种资源。并根据不同的标准可划分为不同的类型。按成本的经营活动性质,分为教学成本、管理成本和交易成本;按成本与培养学生的相关程度,分为直接成本和间接成本;按成本的经济用途,分为劳动力成本、固定成本和管理成本[④]。顾海英认为,高校运行成本可以划分为以下几类:按经济内容分类,分为人员经费、公务费和业务费、用于教学和管理方面的日常支出、折旧费和大修理费、对个人和家庭补助支出、收入再分配支出的支出;按期限经济用途分类,分为教学支出、科研经费、行政管理支出、学生资助费;按性质分类,分为经常性教育成本、建设性教育成本。前者指为保证教学科研工作正常运转所发生的日常消耗性支出;后者指为保证教学科研工作正常运转发生的各项资本性支出,如房屋建筑物、土地等固定资产购建支出。按性态分类,分为固定成本、变动成本;按与核算对象的关系分类,分为直接成本、间接成本[⑤]。

如今,在人力、财力、物力有限的条件下,各多校区高校纷纷都提出了要降低运行成本的口号。高校运行成本的高低在一定程度上影响着高校的综合竞争力,因此,在高等教育日益国际化的今天,高校运行成本应当引起人们的广泛关注。笔者认为,高校运行成本指的就是高校建设、生存、发展所耗费的货币表现。它包括两大部分,一是建设成本,二是狭义的运行成本。前者

---

①林荣日. 教育经济学[M]. 上海:复旦大学出版社,2008.47

②牛彦绍. 高校运行成本内涵及构成[J]. 财会通讯·理财版,2007.9:60

③毕方水. 高校培养成本的还原因素分析[J]. 中国市场,2005.11:146

④黎明,黄金曦. 论高校多校区运行成本的降低[J]. 重庆工学院学报,2007.8:139~141

⑤顾海英. 浅议高校运行成本分类[J]. 财会通讯·理财,2008.2:85~86

指的是高校各项的资本性支出，主要包括校区土地的购买、新增教学楼、宿舍楼等房屋的建设费用；后者则指的是高校周而复始所需要的费用，主要用于保证正常的教学科研活动经常性支出。为此，本书从这两方面出发，研究了建设成本（高校校区的选址与建设）及狭义的运行成本。前者内容主要有校区建设规划的路径选择、优化新校区选址的量化路径、多校区建设的优化以及并校后校区的优化调整。后者则包括办学规模的优化、管理模式的优化、学科分布的科学性、实验教学仪器设备的优化、优化后勤服务的资源配置以及人力资源配置的最优化。

五、研究思路与研究方法

（一）研究思路

高校运行成本包含建设成本与狭义的运行成本，因此，为了实现多校区高校运行成本优化的目标，就要从这两方面着手。建设成本主要指在推动高校自身实现最优化发展的过程中实施的不动产的购买、建设费用，主要包括多校区实现集中办学、分散办学而购置土地、校区房屋（教学楼、公寓楼、办公楼等）建设费用等。狭义的运行成本主要是为了保证教学科研工作正常运行而发生的各类周而复始的费用。一般可以分为以下几类：①与学生、学科、学院分布关联的费用；②与学生学习、生活直接相关的费用；③与教师工作、学习、生活相关的费用；④与教学、科研直接相关的费用；⑤办公费用；⑥学校校园服务保障费用。因此，本书运用高等教育学、管理学、计量经济学的理论，建立相应的数学模型，并遵循高等教育规律以及经济规律，构建科学的评价多校区高校运行成本效率的指标体系，分析运行成本的效率，探寻运行成本优化的路径。

（二）研究方法

1. 文献研究法

开展一项研究工作，需要对以往的研究成果有个总体把握和认识。因此，笔者充分利用图书馆、网络等资源，尽量搜集与本研究相关的文献资料，在资料搜集的过程中不断拓展研究视野，从最初局限于搜集高等教育领域的文献，逐步扩展到搜集包括管理学、经济学、理学等其他学科领域文献，这就为本书的撰写提供了丰富的素材，同时促使自己能站在一个新的、高的视角分析多校区高校运行成本问题。

2. 实证研究法

理论来源于实践。为了掌握目前我国多校区高校办学优化问题,笔者先后到江浙沪、湖北、四川等地进行实地调研。调研过程中掌握大量珍贵第一手材料,了解到不同地区、不同类型多校区高校办学实践中存在的问题,这对本书的研究具有极大的启发意义。

3. 统计分析法

根据中国教育年鉴、中国教育事业统计年鉴、教育部官网统计数据等,对我国高等教育相关数据进行了数据统计,如高等教育毛入学率、研究生及普通本专科生招生。同时,借助于相关统计数据,建立了多校区高校运行成本优化的相关数学模型,以此使该研究具有科学性、系统性,充分勾画成本优化的评价体系。

六、框架结构

导论　本章从我国多校区高校形成的背景出发,提出了本书研究的核心问题与相关假设,确定研究的有效目标,界定研究的目的与范围,同时,对本书的核心概念、研究思路、研究方法等进行了阐述。

第一章　校区建设规划的路径选择。本章分析了当今高等教育规划中,校区建设规划是必须面临的重点工作之一。随着高校扩招工作的大力开展,学生人数、教师人数直线上升,原有校区的规模与设施无法满足庞大的学生需求,高校需要在扩大原校区与向外扩展之间做出正确的选择。校区建设规划的路径有集中办学、分散办学以及在资产置换下的办学模式。通过对集中办学、分散办学各自优劣势的分析,认为这两种选择都难以实现高等教育发展的最优化,从而得出资产置换下的主校区建设模式才是最优的路径选择。

第二章　优化新校区选址的量化路径。本部分在分析新校区选址的一般原则基础上,提出了优化新校区选址的量化类别,即土地成本、服务保障、自然环境、校区间距离以及人文环境影响着新校区的选址。基于此,运用层次分析法,把优化高校新校区选址问题归纳到定量分析方面来,得出了准则层面及各自的权重,通过构造判断矩阵,并初步进行演算,从而得到了优化新校区选址的量化路径。

第三章　多校区建设的优化。本章主要研究了在进行多校区建设时,其建筑风格应要考虑适用性、雅致性、传承性与现代性以及人文性等基本因素;校园文化建设应处理好传承与创新的关系。

第四章　校区优化调整的影响因素。合并办学是多校区高校形成的主要模式。然而，高校实现合并目标后，为了进一步提升高校的发展，仍旧面临降低办学成本，提高办学效率的问题。为此，合并后的高校要从宏观与微观两个方面进行建设。宏观上要考虑可持续发展、区域性社会服务的问题；微观上要格外注意高校在拓展时考虑位置、交通、环境等问题。

第五章　办学规模的优化。扩大办学规模，降低办学成本，提高办学效益是任何国家、地区高校追求的目标。但如何实现这一目标则成为人们普遍关注的问题。本章在对教育成本的概念进行深入分析的基础上，勾勒出规模效益下的教育成本函数，得出的结论是，固定成本和可变成本的相对比例，决定着边际成本和平均成本之间的关系。同时，采用数据包络分析方法（DEA），根据经济学对规模报酬、规模效益的定义，构建出高等教育投入产出效率的数学模型，并以江苏省 11 所“211”高校为例进行了实证分析。

第六章　管理方式的优化。随着高等教育改革的不断推进，高校原有的管理方式已经无法完全适应高等教育和学生个体发展的需要，因此，加快管理模式的创新，使之能够更好地适应当今教育形势的发展，促进学生的健康成长，从而达到高效有序的管理效果已经成为高等教育管理体制改革的当务之急。为此，本章提出了管理模式优化的三个因素，即管理理念的创新、管理组织结构的创新、管理模式的创新以及管理方法与技术的创新。

第七章　学科分布的科学性。本章在分析高校的细胞组织——学科的具体内容的基础上，认为多校区高校在各校区设置学科时应审慎而行，要依据学科分布的原则，即学科发展原则、整体规划原则、因地制宜原则，合理分布各校区的学科。同时，提出多校区高校进行科学分布各校区学科应考虑的因素，即资源利用效率、学科融合、校区功能定位、历史传统、地理位置，并以南通大学为例，运行层次分析法，把优化学科分布的问题纳入到定量分析方面来，通过计算，认为南通大学在设置学科时应着重考虑在主校区进行。

第八章　实验教学仪器设备的优化。实验教学仪器设备对高校教学、科研以及为社会服务起着重要的推动作用。然而，基于仪器设备购置、分布、使用等方面不够优化等多方面的原因，严重影响着仪器设备的使用率和收益率。因此，本章提出，实现仪器设备购置最优化的方法是招标；分布上的最优化标准是效用；使用上的最优化则是效率。只要解决好这三个方面的问题，就能提高多校区高校仪器设备的效率，实现仪器设备最高利用率的终极目标。

第九章　优化后勤服务的资源配置。随着社会经济、文化的不断进步，高校校园的生态化、网络化、社区化、城市化的水平不断提高，传统的高校后勤服务观念已经不能适应，若仍以传统的后勤服务来保障多校区的运转，必然使得高校办学效益不能充分发挥，必然会阻碍高校的教学与科研。为此，本章在分析了高校后勤服务服务资源配置的内涵、特点、原则、目标、分类后，认为要把后勤从学校剥离出来，实行后勤服务社会化，鼓励社会力量为学校提供后勤服务。多校区高校只有实现了为学生、教职工、学校的后勤资源优化配置，才能实现全校后勤服务资源的优化配置。当然，在进行后勤服务社会化改革的过程中，要妥善处置各方利益的关系，认真做好后勤服务企业的现代化建设步伐和校内后勤队伍的选择工作，朝着整体提高后勤资源配置效率的方向发展。

第十章　人力资源配置的优化。“劳动力成本是高校总成本中比重最大的部分，粗略测算看，约占总成本的50%左右①。”劳动力成本包括教师、教辅人员和行政管理人员、后勤服务人员的工资，福利和社会保障费用等等。因此，在一定程度上可以讲，高校实现了人力资源配置最优化，其高校运行成本就可以降低一半。正是因为如此，本章从人力资源的引进、保障、发展机制着手，按照关键绩效指标的原则，严格选取了高校人力资源效率评价指标。同时，根据该指标构建出了高校人力资源配置的DEA模型，并以南通大学各个学院为例进行了实证分析。

①黎明，黄金曦．论高校多校区运行成本的降低[J]．重庆工学院学报，2007.8：140

第一章 校区建设规划的路径选择

第一节　校区集中布局中的向心力

一、向心力概述

向心力原为物理学上的名词,指的是质点(或物体)做曲线运动时所需的指向曲率中心(圆周运动时即为圆心)的力。物体作圆周运动时,沿半径指向圆心方向的外力(或外力沿半径指向圆心方向的分力)称为向心力,又称法向力。高校建设规划中的向心力指的是,高校以整体规划为中心而实施的促进校区位置分布集聚的力量。高校成立时首要面临的问题之一就是选择具有集聚性的单一校区办学方式还是选择分散性的多校区办学方式。同时,随着学校规模的扩大,教师、学生人数的递增,学校的硬件设施无法满足要求时,学校面临的另一个问题,就是向外扩展校区还是扩大原校区。

自20世纪90年代以来,我国高等教育进行了一系列的改革,办学模式也进入了新的发展阶段。在当今的高等教育工作中,校区建设规划是必须面临的重点工作之一。随着高校扩招工作的大力开展,学生人数、教师人数直线上升,原有校区的规模与设施无法满足庞大的学生需求,高校需要在扩大原校区与向外扩展之间做出正确的选择。如今集中办学力量的逐渐崛起,诸多高校纷纷加入到融合多个校区为单一校区的队伍中来,将高校整体规划作为中心点,以向心力的方式积极促进校区位置分布集聚的力量,力求通过集中办学不断提升高等学校的综合实力,结合自身特征与我国的国情发展力求为国家培养高素质的人才。

二、集中办学根基

1952年左右,我国的高等院校机制开始模仿苏联式教育,具有明显的中央集权特征，均拥有自己单独的校区。这一时期国家并不鼓励建设综合性大学，因此各个院校都致力于某一区域内的专业设置，并结合相关国有企业、产业部门等合理安排校内的专业层次，该阶段内的高等教育主要集中为小规模的理工学校，专业性极强。例如，西安公路交通大学、西北纺织工学院、西北农业大学等。之后随着高等教育的不断改革，精英教育逐步转化为大众化教育，因此单一校区的设置并不能满足每年飞速增长的学生数量，于是多校区建设则为必然的选择。然而，对于中国教育体制来讲，多校区建设属于新兴的教育机制，盲目进行的扩展只能让学校陷入财务问题的泥潭，而这些债务的主要形成乃是高校为了应对教育人数扩招采取的硬件更新、规模扩大等措施而产生的。

众所周知，校区规划建设是每所高校办学初期都必须面临的重点问题，也是决定学校办学成功与否的先决条件。教育扩张使各高校学生人数直线增长、教师队伍不断壮大，单一校区是否能够满足如此庞大的教育需求势必成为建校初期必须思考的问题。据统计，截至 2010 年 4 月 20 号，我国具有高等学历教育招生资格的高等院校中普通本科院校 792 所，普通高职院校 1239 所，独立学院 316 所，分校办学点 68 所，共计 2415 所(不含军事院校和港澳台高校)[①]。至 2012 年 5 月 22 日，我国普通本科院校 844 所，普通高职(专科)院校 1288 所，独立院校 298 所，分校办学点 62 所，各类院校共计 2492 所(不含军事院校和港澳台高校)[②]，相比 2010 年增加 77 所。面对如此庞大的办学集体，高校创建初期做好规划建设工作，慎重的选择校区数量和位置，在做好学校宣传的同时提高教学质量，为学校的长期发展繁荣打下良好的铺垫。一般而言，很多办学者都倾向于多个校区联合发展式的“里应外合”推广模式，以求吸引更多的学生资源。而在办学资金不能匹配所规划的办学规模的情况下，多校区建设无疑增加了学校资金的负担，更不能实现对师资力量、硬件设施的优化。如此一来，学校很容易进入“借贷——建设——收费——还款”的恶性循环当中，根本无暇顾及教学质量的问题，学校的教育职能也无法健康的持续下去。

目前，我国很多高校本身已经向外拓展了足够的新校区，但最终再次选择了集中办学模式，这不仅能够体现出集中办学的魅力所在，更能够说明无论是在过去单一校区的情况下还是在如今多校区的发展大流之下，集中办学永远是高校办学模式中最利于学校健康发展的一种。单一校区时期的集中办学旨在扩大学校规模，使学校顺应高等教育扩张的潮流发展，而多校区建成之后选择的合并则是为了完善高校的综合力量，力求在更高层次吸收来自于其他高校的

---

①教育部．2010 年具有普通高等学历教育招生资格的高等学校名单[N]．中国教育报，2010-4-28(11)

②教育部．2012 年具有普通高等学历教育招生资格的高等学校名单[EB/OL]．(2012-6-20)[2012-8-26] http://www.moe.gov.cn/publicfiles/business/htmlfiles/moe/s5972/201206/xxgk_137993.html

精华力量。以江苏大学为例,2001 年 8 月原江苏理工大学、镇江医学院、镇江师范专科学校合并组建江苏大学,理工结合、医学的融入再加上人文类专业的渲染,江苏大学形成了一个全面、系统的专业设置。新校区建成之后江苏大学实施了债务重组,将原有的老校区用于商业发展,将所有设施、配置全部迁入新的校园,这样不但能够更好地将三所学校的文化进行重新整合,更有利于教师与学生之间的相互接受,同时还为学校增添了更加适应现代化科学发展的实验仪器和更富有时代美感的环境设施,可谓一举两得。在集中办学模式下,管理者首先应当考虑的应当是集中办学对于学校本身优势的发掘,在规划之前要弄清楚集中办学是否适应本学校的发展?集中办学带来的意义是什么?正如江苏大学一样,本身只有理工科为自己的特色,只能单向发展,师范与医学的介入则起到了文理平衡的作用,在合并之后不但办学规模大大增加,国家教育部门的投入也有所增加,且在招生方面有大幅度的扩展,这样就能迅速的回收办学成本。同时,新校区作为中心校区,而原来的校区作为商业来发展能够在短时间内还完 20 亿元的投资贷款。

集中办学模式可以用“先带后”来比喻,即在高等教育中发展相对靠前的院校带动与自身发展相适应的滞后高校,以达到完善个人、共同发展的目的。在多个校区成立之后,学校的规模性扩张已经达到了一个停止的阶段,此时应当考虑的就是对校园内部专业层次设置、学校定位、今后的发展方向等,力求不断的上升、提高,增强学校的整体实力。在此时,有针对性地选择合并,如理工科学院与文科性质高校的合并办学、农林与科技之间的结合、或者文科性质大学之间的相融合等都利于学校综合势力的增强,力争进入大学教育的新高峰。

总之,集中办学是我国高等教育发展中必不可少的一种模式,作为提升高校水平、增强办学实力、扩大建校规模的有效途径,集中办学是高校规划建设过程中的重要转折,能够在高等教育发展、成熟两大阶段中彰显出无可比拟的优势。

三、集中办学方式的分析

面对当下高校林立的现状,如何能够抵挡教育普及的冲击,如何在诸多高校中脱颖而出?这些都是高校规划初期必须面对的问题。对于一些规模较小的院校来讲,教育热潮来袭之时,如何巩固自己原有的地位成为高校存活的关键,扩大规模必定成为所有高校顺应教育扩张的重要举措。虽然扩张能够为学校带来更多的学生资源从而引领学校教育走向更高的阶段,但扩张过程中对各项设施的不断完善与更新以及投入的教育经费等也在上升,学校往往处于教育昌盛、资金衰退的尖锐状态。很多高校为在短时间内达到高层次的办学水准，脱离招生规模的限制和地方政府的支持范围，在不考虑自身条件的情况下大规模扩展校园建设，这种盲目、不切实际的扩张行为对我国现代高等教育办学带来了很大的负面冲击，随之而来的是高校对巨额贷款的无力偿还，不但影响了自身教育的秩序还对国家经济造成了很大的负担，教育界的威望在民众、社会的印象中逐渐降低。教育的改革对高校规模提出了新的要求，但同时也提出了与高校相适应的招生标准，盲目的扩张最终只能将学校推向还债的深渊，因此在扩张的问题上，高校管理者需要进行谨慎的思考。

（一）原校区扩大的优劣

盲目的规模性扩张并不利于高校的发展，虽然多校区扩张已经成为众多高校的必经之路，但在全国各大高校之中，能够在扩张之后按时还清银行贷款的学校并不多。扩张的最终目的是为学生建立起一个更适合发展的学习、生活环境，对于原来校区的面积的扩大、设备的更新等都能够带来同样的效果，很多学校限于地理位置的局限而选择在其他地方购买土地重新规划建设，当然该项建设的成本要高于对原校区的扩大，且原校区的扩大能够保证教师授课的方便，一方面不用增加过多的教师力量为学校节省开支，另一方面还能够节省在学校班车、运费等方面的花销。因此就资金而言，原校区扩大的情况下能够大大降低成本。对于校园的翻修并不会影响原有校园文化的发展，而新校区的建设却难以培养起大学原先沉淀下来的浓郁文化，在文化的传承和对母校的感受上不如原校区扩大的效果好。但新建院校往往有非常强的可塑性，而原校区的扩大只能遵循原来的的建筑风格、格局规划等进行放大，这样很难达到当下学生对于审美的要求，难以激发学生对校园的热爱和享受。

（二）向外扩张的思考

在面临扩大原校区与向外扩展之间，很多学校都选择了后者，在当地广泛的征收土地，期望建设规模庞大、设施先进、风景优美的最佳校园，甚至有部分高校期待建成一所豪华的上流人士子女集聚的高校。由于近年来教育部门开始实施“办学条件评估”，从而对各大高校下达招生计划，而对于面积不足学生人均标准的学校必然要建设更大面积的校园，继承发展原有校区的各项职能，并充分发挥新时代校区的独特风格。其次，出于对城市格局的规划的思考，高校校区的集中能够为城市带来很多的优势条件，因此很多地方政府鼓励当地大学向外扩展，积极参与大学城的建立，这样的做法不但能够让高校之间共享基础设施，还能够带动学校周边土地的商业价值。但很多学校一味追求主流，盲目征地扩张。就实际情况而言,扩张的规模是建立在学校拥有的资金之上的,超越能够承受的部分虽然可以通过银行借贷等形式来弥补,但很容易致使学校产生经济危机。郑州大学是 2000 年 7 月份由原郑州大学、河南医科大学、郑州工业大学集中办学的成果,为扩大校园规模在 2002 年斥资 19.7 亿建设占地面积 4845 亩、总规划面积 65 万平方米的新校区,新校区还未建成就发现每年单是教师班车就要耗费百万元,原先规划的音乐厅、礼堂、体育馆等等一一落空,目前,还欠银行 21 亿元。虽然原本的规划蓝图确实非常诱人,各项条件设施也适合学子们的发展,但学校却未能根据自己的实际能力而进行扩张,这样一来不但扩大规模一事白白浪费了时间,新校区在招生上还会存在更大的困难,最终得不偿失。

第二节　校区分散布局中的离心力

一、离心力的概述

离心力,与向心力对应的物理学名词,这里指的是高校以战略规划为中心而实施的加剧校区扩展的力量。高校初步办学时选择分散性的多校区办学模式或为实现自身更好的发展建设新校区或与其他院校进行合并办学而形成的多校区分布正是离心力的集中体现。

多校区高校是相对于向心力的单一高校而言,“是指具有一个独立法人资格,有两个或两个以上在地理位置上不相连的校园办学的大学。这种不相连的校园在学校内部被称为校区①。”多校区办学模式改变了传统的办学模式,扩大了办学规模,是我国高等教育体制改革的产物,逐渐成为我国高等教育发展的潮流与趋势。20 世纪 90 年代以前,我国高等教育的办学模式和办学体制适应了计划经济发展的要求,是一种粗放型高等教育发展模式。这种办学模式的特点,就是“条块分割”、办学分散、重复设置、规模偏小、效益偏低,多科性、综合性院校和单科性院校比例不合理,学校、学科、专业结构不合理,办学条件差,整体办学实力弱②。随着 1992 年中共十四大的召开,“建立社会主义市场经济体制”这一经济体制改革目标的提出,我国高等教育也开始了全方位、系统性改革,教育体制从适应计划经济体制转变为适应社会主义市场经济体制,高等教育的发展从粗放型的外延扩展转变为注重质量的内涵式发展。这一改革,中国

---

①陈运超,沈红. 浅论多校区大学管理[J]. 清华大学教育研究,2001.2:111

②周远清. 高等教育的体制的重大改革与创新[J]. 中国高等教育,2001.1:5

高等教育开始了实质性发展与创新。多校区办学模式正是高等教育体制改革的产物。

二、多校区办学方式的分析

从我国多校区高校形成的历史来看,其形成模式主要有两类,即合并型和拓展型。两类多校区格局的形成各具特色。

合并型,是指由于学科综合、资源配置的需要,由两所或两所以上原功能齐全、行政独立的院校,合并成为一所拥有多个校区且地理位置分散的大学。合并型多校区高校的出现基本形成于20世纪90年代之后,但这类办学模式的形成不得不提及1952年全国高等院校院系调整。1951年11月,中央教育部在北京召开了全国工学院院长会议,这次会议之后,拉开了1952年全国院系调整的帷幕。1952年5月,中央教育部提出全国高等学校院系调整原则和计划,其方针是"以培养工业建设人才和师资为重点,发展专门学院,整顿和加强综合性大学",明确主要发展工业学院,尤其是单科性专门学院。调整的方式是根据苏联的大学模式,取消大学中的学院,调整出工、农、医、师范、政法、财经等科,或新建专门学院,或合并到已有的同类学院中去。调整的原则是:高等学校的内容和形式按大学、专门学院及专科学校三类分别调整充实①。全国高等学校院系调整总体上适应了当时政治、经济制度的需要,对迅速培养国民经济计划急需的人才起到了积极的作用,为我国的工业化建设和科学技术发展奠定了基础。但是,这类单科院校的模式学术氛围单一,知识结构狭窄,缺乏多学科思维方法的训练,难以培养综合能力与创新能力较强的高素质的人才。同时,高度的专业化,不适应现代科学的综合化发展趋势,不利于多学科师生之间的交流,更缺乏建立国际一流高校的核心竞争力。

经济是基础,经济的发展必然会带动教育的发展。因此,随着经济体制改革的不断深化,教育体制也开始了大刀阔斧的改革。1985年5月,中共中央作出了《关于改革教育体制的决定》,认为传统的教育管理体制存在着严重的弊端,从而拉开了新时期教育改革的序幕。1992年国家教委召开了第四次高等教育会议,使高等教育改革进一步深入。1993年,中共中央在《关于建立社会主义市场经济体制若干问题的决定》中,提出"高等教育要改革办学体制"的要求。1994、1995、1996年分别在上海、南昌、北戴河召开了三次高教管理体制改革座谈会,会议在改革实践的基础上认真总结了改革的经验,明确了改革的思

①杨东平. 中国高等教育的苏联模式——关于1952年的院系调整[J/OL]. (1994-3-1)[2012-8-26] http://www.usc.cuhk.edu.hk/PaperCollection/Details.aspx?id=37

路即淡化和改变学校单一的隶属关系、加强省级人民政府的统筹、变条块分割为条块有机结合等,规范地提出了在实践中形成的五种改革形式,即“共建”、“合作”、“合并”、“协作”和“划转”。但是,由于部门办学体制的改革步履维艰,条块分割的体制还没有实质性的转变①。

1998 年 11 月,在扬州召开了高教体制改革经验交流会。李岚清同志将原来的五种改革形式归纳为“共建、调整、合作、合并”的八字方针,全面部署了加大改革力度、加快改革步伐、全面推进改革的任务。这次交流会标志着我国高等教育体制改革进入了实质性的全面推进阶段。1999 年 6 月,《中共中央国务院关于深化教育改革全面推进素质教育的决定》提出:“今后三年,继续按照‘共建’、‘调整’、‘合作’、合并’的方式,基本完成高等教育管理体制和布局结构的调整。”2000 年 12 月,现任全国人大常委会副委员长陈至立在 2001 年度教育工作会议上指出,“2001 年的教育工作要紧紧围绕国家‘十五’总体发展目标和战略部署,继续深化高校管理体制改革,下一步要加快省级部门、行业所属高校的调整步伐,优化布局结构②。”

合并办学适应了高等教育体制改革的需要,是多校区办学模式的主要方式。1992 年 5 月因合并 6 所省属院校而成名的扬州大学开创了我国高等院校合并办学的新局面。合并初的扬州大学由扬州师范学院、江苏农学院、扬州工学院、扬州医学院、江苏水利工程专科学校、江苏商业专科学校等 6 所高校合并组建而成,被誉为“中国高校改革的一面旗帜”。目前,扬州大学有 8 个校区,分别是扬子津校区,广陵学院,江阳路南校区,江阳路北校区,荷花池校区,淮海路校区,文汇路校区,瘦西湖校区。随后,大学合并在行政力量的推动下犹如潮水般汹涌奋进。其中典型性合并有 1994 年四川大学与成都科技大学组建的四川联合大学(现为四川大学),因是我国强强合并的第一家,在教育界产生不小震动。其现有五个校区,即龙泉校区,望江校区,江安校区,华西校区,青羊校区。2000 年 6 月,经教育部批准,原吉林大学与吉林工业大学、白求恩医科大学、长春科技大学、长春邮电学院合并组建新的吉林大学。并于 2004 年与中国人民解放军军需大学合并。合并之后,由于规模庞大,又分布在长春各处,有“美丽的长春市坐落在吉林大学校园当中”的美称,并被成为中国高校中的“航空母舰”。吉林大学现有校区 7 个,分别是前卫校区(南区与北区),南岭校区,新民校区,朝阳校区(东区与西区),南湖校区,和平校区,珠海分校(吉林大学珠海学院)。自 1990 年以来,截至 2006 年 5 月,我国合并组建的高校有 431 所,涉

---

①周远清. 高教管理体制改革和布局结构调整取得了历史性的重大进展[N]. 人民日报,2000-12-15(8)

②袁新文,陈至立. 谈“十五”教育工作[N]. 光明日报,2000-12-23(1)

及高等院校1086所[①]。合并办学是我国多校区办学模式的主要方式。

拓展型,即在原有校区的基础上,创建新的校园。拓展型高校形成的主导原因是我国高等教育向大众化阶段迈进。随着经济体制改革的不断深化,大学的战略地位也日益突出,其在发展社会经济的作用被政府和社会广泛认同,为此,高等教育受到了前所未有的关注。然而,经过20世纪50年代院系的调整,高等教育结构单一、规模小,出现了两大矛盾,即教育现状与社会对人才需求的矛盾、人民群众对接受高等教育强烈愿望的矛盾。解决此矛盾唯一可行的方案就是必须实现我国高等教育的大众化。第一,随着我国经济增长方式由粗放型向集约型的转变,社会急需大量的高水平的生产、管理、服务人才;第二,知识经济时代,掌握高新科技的创新人才只能由大学来培养;第三,人口的文化构成是综合国力的基础。总而言之,必须加快我国高等教育大众化进程。

美国加州大学伯克利分校马丁·特罗教授认为。高等教育发展有三阶段:高等教育毛入学率15%以下为精英教育阶段,15%到50%为大众化教育阶段,50%以上为普及型教育阶段。然而,1998年,我国高等教育的毛入学率仅为9.8%,普通高校招收本专科生108.36万,普通高校本专科在校生为340.87万。为了实现高等教育的大众化,为了缓解教育现状与社会对人才需求、人民群众对接受高等教育强烈愿望的双重矛盾,国家从1999年开始扩招,仅普通本专科招生就达159.68万,比1998年增加51.32万,增长47.4%,高等教育的毛入学率为10.5%。2000年普通高等教育招生220.61万,比上年增长60.93万,增长38.16%,高等教育毛入学率达15%。至此,我国高等教育进入大众化教育阶段。截至2010年,普通高等教育本专科招生661.76万,高等教育毛入学率高达26.5%[②]。

高等教育大众化的实现,最集中表象就是高等教育招生人数的增长。如图1.1所示,2010年普通高等教育本专科招生人数达661.76万,比扩招前的1998年的招生人数108.36万增加了553.4万,是1998年的6.11倍。这种大规模招生人数的增长,使得那些单校区高校的发展受到了严重限制,影响了这些学校的规模扩展和效益的提高。原有的单校区多是建立在市区,甚至在市中心。由于城市的快速发展,校园周边已高楼林立,高校已没有了扩张的空间,如果要在市区进行扩张,就必须进行房屋拆迁等工作,从经济学视角来看,其成本过高,效率低下,不符合高等教育规模发展的要求,更不符合政府对土地利用的规划,

---

①教育部.1990年以来高校合并情况[EB/OL].(2006-5-15)[2012-8-26]http://www.moe.edu.cn/publicfiles/business/htmlfiles/moe/moe_304/201005/88440.html

②教育部.全国教育事业发展统计公报[EB/OL].[2012-8-26]http://www.moe.edu.cn/publicfiles/business/htmlfiles/moe/moe_335/index.html

为此，高校不得不将视角转向尚待开发的城市周边地区，从而产生了拓展式多校区，即根据高校发展需要，在完善老校区的基础上，在市郊或适宜办学的区域建设新校区，形成多校区办学的格局。

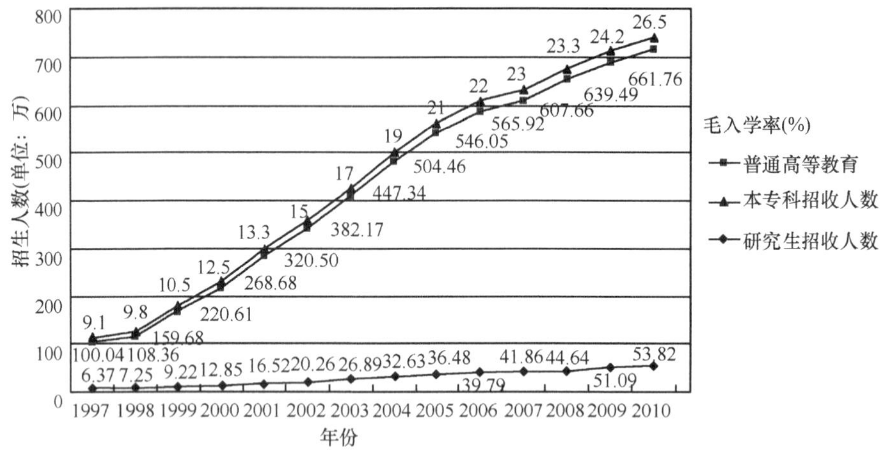

图 1.1 1997～2010 年高等教育毛入学率、研究生及普通本专科生招生情况

注：图 1.1 是根据教育部发布的“全国教育事业发展统计公报”编制而成，参见 http://www.moe.edu.cn/publicfiles/business/htmlfiles/moe/moe_335/index.html，访问日期 2012/8/26

拓展型多校区格局的形成有两种形式，一是单一高校拓展；二是合并院校拓展。目前，这里的单一校区拓展特指我国 1990 年后未有过合并历史的院校因地理位置的局限性而到外部建设新校区，以寻求新的发展空间而形成的多校区。例如，西北大学有太白校区、桃园校区的基础上，2005 年开始使用长安校区；南京大学有鼓楼、浦口的基础上，2009 年仙林校区开始使用。之外，还有厦门大学除了本部和漳州校区外，2011 年开始建设翔安校区，总面积达 3645 亩；北京师范大学正在新建沙河校区等。

合并院校拓展又称扩展合并混合型，指的是 1990 年以后，我国高等院校为了解决学科不健全问题而与其他院校合并后，为了进一步扩大教育规模，解决发展空间问题，提升综合实力而形成的多校区。目前合并院校拓展是拓展型多校区形成的主流趋势。例如，具有“中国高校改革的一面旗帜”美誉的扬州大学 1992 年是由扬州师范学院、江苏农学院、扬州工学院、扬州医学院、江苏水利工程专科学校、江苏商业专科学校等 6 所高校合并组建，形成多校区办学规模。然而，为了实现校区集中，2008 年开始动工建设新校区，2009 年第一批学生入住。江南大学，2001 年 1 月，经教育部批准，无锡工业大学、江南学院、无锡教育学院合并组建江南大学，2003 年，东华大学无锡校区并入，形成多校区办学模式。现有蠡湖校区、梅园校区、龙山校区、青山湾校区等四个校区，然后，蠡湖校区是在并校之后的2003年开始动工，2004年首批学生入住[①]。浙江大学1998年由原浙江大学、杭州大学、浙江农业大学、浙江医科大学合并组建，形成多校区办学，然后，在2003年开始建设新校区即紫金港校区，目前浙江大学有玉泉、西溪、华家池、之江、紫金港校区[②]。2012年6月第六个校区——浙江大学舟山校区诞生。类似院校还有上海交通大学、同济大学、复旦大学、西安交通大学、重庆大学等。

第三节　集中还是分散的优化选择

一、单一校区办学的优势与矛盾

（一）单一校区办学的优势

高校建设规划中的向心力的宗旨是促进校区的聚集，即形成单校区办学模式。这种办学模式在20世纪90年代前最为普遍。然而，随着高校合并的潮流涌进，截至2006年5月，至少有431所高校形成了多校区办学模式[③]。在教育部直属高校工作咨询委员会第13次会议上，周济部长很有针对性的指出，历史的经验反复证明，单校区是福，要尽量避免多校区的局面。即使不得已有了多校区，也必须集中力量建设一个主校区。这样，有利于学生的成长，有利于学科的融合，更有利于学校的管理。他还介绍，浙江、辽宁创造了一条很好的经验，要坚决推行校园置换，有所得、有所失，轻装上阵，快步前进。这是符合实际的解决问题的路子。只有坚决按照这个路子走，才能更加有效地提高学术水平，防止资源浪费。可见，集中办学具有自身特有的优势。

师资队伍的平稳性。这里的“平稳”指的是单校区老师不像多校区老师那样来回“走教”，即平时有教学任务时去一个校区上课，上完课又去其他校区上课。高等教育的发展要靠稳定的师资，对于单一校区而言，师资队伍建设运行较为良好，并没有多校区那样突出。单一校区，教师上课都在一个校园，不用将时间浪费在校区之间的车程上，有利于提高教学质量。同时，提高了与学生见面的机会，增强了师生之间的交流与沟通，有利于学生学习水平的提高。

资源共享的便利性。大学是培养人、塑造人的圣地，除了特色的建筑群、唯

---

①江南大学．新校区启用5周年庆典活动公告[EB/OL]．(2009-9-27)[2012-8-26] http://xinwen.jiangnan.edu.cn/info/2009/0927/3583.html

②浙江大学．学校概况[EB/OL]．[2012-8-26] http://www.zju.edu.cn/c2032628/catalog.html

③教育部．1990年以来高校合并情况[EB/OL]．(2006-5-15)[2012-8-26] http://www.moe.edu.cn/publicfiles/business/htmlfiles/moe/moe_304/201005/88440.html

美的校园环境、强大的教学科研设施以及自然人文景观等硬件资源外，还有名师大家、良好学风及教风等软件环境资源。单一校区能够实现软硬件的有效融合，实现资源的共享。单一校区能够高度实现图书资源的聚集，使学生能够快捷、便利的接触到自然科学知识和人文社会科学知识，从而促进学生的全面发展。

校园文化融合的潜移性。合并院校面临校园文化冲突的问题。所谓文化冲突指的是文化与文化之间、文化各要素之间的差异而造成相互冲撞、抵触，冲突包含差异，是差异的激化。每一所大学都有它的基本精神与历史个性，它是文化沉淀的反映，表现在受该文化熏陶的绝大多数人的思想与行为之中，也表现在他们的集体生活方式当中。当校园高度聚集在一起的时候，这种冲突刚开始时可能表现得比较强烈，可是，经过一段时间的磨合，各校园的文化便会高度融合，而这种融合是无形的、潜移默化的。如此方式的相互渗透一是避免了校园文化的直接冲突，二是避免了多校区校园文化的无法融合。这便是中国人民大学张立文教授所言的"和合"精神，"和合包容了冲突和融合，作为冲突融合的和合体，它是一种提升，使原来的冲突融合进入一个新的境界。冲突只有在新的和合体中，才能继续发展和获得价值。冲突需要融合来肯定和认可，融合的正面价值，亦需要冲突来肯定和定位①。"

校园凝聚力的彰显。相对扩张型的高校而言，集中办学明显的优势就是整合资源，形成巨大的凝聚力，推动校园高质量发展。采取先集中力量再向外发展的战略思想，讲求核心内容的丰富和强化。在集中办学过程中，不同学校的专业设置、文化等会对新建学校产生非常大的影响，往往集中办学会去其糟粕取其精华，继承各学校的优秀传统，将"优——差"之间的竞争演化成"优——优"之间的共存，在提升高校专业配置多样性的同时还提高了学校对外的竞争能力。再者，生活在同一个校区，学生与学生之间的落差感也会消除，这是多校区高校所不能避免的一个重要问题。由于不同校区之间的建造风格、教学设施难免存在差异，一些生活在老校区或者所在校区某方面条件略差的学生就会产生不满的情绪。而集中办学机制中，学生们所享用的资源基本一致，因此不会存在这种消极情绪。并且，同一生活环境下能够激发起学生们的团结感，这对于学校的发展有着相当重要的意义。以长安大学为例，2000 年原西安公路交通大学、西北建筑工程学院、西安工程学院共同组建成长安大学，建成后学校以工科为主、理工结合、经济、管理、人文多种学科协调发展，为国家培养了大批的公路交通、国土资源、桥梁建筑类的人才，国家首批"211"工程、"985 工程优势

①张立文．中国文化的和合精神与 21 世纪［J］．学术月刊，1995.9：6

学科创新平台项目”的重点大学，堪称集中办学大潮中的优秀典范。集中办学概念的提出不但避免了专业单一、规模较小的劣势竞争，结合高校凝聚力，使高校走向理工结合、文理融入的综合化、多样化专业设置。

办学规模效益的凸显性。高校合并的目的之一就是扩大办学规模，降低办学成本，提高办学效益。集中办学则是合并办学规模效益的集中体现。以沈阳师范大学为例，沈阳师范大学当时分散三处办学，占地总面积不足 200 亩，规模只相当于一所中学。但是，该校虽然校园面积狭小，却位居市中心，有极高的商用价值。1995 年，学校领导大胆作出决定，利用校园地处市中心黄金地段的有利条件，将 3 处校园转让 2 处。1998 年，沈师以现在看来十分低廉的价格在沈阳北郊购地 1035 亩，建立起一座花园式的校园，校园面积增加 6 倍，招生能力扩大 5 倍。5 年来，辽宁省 75 所高校中有 35 所高校通过资产置换和吸引社会资金改建或新建了校园，扩容累计投资 163. 4 亿元。其中通过资产置换赢得建设资金 95 亿元，新增土地面积 4. 23 万亩，新建校舍 888 万平方米。如果按生均 24 平方米校舍的国家标准计算，相当于新建了 37 所万人大学。也正因为如此，普通高校在校生规模由 2000 年的 32. 3 万人增长到 2005 年的 71. 1 万人，增幅达 120. 1%；高等教育毛入学率由 2000 年的 17% 提高到 2005 年的 33. 6%。辽宁高等教育进入大众化阶段①。同时，校区的集中，避免了校区之间的交通问题，而交通问题是影响和困扰多校区办学的重要因素，一是直接影响着校区间的师资调度和教学秩序；二是增加了长期而又沉重的经济负担。

（二）单一校区办学的矛盾

首先，资金限度与集中办学的矛盾。单校区办学最大的矛盾莫过于资金限度与集中办学的矛盾。集中办学模式确实是提高我国高校规模效益、教育效益的合理选择，然而，集中办学需要大量的资金支持，特别是建立新校区以容纳所有校区的师生、实验仪器、图书资料等教育资源。合并高校的起航学校，扬州大学扬子津校区的文体馆建设于 2012 年 5 月 18 日开工，规划有游泳馆、篮球馆、乒乓球馆、羽毛球馆、健身房等体育运动场地及大学生活动中心、会议室等，工程总造价 12 280. 52 万元，建筑面积达 48 000 平方米②。同济大学的嘉定校区总面积 167 公顷，建筑面积约 40 万平方米，设计在校学生规模为 15000 人，总

①刘玉，辽宁资产置换推动高校持续发展[N]. 中国教育报，2006-1-14(1)

②江苏邗建集团. 扬州大学扬子津校区文体馆工程隆重开工[EB/OL]. (2012-5-28) [2012-9-26] http://www. hjjt. net/ShowNews. asp? id=247

投资约20亿①。南华大学新校区建设征地1200亩，以4万学生的规模从用地、管网、交通、生态等方面进行远景规划，建设办公、教学、校舍等总建筑面积达44万平方米，预计投资金额5亿~7亿元②。如此高的教育投资，对于高校而言，绝不是一个小数目。为此，不少高校举债办学，严重影响了高校的发展。如吉林大学，2007年3月吉林大学财务处发布了“关于召开征集解决学校财务困难建议座谈会的通知”，即“校财字[2007]9号”，通知显示，自2005年起，学校步入了付息高峰，每年支付的利息多达1.5亿~1.7亿元，学校的可支配资金大大减少。

其次，竞争力量出现矛盾。如今，我国各省市高校林立，大学城的建立更是引发了很多高校对新校区的扩展。如此激烈的竞争之下，单一校区很难立足。首先在规模上单一校区不及多校区高校的，随着多校区建设的日趋成熟很多学生在选择高校时会将学校规模作为参考条件之一，因此单一的校区在竞争学生资源方面处于劣势。在推广上，单一校区的校园文化、风景等远不如多校区丰富多彩，更不能体现出“实力雄厚”的特点，因此很难走入民众以及学生的内心。对于校区地理位置较差的高校来讲，竞争力量就更为薄弱，推广工作相当困难。相对于规模庞大的高校来讲，集中办学的高校只能从教学成果方面入手，充分发挥自己的优势，但该类社会效应往往要经过3~5年的时间才能体现，很不利于学校的前期发展。

再次，教师的转变出现矛盾。集中办学是融合了部分高校的精髓，因此在结构上必然不同于原先的学校，师资配备也相同。对于原先学校内发展落后的专业或教育质量较差专业的摒弃、改革都会导致原有师资力量的“提前下岗”，需要考虑到对这些人员的安排、补助等，这也是一笔不小的开支。另外，合并之前的院校各有各的发展方向，老师、学生等都已经习惯了原有的文化、制度，对于新校园文化、新制度的出现，尤其是教师对其的接受程度与配合程度会是新学校发展过程中的重大困扰。很多教授、导师、讲师等纷纷从原来的主人翁身份被划分到如今的被动身份，原有学校的荣誉感以及身份的调整都需要一个循序渐进的过程，且充满了不定性。

最后，专业均衡发展的矛盾。单一校区的空间和资金方面非常有限，因此在各专业的设置方面会分出鲜明的重点、非重点，专业划分出现明显的层次感，高校基本上都会秉承着大力发展院校的特色专业的宗旨，将之作为重点来抓。

---

①同济大学.嘉定校区介绍[EB/OL].(2007-3-9)[2012-9-26]http://jiading.tongji.edu.cn/ShowPost.aspx?aT=News&PostId=252

②雷云，陈树生．会见南华大学校长文格波共商南华发展[EB/OL].(2012-2-21)[2012-8-26]http://www.zhengxiang.gov.cn/main/xwpd/zxxw/tpxw/f58b8e9f-62f8-4201-b200-b9ebb79fb92c.shtml

有限的经费之下，重点专业获益自然最多，而其他专业就会逐渐受到冷落，这些专业的授课教师自然在科研方面因经费不足或其他干扰而耽误了研究，这不仅影响了学院实力的增强和教师水平的提升，同时会潜移默化的打击到教师搞研究的积极性，从而影响了教育的质量。很多学生因长期遭到不公正的待遇就会出现极强的落差感和对自身专业的失望，因而在介绍本院校时，就会大力强调学校的“偏心”，这样报考该专业甚至报考该学校的人就会越来越少，长期如此就会导致冷门的专业越来越冷门，学校专业设置失衡，最终引起各个专业的滞后。

二、多校区办学的优势与矛盾

（一）多校区办学的优势

首先，加快了高等教育体制改革。教育体制的改革适应了经济体制改革的需要。而改革就意味着旧体制的破裂，新体制的建立。多校区高校的出现就是我国高等教育的一次重新“洗牌”。特别是高校的合并，不但打破了旧的平衡，给高校带来了巨大的变革动力，同时，也冲击着传统的教育管理体制，为解决长期存在的内部管理问题，提供了难得的机遇。多校区高校作为中国一种新的高等教育组织形式，一方面打破了过去单一性的办学格局和培养模式，为中国高等教育的整体布局注入了新的活力；另一方面，他们在管理机构、运行机制和管理制度等领域进行了积极的探索和改革，如有的实施学院制实体运作，有的进行了后勤社会化改革等等。多校区高校的这些改革和实践都为深化中国高等教育体制的改革奠定了基础。

其次，促进了高校学科结构优化。多校区办学有利于促进学科之间的相互融合以及构建科学合理的学科群，创造新的学科生长点。通过增建新校区，特别是多所高校的合并，可以为实现多学科、跨学科的交叉渗透提供必要的条件，有助于推动学科建设的不断发展，增强学科建设的整体实力①。综合性大学应以理科、文科、工科和医科等重点学科为先导，促进学科的交叉、渗透、融合，发挥学科的综合优势。单一校区的高校受到环境地域等条件限制，很难拥有一批高水平的学科。通过增建新校区特别是多所高校的合并，可以为实现多学科、跨学科的交叉、渗透与综合提供必要的条件，有助于推动学科建设的不断发展，增强学科建设的整体实力。以武汉大学为例，并校后的武汉大学覆盖了除军事学和农学之外的10大学科门类，武汉大学充分利用并校后的多学科优势，对原

①刘智运．推进合并高校深度融合的对策研究[J]．交通高教研究，2004.2：1~6

有学科资源进行了优化重组，一大批新的学科专业应运而生。如将原隶属于5个不同学院的环境科学、环境工程、环境经济学和环境与资源保护法等二级学科重组为新的环境与资源保护学科；借助于历史地理、地图学与地理信息、遥感技术等学科优势，组建了学科与地域特色明显的地理科学专业；重组原三校（武汉大学、武汉水利电力大学、武汉测绘科技大学）的计算机专业，成立“计算机信息科学研究中心”，同时，根据原三校的研究侧重点设立计算机技术、光电信息、遥感信息、数字地理信息、卫星应用技术等专业，共同构成信息学科群；将信息技术优势与电子商务、电子金融、电子政务等专业结合建立了我国高等学校迄今唯一的信息安全专业；化学学院利用自身学科优势，与物理、材料等相关学科结合，形成了较强的纳米科技研究实力①。

最后，提高了高校的社会资本生产能力。社会资本是“人们或社会组织之间的一套‘横向的联系’，包括‘能够通过推动协调的行动来提高社会效率的信任、网络以及网络相联系的规范’。社会资本的特征是推动了组织成员之间互利性的配合和协作②。”高校作为一个社会组织，与社会建立了广泛的关系网络，产生相应的社会资本。而多校区高校的复杂性与多样性能使这种网络急剧扩大、增多，从而突出地提升了社会资本能力。同时，增加了与师生有关的社会资本。多校区高校由于其规模大，常常包括多种类别和层次的教育，且校区分布在若干地区，科研与人才培养方面，与社会有更广泛的联系，在更广阔的领域服务社会。并且，也容易获得社会对学校的支持和帮助，其社会资本的生产能力相对于相同办学层次的单校区的学校而言大大加强。

（二）多校区办学的矛盾

首先，“横切”与“纵切”的矛盾。所谓“横切”，指的就是不同年级的学生分别在不同的校区，如低年级学生在“新校区”、“主校区”，而高年级学生或研究生住在“老校区”、“旧校区”等；“纵切”则根据学科门类不同，将不同学科专业的学生分布在不同的校区。例如，理科生在一个校区、文科生在另外一个校区等。然而，无论是“横切”还是“纵切”都对高等教育的整体性造成了破坏，这两种划分都存在很大的缺陷。就“横切”而言，各年级之间的互动学习因校区地理位置的割裂而受到严重阻碍，不利于学生在完整的大学氛围成长，致使高低年级学生之间互动、研究生与本科生之间互动、教学与科研之间互动熏陶氛围全无；而就“纵切”而言，学科之间的互动打破了，多学科综合的大学培养环境人为地被多校区分割了。事实上，一个理科的学生可能在一位艺术家的报告中

---

①武汉大学．以高校合并为契机，推动学科优化重组[J]．中国高等教育，2002.1:34~35

②Putnam R. The Prosperous Community Social and Public Life [J]. American Prospect, 1993. 13:35~42

得到启示，一个文科的学生可能在一位科技精英睿智的思维中获得创新，这种分割对学科交叉的复合型人才培养不利，对创新型人才的培养也会产生负面影响①。

其次，系统协调成本加大的矛盾。“多校区的分散性格局，使同一法人下的高校产生了空间距离，制约了归一化的整体行动，增加了办学成本①。”就如某多校区高校召开一次集中的军训典礼或开学、毕业典礼，就要动用近百辆校车，无形中增加了运行成本。武汉理工大学的分散性办学仅交通费用每年要增加300余万②。同时，多校区办学的高校教师归属感不强，工作中常常会出现推诿现象，致使工作效率下降。例如，学校在开展某项工作的过程中，通知、发文、上报材料、开会等等环节都比合并之前麻烦许多，难以做到及时高效。

当然，分散校区从系统的整体性而言，正是因为系统功能的互补性，通过资源整合优化，也会产生共享效应，降低总体成本。因此，一般而言，任何校区在建设初期，磨合成本较大是较为常见的现象。然而，随着时间推移，磨合成本自然会有所下降，但系统间协调成本总是客观不变。

再次，文化归属与认同的矛盾。大学文化是大学中的组织成员广泛接受的价值观念以及由这种价值观念所决定的行为准则和行为方式，这种组织文化常常隐含在组织成员的内心深处和思维模式中，被组织成员有意与无意地接受，并自觉与不自觉地在自己的行为中表现出来③。大学文化具有渗透性和传承性。大学文化渗透在教师、学生的观念、言行、举止之中，渗透在他们的教学、科研、读书以及做事和情感之中。并且，这种文化具有传承性，其校风、教风、学风、学术传统和思维方式是经过代代相传而形成。任何一所高校都有自己独特的校园文化。多校区的存在，客观上会形成不同的风貌和精神状态。然而，各个校园不同文化的存在，难以形成一个广泛认同的大学精神和文化归属。特别是新校区的建立，由于其办学时间较短、地理位置较偏僻、人文气息很淡薄，缺乏校园文化底蕴。

“教育不仅是知识的传播，更重要的是文化和科学精神的熏陶，意志与道德的锤炼。不同校区之间的文化归属和精神价值观的认同，办学理念上的共同性是形成独立大学品牌的无形资产。大学的多校区只有在文化认同上进行整合，撇开办学层次上的个性差异，以共同的精神与理念去创造，才能达到同一大学文化与精神协同的目的，这需要一个漫长的时间过程④。”

---

①施建军．谈多校区办学模式下的主校区建设[J]．中国高等教育，2003. 12：37

②沈红，沈曦．多校区管理的理论以实践[M]．武汉：华中科技大学出版社，2009.2

③毛亚庆．论市场竞争下的大学发展战略[J]．北京师范大学学报（社会科学版），2004.2：34

④施建军．谈多校区办学模式下的主校区建设[J]．中国高等教育，2003.12：37

最后,资源共享的矛盾。高校的合并一定意义上是高等教育资源的重新组合,以达到有效的资源优化配置目标。然而,事实表明,合并高校并不一定能实现资源的共享,资源结构的优化,难以实现"帕累托最优"的目标。对于多校区高校而言,校园文化、校园建筑等都存在多样性,校区之间地理位置距离,校区的交通不便,以及各校区之间所拥有的办学资源的差异,致使分布在不同校区师生之间对教育资源无法享有均等的机会。问题较为突出的则是,新校区在建设与管理等方面存在一定缺陷,无论是教师还是学生,都无法享有与原校区或称校本部相同丰富的教育资源,他们会因为交通问题造成学习、生活和工作成本的提高,因设备不足导致学习方式相对落后,因学习资源相对缺乏致使知识面无法拓宽,或因活动条件所限而无法受到校园文化的熏陶,这些都是教育资源的不均,是对学生短期利益和长期利益的不公。

三、资产置换:高校办学模式的优化抉择

(一) 资产置换下的一个主校区

多校区建设的分散性与集中性,即多个校区办学模式与单一校区办学模式,都具有自我的优势与矛盾。然而,这两种选择都难以实现高等教育发展的最优化。首先,多校区的分散,难以实现 1+1>2 的合并效益。美国著名人类学家本尼迪克特在其代表作《文化模式》中提出"现代科学在许多领域都表明,整体不是它的所有部分的组合,而是一种由部分之间独特的组合和相互联系而产生的新实体。火药不是硫磺、硝石和炭的总和。人们即使认识了这三种物质在自然界中分别具有的所有形式,也不能表明火药的性质①。"多校区的分散难以实现办学思想、人力资源、学科专业、校园文化的有机融合,无法增强高校内部人员的凝聚力。这是因为,我国多数高校的合并都来自于政府的主导力量,而非高校本身自愿的意愿。其次,单一校区办学模式固定成本过高。高等教育无论对于国家还是个人而言,都要考虑其成本因素。如国家考虑通过教育投资能在多大程度上带动经济的发展,个人会考虑通过接受高等教育能获得多少的利益回报。固定成本是指在一定时间和一定学生数量范围内,成本总额不受学生数量增减的影响而相对固定的成本,包括教育占用的固定资产(如教室、宿舍、教学仪器设备、体育设施、图书资料等)以及折旧费、维修费、教职工的基本工资、办公费、水电费等。对于单一校区而言,在新建校区时,其面临的固定资产成本过高,以至于借贷银行款过多,无

①[美]露丝．本尼迪克特．文化模式[M]．王炜等,译．上海:生活·读书·新知三联书店,1988.48

法偿还的局面出现,如吉林大学。并且,为了进一步加强对高校贷款行为的规范和管理,明确还贷责任,防范财务风险,确保高等教育事业的健康、可持续发展,教育部、财政部下发了《关于进一步完善高等学校经济责任制,加强银行贷款管理,切实防范财务风险的意见》(教财[2004]18号)和《关于进一步加强直属高校资金安全管理的若干意见》(教财[2004]38号)等文件。如此情况下,高等教育要进一步发展该如何抉择呢?集中精力建设一个主校区则成为"两利相权取其重"之外的第三条道路。

首先,主校区的建设打破了"横切"与"纵切"的弊端,实现了学科的融合。当代科学的迅速发展越来越依赖于不同学科之间的相互渗透、相互交叉,学科的有机融合是科学发展的必然趋势。并且,科学发展是靠人才发展起来的,21世纪最缺乏复合型人才,而实践证明,复合型人才往往产生于学科的综合或交叉点上。然而,因人为原因,将高等院校进行"横切"和"纵切"的做法,严重影响人才的综合素质培训,对高等教育产生负面影响。因此,多校区必须进行整合,通过学科间的渗透、互补。将主校区作为多校区建设的主体,使学科间、师生间产出良好的互动,能够实现多校区的实质融合、学科结构的完善。

其次,主校区是校园文化和精神的集中体现。由于校园文化的沉积性与传承性,任何一个校园都具有自己独特的校园文化与大学精神。然而,随着校区的合并,校园文化也会发生"合并",但这种文化、精神并不是严格意义上的1+1,而是校园文化之间的融合,具体表现在强势文化改造弱势文化,弱势文化被"扬弃"。这种改造、扬弃更多的是通过相互渗透的方式进行。不断集中精力打造主校区的强势文化,从而展现一所高校在历史长河中所形成的优良校风和学风。同时,不断发扬高校历史发展中所承继下来的辉煌校史、校园文化、价值信念以及行为方式。从而使多校区高校文化的"多样性"最终以一种主体风格面貌凝聚在主校区,形成独特的大学精神。这种独特的大学精神需要各校区文化进行重构,即对各校区文化要沟通、筛选、融合,选择吸收各校区文化的优质成分,并逐渐使其规范化、制度化、合理化。

最后,主校区是与社会沟通的桥梁。作为承办高等教育的高校,不可能与社会相脱节,而主校区则是高校与社会、政府、其他机构进行沟通、联系的桥梁。一般而言,主校区一般是高校行政中心的本部,其代表学校与社会各界进行全方位联系。作为行政中心,统一协调学校与社会各界的联络。大学的开放性,使其改变了传统的"象牙塔"地位,高校必须在开放自我资源的基础上与社会各界进行良好的合作,才能寻求到更大规模的发展。同样,这也是高等教育目标——服务社会的要求。大学的开放性,使得大学与社会、社区、企业之间的联系更加紧密，通过主校区的“牵线搭桥”，才能使大学的社会服务功能发挥得淋漓尽致。

（二）资产置换：高校办学效益提高的优化选择

“资产置换”是经济学中的一个概念，主要运用于企业经营运作中，是一种资产经营模式。“资产置换”是资产重组的一种方式，即上市公司的交易双方将经过评估的资产进行等值置换，将不符合公司发展的资产剥离出去，同时注入优质资产；控股公司置入的资产是优质资产，被重组公司置出的则是劣质资产。经济学中的这一概念、这一经营模式同样适用于市场经济条件下学校的经营。学校可通过“资产置换”的经营模式来优化学校资源配置和提高学校资源的使用效率和效益①。

自从我国高等教育办学思想由“精英教育”向“大众化教育”转变以来，招生规模急剧上升，这给大部分高校的发展带来了办学规模效益的同时，提出了激烈的挑战。其中，高校规模扩张的资金问题成为实现高等教育跨越式发展的关键。从我国高校传统的资金来源来看，目前，高校办学资金的筹集渠道包括财政拨款、收费、科研、产业和社会捐赠等渠道。一般情况下这些资金可以维持高校的基本运转，然而，随着20世纪90年代以来各院校合并规模的扩大，特别是新校区的建设，致使高校不得不向银行贷款，截至2010年底，全国1164所地方所属的普通高校负债2634.98亿元②。如此巨额债务已经成为制约高校发展的重要因素，这个问题如果没有得到很好的解决，将很有可能给中国高等教育带来一场深刻的危机。为此，政府、高校都在寻求解决高校财政问题的一种可行方案。通过对辽宁、江苏、山西、湖南等地高校的考察发现，资产置换成为解决目前高校主校区建设资金缺口的可操作性方法。

资产置换是马克思政治经济学之级差地租理论的应用。级差地租分为级差地租Ⅰ和级差地租Ⅱ。级差地租Ⅰ是由于土地本在肥沃程度较高或位置较好的情况下归土地所有者的超额利润。级差地租Ⅱ则是因外来的资本投入以及相关的外部条件改变（如有了铁路、水利灌溉）所带来的超额利润。就高校而论，资产置换的基本做法是通过对学校自身资产的管理经营，以转卖老校区、出让学校闲置资产、出租设施、转让无形资产等为范式，筹集新校园建设所需资金的模式。其中最重要的就是专卖老校区或直接以老校区换取土地。资产置换较早且非常成功的沈阳师范大学的做法是，由开发商在新校园按“沈师”的规划设计标准实施建设，双方资产等值结算。在协议中对工期、质量、造价等方

①沈有禄．沈阳师范大学“资产置换”所产生的效益及启示[J]．辽宁教育行政学院学报，2003.11：18

②1164所高校负债超2600亿[N]．济南日报，2011-7-4(A10)

面都做了明确约束，待其全部建成具备使用条件后学校一次搬迁，然后交出旧校园。置换旧校园所获得的资金用作新校园的征地、校舍和配套设施的建设。沈师置换的两处校园，一处是置换给省消防局，获得资金 5300 万元；一处是置换给沈阳玛莉蓝国际实业有限公司，获得资金合计 15080 万元，其中支付现金 3080 万元用于配套设施建设，另外的 1.2 亿元承建新校园主教学区约 10 万平方米建筑①。

1. 资产置换解决了多校区高校发展资金不足的“瓶颈问题”

高校因债务制约高教发展的问题不可忽视，资产置换在财政不足但给政策的情况下，走出了一条成功的高校经营之道。我国大多数高校（合并前高校）都处于城市中心地带，具有较高的商用价值，因此，老校区的地价已经飙升。然而，正因为这种飙升的土地价格，致使高校进一步向周围发展受到约束。随着高校的不断扩招，越来越多的高校感觉办学空间满足不了自身规模发展的需要，很多高校不得不寻求新的融资模式。“资产置换”则在此背景下应运而生。依据马克思级差地租理论，将寸土寸金的老校园进行置换，盘活存量资产，以存量吸引增量，在很大程度上解决高校发展资金不足的难题。“通过这种方式集中物力、财力，在很大程度上能降低运行成本，在原有的教育投资上产生新的增量效益，不仅可以扩大办学规模和空间，改善办学环境和办学条件，更有利于进行资源配置的优化及科学化管理②。”浙江大学、吉林大学、武汉理工大学在新校区建设过程中，就是通过此方法实现了办学资源的整合。

资产置换为高校实现自身跨越式发展提供了资金支持。通过置换，不仅可以扩大学校的办学规模，改善办学环境，而且有利于加强对学生的管理，克服了多校区分散办学存在的种种矛盾。“高校规模的扩大，在很大程度上能降低单位运行成本，使原来一定的教育投资产生新的效益增量。学校可以集中物力、财力支撑教学和科研，进一步做好对学校无形存量资产的经营，实现硬件和软件建设上的规模效益③。”

2. 资产置换带动了地方经济的发展

“新校园的建设可以带动建筑业、房地产业、建材业、装饰业、金融业、城市公共事业的发展，加快学校周边地区的城市化进程；利用资产置换发展高等教

---

①张铁明，田丽．“以资产置换实现规模扩张模式”的效益与思考［J］．高教探索，2004.1：16

②陈中文．金融危机下我国高校融资渠道的影响与对策探讨［J/OL］．（2009-12-21）［2012-8-26］http://jyjjyj.e21.cn/content.php?content_id=825

③叶进，周宏彬．金融危机背景下西部高等教育融资障碍消解与制度设计［J］．福建论坛（社科教育版），2009.10：55

育还能带动高校后勤社会化的实施，能够为当地居民提供更多的就业机会，促进经济发展，维持社会稳定，凸显教育拉动经济发展的功能；大学园区的建成，有利于带动当地中小学校教育发展，推动当地物质文明与精神文明建设①。”

总之，资产置换有效地盘活了教育资源的土地存量，扩大了高校办学资源增量。通过资产置换，扩充了教育资源，改善了办学条件，提高了资源的利用效率。并且，有利于化解建设债务，整合现有高等教育资源，降低运行成本，促进高校健康发展；有利于城市建设的科学规划、合理布局。为此，不少省份出台了相关文件以鼓励、促进资产置换的完成。如，辽宁省政府转发了教育厅、计委、财政厅、人事厅、国土资源厅、建设厅、人防办、物价局、地税局制定的《关于推进辽宁省高等学校建设和发展的若干意见》(辽政办发[2001]94号)；湖南省发布了《湖南省人民政府办公厅关于切实做好省属公办高校老校区资产处置工作的通知》(湘政办发[2009]72号)。

①赖丹，应益华．资产置换：高校实现跨越式发展的有效途径[J]．江西教育科研，2007.4：32

优化新校区选址的量化路径

第一节　新校区选址的一般原则

一、经　济　性

经济性，是指一项经济活动能以最少的活劳动与物化劳动消耗，取得最大经济成果的能力。新校区选址的经济性，指的是高校基于发展的需要，在向外拓展校区时应以最少的资金投入而获得最优化的校址。最优化包括土地成本低廉、优质的服务保障、优美的自然环境、与其他校区间最短的距离以及良好的人文环境等内容。然而，本书认为，土地成本作为新建校区的最重要的一项财务支出，必须有着充分的考量，对学校的发展和自身的承载能力都有着深深的影响，因此，新建校区选址的经济性原则应将土地成本作为研究的重点。

（一）土地成本的重要性

新校区选址首要考虑经济性原则，而经济性原则首要解决的是校址的土地成本，这是由高校的属性决定的。学校是有计划、有组织地进行系统的教育组织机构，具有非盈利性，其没有过多的财政收入，更不像商业机构那样可以获取巨额的收入。因此，新建校区的选址必须要以经济实惠为原则，尽可能选择价格低廉的荒地、劣地作为新建校区的选址，避开繁华地段。同时坚持合理利用土地资源、整合土地资源的思想，实现土地的最大化利用。

土地成本是新建校区成本管理中非常重要的一部分。作为新建校区的一项重大开支，如果不进行严谨的考察，没有从科学的角度出发，稍有疏忽，便会给学校造成严重的财务困难，得不偿失。因此，必须进行严密、科学地考察，对现场进行全面的检测，结合房地产市场的变化以及学校自身的财务状况，使新建校区在资金上面没有负担,保证整个新校区工程的建设的连续性和稳定性。

(二)控制土地成本

新建校区要确保土地成本在高校成本控制范围之内,要对土地成本费用以及其他消耗进行计算、调节和监督,并适时的揭露偏差,纠正不利的差异,确保土地实际成本控制与预定目标范围一致,不能超出学校的财务负荷。同时,土地的成本控制目标不是某一部分的控制而是全过程的控制,不仅仅只是控制土地的原始成本,更应控制土地使用寿命周期成本的全部内容,只有这样的土地成本控制,成本才会显著下降,站在学校的角度来看,这样才真正实现了节约社会资源的目的。

新建校区选址的成本控制不是在校区建成以后来控制的,其应该提前筹划、预测。成本的预算是按照预期的教育活动目标所编制的预定成本,能帮助学校管理层作经济决策,确定工作目标管理。因此,高校在新建校区时应树立先进的成本控制理念,从源头开始土地成本控制,使成本预算为新建校区的规划所用。新建校区时须通过核算、评估、考察土地市场,编制建筑计划和材料预算,总体算出建筑在施工到完成之间的成本,便于学校能以最低的成本建造最好的新校区,进而协助施工单位制定建筑计划以及活动指南。总之,经济性要求建立新校区时,必须成本低,以最少的投入获取最优化的校址。

(三)可能校址的考察、评估

正是因为土地成本对高校成本控制的重要性,因此,在选择可能校址时务必谨慎、理性。要在对可能校址进行考察、评估的基础上,进行优化选择。为了确保新校址的最优化,高校首先应成立专门的土地评估专家,这些专家包括了熟悉房地产市场、土地成本市场、城市的发展规划计划,建筑工程指导等方面的多领域专门人才,能够合理、理性地对土地成本进行全面的把握。确定了专门的土地评估专家小组后,组织这些专家前往可能选择的校址进行现场考察,考察范围包括土地面积、价格、周边环境、基础设施以及影响校址选择的各个因素,预估施工的可行性和研究初步的施工方案。进行土地勘察后,对土地布局和施工方向有了初步的规划,此时进行报告的编写,包括土地成本、原材料、新建校区的布局,以及可能涉及土地赔偿等方面,对新建校区的土地进行全面、系统、科学地安排,帮助学校领导层进行决策和判断,为新校区的选址提供理论参考依据。

(四)抉择荒地、劣地的优势

社会和经济市场都在不断变化,校区之间的布局和规划也应随着变化而变化,与时俱进,新建校区的选址地段在节约成本的基础上,最好能有可改造的空间和余地。

节约了土地成本。荒地、劣地的土地成本比市中心的繁华地段的土地成本要低出许多,繁华地段因人口流量大,多年的发展变化,形成了稳定的布局,土地成本价也随之上升,而荒地、劣地还没有经过开发、利用,没有发挥土地的使用价值,选择荒地、劣地作为新建校区的选址,为学校减轻了财务负担,相同的建筑支出经费可以购置更多的土地空间,为学校新建校区的发展做好了坚实的基础。

荒地、劣地的可改造性强。任何事物都是发展变化的,学校的规模和未来的发展也是在不断变化的,为了以后校区的可塑造性,土地的改造性,荒地、劣地是新建校址的首选,改造空间大。选择在繁华地段作为新建校区的场地,原有的布局和土地规划严重阻碍了土地改造,不仅给施工造成了一定的困难,同时也违背了城市的发展规划,不利于合理利用土地资源,给新建校区的土地规划造成了一定的难度。

二、科 学 性

(一)科学性原则宗旨:统筹规划

高校的发展应与国家对教育事业的发展方向一致,与经济、社会、文化的发展相适应。新建校区要与学校的规模、学生的规模发展相适应。各类高校一定要根据学校发展情况再三思索是否应继续扩大,必须充分考虑教育的成本与收益、教育规模与效益之间的互惠互利。为了实现人才培养的目标,对高校的规模和布局提出了更高的要求,高校的发展规模必须与之相适应,高校新校区的建立并不是盲目地扩大规模、讲究气派、讲究豪华奢侈,讲究铺张浪费,而是实事求是、因地制宜、统筹规划,根据学校的招生计划以及办学实力、师资力量、财务状况,进行科学性规划,既不能造成土地资源闲置、浪费、与学校规模发展不相符合,也不能造成无法容纳足够的学生,新建校区的规模必须与学校的发展规模保持同步性,否则有可能造成各种资源的浪费。

统筹规划是科学性原则在新建校区选址的核心内容。违背了统筹规划,新建校区就失去了百年大计、教育为本的中心思想。“地势坤,君子以厚德载物”,新建校区的建设应充分发挥“天时、地利、人和”的理念,静心选取地址,合理规划,统观全局,科学分配,以长远发展的眼光开展新校区的建设。结合学校的办学理念,人才培养机制,学科专业的设置,各项试验、科研的有利进展进行新校区的选址、规划、扩建,以科学为先导、以教育为依托,以资源最大利益化为中心,以能源节约化为根基,量化新建校区的各项细节,细化每一项工作任务,合理地进行信息反馈，综合多方面的意见，统一权衡，而不是意气用事、武断独行，专门追求表面的大气磅礴、忽略了高校综合型人才实质培养。

（二）科学性原则的具体要求

首先，选址与学生规模发展相一致。学生规模是新校区选址必须重点考虑的问题，要做到二者之间的相适应。选址重在新校园面积的大小，一般来说，对于校园面积而言，要求从科学的角度来讲是必须达到一定规范的。因为，校园内不仅要建设各类校舍，还要有四通八达的交通网络；不仅要有绿树成荫、疏密相间的校园绿化，动静相宜、相映成趣的草坪与水面，还要有足够的运动场所，同时还要建设一些师生休闲的设施，这些都需要充足的校园面积①。对于学生规模而言，随着社会各界人士对教育公平的广泛讨论，国家制定了一系列高教政策，包括高等教育的扩招。学生规模的扩大必然意味着高校要采取扩建、新建校区以容纳更多的学生。然而，这种扩建、新建校区仍要以高校发展规划为基础，充分考虑学校的人力、财力、物力，做到校区面积与学生规模相适应。

其次，选址与社会需求相一致。随着我国经济体制的发展，人们的生活条件得到了一定的改善，再也不是过去为了温饱而四处奔波，小孩没有经济条件上学。现在的物质条件都相对过去有着明显的改善，在物质生活相对满足的情况下，人们越来越重视精神层次的构建，家长越来越重视子女接受教育的程度和环境，希望子女在良好的教育环境下接受正规、系统、全面的教育。于是，对校区的规模和布局有着严格的要求。

同时，国家大力扶持教育事业，教育是国家的根基，是国家发展的希望，在教育的普及下，越来越多的人有着接受高等教育的机会。高等教育的发展，社会对学校的教学质量、师资队伍、后勤服务、就业率等方面提出了更为严格要求的同时，家长和考生在报考高校的时候还要充分权衡高校的办学规模，办学规模小，家长会认为学校的教学设备不齐全，以及上课采取集体大班制，教学水平不高，学生得不到良好的教育环境。为此，新建校区的办学规模要不断满足社会发展的需要，科学规划，保证新校区的规模与高校发展规划相一致，达到社会需求与教学规模的供需格局平衡。

三、环 保 性

高校学生在接受教育的同时，身体健康和人身安全是最基本的保障，如果

①刘在洲．试论高校校园选址的原则[J]．湖北社会科学，2006.6：157

连基本的人身安全都得不到保障,那么,教育就无从谈起,也就失去了以人为本的意义,新建校区的选址必须从以人为本的角度出发。教育必须建立在和谐、良好的环境空间之上,关注学生的身心发展,关注学生的未来成长,让学生在空气质量良好,水质质量好、绿化覆盖率高的环境空间里进行学习活动,让身体健康得到保证,充分落实"以人为本"。

新建校区的选址必须通过考察、评估市场需求、综合考虑环境因素、危险源等,预测环境对当前和未来的隐忧。采用主动适应、预防为主的方针来消除和尽可能减少这些环境隐忧,积极应对环境隐忧。尽量选择周边环境优美,无污染的地方作为新校区,不能建立在重污染区等。选择荒地、劣地作为新建校区的选址,除了看到经济上的节约成本,减少财务支出外,还必须考虑到周边工厂带来的环境污染,环境污染是一个严重的问题,对学校的发展极为不利,需用发展、平衡的眼光进行新建校区的规划和布局,而不是只看到眼前的短期节约,以学校长远的发展目标为出发点,确保学生的身体健康和学校未来的可持续发展。

四、基础设施完善性

高校在进行新校区选择时,要充分考察校区周边的基础设施情况,具体包括城市交通、通讯、供电、供水、供气、防灾规划等。周边基础设施的完善,一定程度上节约了高校的办学成本,即高校无需再进行这些基础设施的建设。

完善的市政工程。市政工程是指城市建设中的各种公共交通设施、给水、排水、燃气、城市防洪、环境卫生及照明等基础设施建设,是城市生存和发展必不可少的物质基础,是提高人民生活水平和对外开放的基本条件。对于高校而言,新校区选址时务必充分考虑选址周边的市政工程完善程度。首先,交通环境的便捷。新校区的交通保障一般来自于城市的交通建设以及校车的。校车主要用于接送教职工上下班及定时的多校区之间的学生运送,更多时候,广大学生的出行是采用公交车。但是由于公交车路线较少,学校往往处于非市中心的郊区地带,因此沿途往往是乘客较为稀少的地区,自然而然的公交车班车车次少、线路也较少。学生的休息时段往往处于双休日和节假日,公交车往往就拥挤不堪,所以对于新校区而言,应选择交通便捷的区域,或者与政府沟通,新加公交路线,以方便与其他校区之间的联系,较好地开展教学科研交流研讨活动。其次,水电气等基础设施的完善。新校区选址要求水电气等基础设施条件能够满足校区发展需要,有充足的供电、供水、供气的能力。从办学模式的改革模式看,建设项目配套的生活设施要与城市生活居住及公共设施规划相衔接与协调等。

完善的社会服务。首先,要有完善的通信、网络通讯、金融服务。这些服务内容是人们现代生活的重要组成部分,校园周边要有强有力的服务保障,提高学习生活的便捷。其次,文印服务、商品服务、校外住宿服务等周边服务等,这些也是学生日常生活不可缺少的部分。

五、符合城市发展规划的要求

(一) 城市发展规划下的校园新址

城市发展规划是一座城市发展的长期战略,主要是对城市进行科学规划、科学建设和科学管理,进一步增强城市功能,提高城市现代化水平和可持续发展的必然过程。因此,大学新校区的选址必须符合城市的整体发展规划方向。只有在相符合的城市功能规划区域内,大学才能与城市互动地发展、提高。在选址时要准确了解地区和城市发展规划的内容,以及校址位置是否符合城市和地区的长期发展规划①。其实,对于一个学校的建设来说,是一个学校的百年大计,因此,它的建设需要一定的自然空间来满足其弹性发展的需要。因而新校区的建设在选址上要充分考虑城市的发展规划,考虑土地容量、环境容量、后备发展空间等问题,考虑并解决这些问题,是维持学校可持续发展的必要条件。

城市发展规划是高校发展的蓝图,是建设和管理高校的依据。高校规划是城市规划的重要组成部分,它所涉及的范围非常广泛,在制定高校规划时必须考虑到它所涵盖的方方面面。做好高校规划不但能体现出直观的城市外观形象,也能间接体现出人文精神塑造出独特的城市品格,也是寻求建设理性城市之路。城市规划要从宏观处着眼,从微观处着手,正确处理好城市与高校新址之间的关系。所谓从宏观着眼,就是从整体上进行规划,达到长期布局合理、层次错落别致清晰。城市规划必须要有前瞻性的眼光和现代意识,要坚持高起点、高水平,真正为高校的长远发展起到勾画蓝图的作用。避免因为规划的短视造成长远高校发展的被动。城市建设规划就是事先决策,分期实施,描画出发展的框架,做出总体规划。所谓从微观处着手,就是在编制城市建设规划中应贯彻合理用地,节约用地的原则。高校目前普遍存在土地资源短缺,所以城市规划时要细到哪里配套什么,那块土地怎么安排,环境怎么改造,留出多少绿化地等。

---

①杨杰,唐建民. 大学新校区建设项目选址综合评价指标体系分析[J]. 山东省青年管理干部学院学报,2005.4:119

（二）高校校园对城市发展的影响

首先，引导城市文化的发展方向。高等教育塑造的是社会的人，社会的人不但有知识，更重要的是具有文化的人。高校在向社会输送知识的同时，更在传达输送和建设先进的社会文化，先进的世界观、价值观、思维和精神文化体系。另一方面，高校作为社会文化发展的基地，其本身对社会文化发展有着辐射引导的职责，起到了对广大群众进行文化熏陶的作用。因此，建立一个能够充分发挥大学校园读书育人和传承、批判、发展、辐射、引导社会文化的功能职责的校园成为迫在眉睫的需要。高校新址一般位于城市郊区，而对这些郊区来说，刚刚起步的城市发展、未成形的城市文化氛围等因素恰恰给处在城市郊区的高校校园建设提供了挑战和机遇，等待新建高校为该区域带来全新的精神文化风貌和活力。

其次，带动区域经济发展。在我国城市规划政策中高等教育逐步与高新技术产业、文化产业、商业娱乐服务产业、房地产产业等有了紧密的联系。就拿高校校园和高新技术产业之间的联系来看，高校作为知识传播和科学研究的基地，其科研技术成果是推动社会生产力的重要因素，而新兴的高新企业又急需先进的科学技术来推动生产；与此相比，高新技术产业机构往往有更优越的设施条件可供进行科学研究和创新，因此高校和高新技术产业自然地成为了资源优势互补、相互依存、共同发展的联合体，推动着城市，乃至国家经济的迅速发展。另一方面，高校作为城市重要的功能体，以其稳定的经济需求和带动力，能够在最短的时间内促进其所处区域内聚集完备的居住、办公、商业、餐饮娱乐、文化服务设施。如此看来，对于城市区域而言，高校教育资源的合理配置能够促进城市功能结构、经济文化结构的优化配置，从区域发展的长远目标来看，高校校园对于城市空间、经济发展的作用是不容忽视的。

最后，影响新址所在地的城市风貌特色。在我国急速扩张的城市发展中，城市空间环境的发展已不再是自发生长，而是由政府部门在宏观地控制着整体的脉络、建筑风格特色、外部空间环境机理。但由于宏观规划控制不能够制定统一的、详细的城市模型的缘故，缺乏传统历史文脉、整体空间环境风貌的新址所在区域还需在符合宏观条理的前提下依靠对地域自然环境条件等某一特定统一制约因素的遵循和延续来达到和谐统一的目的。高校作为城市功能块儿当中较大的一部分，其较大规模的建筑和外部空间环境完全可以作为整个城市中的标志或区域环境的中心。因此，高校校园空间环境的有序拓展能够有效优化城市空间环境结构，进而影响整个新址所在地的整体建筑和环境风貌的发展。

(三)校址与城市规划的协调性

首先,土地利用的协调。2011年8月23日,胡锦涛在中共中央政治局第三十一次集体学习时强调,土地是人类生存发展的重要物质基础。我国是一个人多地少、耕地资源稀缺的发展中大国,因此一定要以对国家和人民高度负责、对子孙后代高度负责的精神,紧紧围绕以科学发展为主题、以加快转变经济发展方式为主线,加强土地资源节约和管理工作,十分珍惜和合理利用每一寸土地,促进经济社会发展与土地资源利用相协调①。随着我国高等教育事业的快速发展,高校规模的不断膨胀,民办高校、联合办学等方式的学校也层出不穷,面对有偿使用(相对以前的土地无偿使用制度)且日益紧张的土地资源,为促进大学和城市的共同发展,不使土地成为制约二者发展的瓶颈,非常有必要在土地利用中急需协调二者对土地利用的关系,提高土地的使用效率。

要做到高校与城市在土地利用上的协调,各高校应遵循城市土地利用规划,依托城市的建设方向和设计指导思想。从整体上考虑高校的土地利用,全面分析各个校区所在的地理位置与土地使用格局。高校管理层要根据土地专家的意见,制定土地利用特定目标,结合土地自然形体要素和生态条件,充分研究土地利用目标的可行性与使用的充分性。为缓解高校的土地利用与城市土地利用的紧张关系,可提高校园整体或者校园局部地块上的建筑密度和建筑容积率。当然,对于目前用地相对宽裕的高校而言,亦要充分认识节约用地的重要性,强化校园土地利用总体规划的整体管控作用,合理确定新增校园建设用地的规模、结构和时序,为校园的可持续发展作前瞻性思考,未雨绸缪。可以“通过增加建筑高度和建筑密度节省下来的校园面积用作建设校园绿地、户外活动场所之用,丰富校园生活,为今后校园发展储备土地资源②。”为了提高大学的土地利用率,可以采用建造高层教学科研、密集布局学生公寓等建筑群、发展地下空间、利用屋顶空间等方法。

其次,生态环境的协调。高校多校区的建设迅速改变了城市区位的生态面貌。城镇生态空间理论认为,“空间结构的稳定性和空间受到干扰的程度成反比,同时生态空间是时间和空间耦合的结果。”从目前全国各多校区办学高校的分布情况来看,新建校区多在城市边缘的郊区,从而使得这些边缘地带迅速成为城市区域的一部分,甚至是区域中心。但是,如此的城市化进程是在短时间内完成的,这样大规模的区位方式使得当地原有的生态环境发生了急剧性的改

①胡锦涛. 珍惜每一寸土地 促进发展与土地利用相协调[EB/OL].(2011-8-23)[2012-8-26] http://news.xinhuanet.com/2011-08/23/c_121900853.htm

②杨子君. 论大学校园建设与城市土地利用的协调[J]. 河北软件职业技术学院学报,2007.2:78

变,且这种生态改变具有强烈的不稳定性。

通过高校的合并重组,原来分散于城市各个角落的高等教育开始聚集,致使原有的城市结构发生了改变。1999 年高校扩招政策以来,接受高等教育的学生急剧增长,坐落于城市中心的各类高校已无法满足扩招对土地的需要,从而将目光转向于郊区,因此产生了名称各异的“大学城”。在聚集的过程中,带动了地方经济的发展,使得房地产、科研、中小学教育、旅游等相关产业得到规模效益。然而,这种短时间内聚集的“大学城”改变城市面貌的同时,加剧了城市生态环境的恶化。其次,城市快速发展对高校生态环境的影响。大学是培养社会精英的聚集地,是促进社会发展的园区。为了实现大学校园应有的功能,需要良好的生态环境。然而,随着城市的急速发展,“三废”排放量逐渐上升,环境急剧恶化,据统计,城市居民有 2/3 以上生活在超标准的噪音下。至此,与城市存在亲密关系的大学校园环境已经受到了严重影响,校园内外的生态受到很大破坏。因而,大学校园必须要在“科学发展观”的引领下,对城市环境问题引起重视,从改善内部环境出发,进而改善外部的、城市区域的生态。

第二节 优化新校区选址的量化类别

一、土地成本

土地成本是新建校区的核心首要问题,土地成本的控制深深影响着学校近期的发展变化,制约着学校其他方面的发展建设,新建校区必须进行合理的土地成本预算、考察、评估和分析,结合城市发展规划、土地的优化利用措施以及学校自身的经济实力,选取土地成本低,周边基础设施良好、环境质量优良、交通便利的地段进行投资建设,而不是凭着主观上的臆断或者盲目地与其他高校进行攀比选择较贵、最繁华的土地地段。

房价的上涨与人们生活质量的上升有着直接的影响,三四线小城市房价上涨没有一线大城市那么快,主要是城市发展规划服务水平与一线大城市差距较大,这种悬殊导致了城市发展规划效应好的城市空间资源相对珍贵和稀缺,而稀缺性侧面导致房价上涨,同时房价的上涨也影响着人们生活质量的不断追求上升。新校区选址地段的土地成本是一项重大的财务支出费用,应合理进行优化,选取最佳的土地成本方案,节约成本,实现土地价值的最大化利用。任何城市市中心的土地成本要比荒地、劣地的土地成本高出许多倍。市中心的繁华地段经过多年的发展和进步,已经形成了稳定的商业氛围,高密度的人口聚集带来了无限的商机,更加催生着房价的上涨,繁华地段周边土地的价值都被最大化开发和利用，引来了各行业的招商引资，人流量的密集反过来促进了土地价格的上涨，土地成本作为新建校区的一项最重要的财务支出，关乎着学校后期服务保障的完善以及景观环境的建设。

不同的高校在新建校区时有着不同的选择，如教育部直属全国重点大学，国家首批“211 工程”和“985 工程优势学科创新平台”项目重点建设高校——武汉理工大学因有着夯实的教学质量和完善的教学体系，是众多学子理想中的求学地，其良好的教学口碑获得家长和社会各界的一致认可，吸引着更多的学生前来深造，学校每年进行一定的扩招才能适应教育需求，为了适应高等教育的教学体系，促进学科之间的调整，尽快实现“两个一流”的办学目标，以期更好地创造就业率、为国家、为社会做贡献，经国家教育部批准，武汉理工大学决定在马房山校区以南新建 2000 亩新校区，新建校区的竣工标志着武汉理工大学走向新的历史征途，是学校教育事业发展的一个重要里程碑。马房山有着良好的地理优势，交通便利、各种基础服务设施齐全，商业街繁华，学生出外郊游或是去邻校、前往武昌火车站、汉口火车站都十分便利。马房山还有着良好的人文环境氛围，三国名将关羽曾治兵江夏，放马此山，用作马厩，故名马房山，骁勇善战的一代名将一直是人们心目中的爱国英雄。马房山周边的市场相当繁华，形成了和谐、完善的土地布局，武汉理工大学在此建立新校区，土地成本约人民币 1200 元/平方米，是新建校区中最大比例的财政支出。马房山南湖新区位于武汉市南湖西畔，紧邻出版城西路、丁字桥、机场三路、接雄楚大道。距武昌火车站、汉口火车站、天河机场都非常近。武汉理工大学新校区的选址也是经过充分考虑的，虽然在土地成本上花费比较大，但是新校区与主校区的距离比较近，紧邻华中科技大学，华中师范大学、中南财经政法大学等，既节约了武汉理工大学内部的各种管理费用，又促进了武汉理工大学学子与华中科技大学，华中师范大学、中南财经政法大学这些高校之间的学术交流和学院合作的氛围。

与武汉理工大学不同的是，教育部本科教学工作水平评估优秀，教学与研究型，国家一类重点院校——武汉科技大学的新校区则选址在偏僻的黄家湖畔。武汉科技大学办学质量坚实，近几年，每年都在扩招以平衡教育需求，不断扩招学生带来了学校原有的土地规模与学生的比例不相适应，为了有效缓解这一现象，武汉科技大学经过多番的选址和科学的考核，最终决定在黄家湖畔建立新校区，满足广大学生的求学、生活的现状，加快学校的稳定发展。黄家湖畔有着得天独厚的自然环境，气候宜人，周边治安良好，民风淳朴，土地成本约为 600 元/平方米，选择在黄家湖畔作为新校区的地点，比武汉理工大学的新校区的土地成本节约了 50%。每年新生都会入驻黄家湖新校区，在这里接受军训，开始新的大学生活，放飞理想、实现人生的价值目标。

不同高校新校区选址的侧重点不同，不管是哪种方式，土地成本高或者低，都必须经过合理的考量和精准的计算，从财务数据上，从学校的长远利益、从学生未来发展的角度出发，综合环境因素、基础设施因素、交通因素、人文环境因素、土地价格因素等全面、系统地进行土地规划，量化土地成本，优化土地成本路径，选取各种因素适当、最优化的土地成本，让土地成本这一项重大支出得到妥善、平衡、优化的处理。

二、服务保障

（一）服务保障的重要性

十七大报告指出，学校服务保障建设与学生的幸福安康息息相关，必须在教育发展的基础上，更加注重服务保障建设，着力保障和改善民生，扩大公共服务，推动建设和谐社会。为学生供给公共物品是我国高校当前的重要任务，加强对高校公共物品供给的研究，无论是对于深化教育管理体制改革，进一步转变学校职能，搞好学校对经济与社会的管理，还是以学生需要为导向，尽可能低的服务保障成本，合理组织服务保障供给，获取尽可能大的教育效益，提高高校竞争力方面都具有十分重要的意义。

服务保障是一个高校教育发展的重要推动力，完善的服务保障供给体系可以有效地节约学校成本，提高高校运行的效率。改革开放以来，随着我国行政、经济体制改革的逐步深化，财政管理体制的日趋完善，我国高校服务保障的供给逐步规范化、合理化，服务保障的数量和质量有了明显改善。但新建校区由于种种原因，整体上还是呈现出一种低效状态。因此，有必要对服务保障的现状进行深入分析并找出解决现存问题的途径，以实现服务保障的有效供给，使其能够更好地为供给客体服务，为学校教育的持续、健康、稳定发展服务，为社会主义现代化建设服务。

（二）服务保障的内容

大学新生来到校园后，在生活和学习上有一个适应的过程，他们第一次离开家乡来到异乡求学，第一次离开父母来到外地独立生活，如果校园内的服务保障体系不完善，会使新生感到烦心和压抑。对新环境有一个适应的过程，健全、完善的服务保障体系能够使学生早日克服内心的陌生加上对离开家乡的孤独，完善的服务保障体系是学生静心学习和安心生活的坚实后盾。来到新学校后，他们首先要熟悉所在大学的内部环境，包括建筑楼群的地理位置、食堂、寝室、教室、图书馆、浴室、开水房以及运动场所、交话费地点、银行、邮局等,必须保障这些地方服务保障的完善和便捷,使新生尽早适应大学生活,在这里自由、舒心生活。

同时,在人口密度较高的校园内,水电供应、交通运输、邮电通信、物业管理、饮食起居、医疗卫生、商业零售、银行保险、安全保卫等服务要有充分的保障。无论是哪方面提供服务保障,都有一个效率问题。比较起土地成本而言,也许服务保障的初次投入并不很大,但新校区一旦建成,此后的服务保障费用将是学校、教职工、学生的长期支出。所以说,服务保障的效率与新校区的选址密切相关,因此,建设新校区必须考虑服务保障①。高校的服务保障建设和管理工作涉及学校道路、基础设施、燃气管理、环境卫生、照明亮化、园林绿化、物业管理等方面。高校的服务保障管理工作着眼于优化发展环境,加强学校基础建设,高校服务保障的建设与学生的生活环境、学校公共设施的完善与保障,是高校的服务保障的主要目的,随着社会的发展和经济体制的改善,高校新建校区的服务保障也应与之同步,建立完善的管理体系,逐步由单一的管理理念向多种方法并行进行转化,建设新建校区的新形象,从新建校区的实际情况来看,服务保障建设指的是校容校貌、环境卫生、园林绿化、路灯、水电供应、医疗卫生、商业零售等方面的管理。

老校区的服务保障经过多年的完善和整改,基本上处于一种和谐、平衡的状态,能够与学生的需求达到供需平衡。新建校区在建成之后,各项基础服务设施还没有开始建设,由于经费不到位或是其他的原因,造成了服务保障设施还跟不上学校建设的步伐,无法与学生的学习,生活相适应,因此,需要加大对新建校区的服务保障资金的投入力度和落实力度。

新建校区的建筑施工完工后,应及时有效地进行服务保障完善工作,将作为学校主体的人这一鲜活生命体的生活纳入新建校区的管理之中,保证新建校区各功能的完善性、连贯性,使新生入驻校园后能方便生活、方便学习,给学生留下良好的印象,让他们能顺利实现从高中生到大学生角色的转变,快乐学习,轻松生活。

(三)服务保障最优化的根本措施:市场竞争

通过竞争能够提升效益、优化服务,是高校管理者的普遍共识。目前许多学校选择了直接引入社会上的专业化公司参与后勤服务。这些专业化公司由于在某些方面具有许多先进的管理经验与优质的服务效果,可以在学校一定的

---

①彭怀祖．高校新校区选址优化研究[J]．教育与经济,2010.1:15

后勤服务项目与服务范围内，迅速提升后勤服务质量。在市场经济的大背景下，彰显竞争的优势，有利于提高高校服务保障的效益。经济学理论与我国经济体制改革的实践证明，市场机制是实现资源最优化配置的根本途径。而市场经济体制的本质特征，是利用竞争的方式配置资源。在市场的大环境之中，确保透明、公开、公正，通过竞争把资源一一配置，是一项非常复杂的系统工程。和计划体制下的垄断配置相比，它的效率较高、效益较好的特性十分显现，也从体制和机制层面有效防止了腐败等消极现象的产生。由于社会主义市场经济体制逐步完善，高等教育大众化的步伐不断加快，高校自身服务保障队伍逐年缩量，就使服务保障任务不断加重，从而使竞争的主客观条件渐趋成熟。市场经济体制的逐步完善，为服务保障资源的竞争性配置提供了前提条件①。

第一，整个社会的资源配置充满活力和有了丰富多样的选择性。在市场经济条件下，各种类别的服务资源广泛而丰富，学校有了充分的挑选余地和选择空间。学校是办学的主体，其办学自主权决定了学校拥有采取何种后勤服务保障模式的选择权。例如，交通运输的选择，除了自身队伍及公交公司的队伍外，还有名目众多、各种类别的租赁公司，可以货比三家进行比选。再例如，物业管理任务的完成，社会上有着众多的物业公司，它们经验丰富，管理能力较强，完全可以承担学校的物管任务。

第二，市场经济体制的不断完善，使原有的一些稀缺资源不再稀缺。以热水供应为例，原来大部分学校以自给自足热水供应为主，必须耗费大量的人力物力，才能满足需要，由于是一校一个系统，必然造成小而全、低效率的现象。目前，社会上热电厂的热水供应十分丰富，学校只要采取竞争的方式选择校外热水供应单位，就会收到非常好的效果。

第三，高校服务保障工作量大，持久性强，高校管理层面一般均具有较强的科学性和理性思维，工作的规范性、履约性程度较高，这些因素的综合，形成了强有力的吸引力，它会吸引社会上一大批专业队伍。通过有目的、有选择、有步骤地引进社会力量，适时适度地开放后勤市场，让社会上的服务实体提高经营管理水平和服务水平。因此，高校管理层面通过竞争选择服务保障队伍，有了量和质的保证。

三、自 然 环 境

校园自然环境是一个供人工作、学习、生活的地方，新建校区的周边环境要

---

①彭怀祖．高校服务保障的竞争研究[J]．高校后勤研究，2008.6：14

好,不能建在工业区和污染区。自然环境带来的视觉感受和心理感受是一个人一生中重要的感受,它可以使人轻松,也可以使人激动,可以使人愉快,也可以使人紧张,所以好的环境可以使人感觉舒适,甚至感觉精神振奋,从而摆脱一些忧郁的情绪。

园林苗木在校园绿化建设中发挥着重要作用,随着人们生活水平的提高,人们的审美观也日益发生变化。校园每年进行大量的城市绿化来提高城市的绿化率和改善城市环境条件,但与学生对绿化的需求还是有一定的差距,只有合理地应用和配置园林苗木才能满足人们日益要求严格的景观和环保需求。当然,在园林苗木的建设规划中要遵循如下几个原则:

1. 因地制宜的原则

在学校景观建设中,要使园林苗木固有的生长习性与栽植地点相协调,先要考虑气候环境等外在因素,根据园林苗木的自身特性和景观的要求来进行合理的配置。这就要求在对校园建设的栽植场地的环境条件进行现场考察和统一分析后确定具体的校园建设景观设计规划。园林苗木因地制宜的原则限制了校园建设中不能盲目引进推广外地园林苗木,注重本地特色园林苗木的扩大种植。

2. 园林苗木多样性的原则

校园建设中要使景观结构稳定、协调发展,就应充分考虑园林苗木的生态因素,合理搭配、筛选园林苗木种类,充分利用各种环境资源打造优美的景观环境,通过模拟和创建自然生态系统的格局,保证园林苗木的多样性,采取多层次、多样性乔木、灌木、绿藤、草本的结合方式,不仅维护了生态平衡,又有利于种群的稳定,形成错落有致的校园建设绿化氛围。

3. 创造艺术性的原则

遵循美学原理是园林苗木运用的首要条件,园林苗木的运用失去了美学基本原则,会显得杂乱无章,在遵循美学的基础上,根据生态平衡要求,进行多姿多彩的校园建设。园林苗木的形态、花和叶的颜色、树木线条、质地及大小比例等形成一定的观赏性,园林苗木的运用要讲究艺术美,从绿化的长远眼光出发,既要保证园林苗木的属性和归类,保证园林苗木种群间的相互联系,又要体现不同园林苗木之间的差异性,形成优美的自然景观效果,提升校园形象,既满足了学生的审美需求,又能保护校园空气质量。

4. 低成本、高效益的原则

园林苗木景观以创造生态效益和社会效益为目的,但不可以造成投入过多。在校园建设时遵循经济性原则,选取成本低、易于栽培、景观效果好的园林苗木,降低景观投入成本,考虑园林后期管理,实现低成本、高效益的校园环境建设原则。

5. 综合利用各类园林苗木

在校园建设中,园林苗木的品种要在保证生态结构平衡的基础上力求丰富,形成层次化、结构化、功能化的园林苗木景观。依据树形的高低、树冠的大小、花开的季节等客观因素进行合理的配置,乔木、灌木、常绿、落叶、地被、草皮之间的多种组合相结合,花草相间,互相衬托。如广场的树种、树型应丰富,色彩明快,校园建设比例恰当,采用生长健壮,少病虫害,树姿优美,落叶少的常绿树种。

6. 应用季相变化合理配置园林苗木

不同的园林苗木有不同的季相,不同地区由于气候条件不同,园林苗木的季相变化时间会有差异。校园建设中的景观顺应四季的变化,符合人们的审美规律。在校园建设时可根据园林苗木的不同季相进行搭配。在园林苗木的配置上考虑季节变化,使之同师生春夏秋冬的生活规律同步。

7. 园林苗木与景观建筑的组合

建筑物是人工艺术设计加工而成的具有景观功能和实用功能的硬质景观,园林苗木可以增强建筑的景色,使之生动形象。根据建筑设计的内涵、寓意、外形等进行园林苗木的配置,可以突出建筑主体、流光溢彩。在校园建设中,园林苗木配置能使景观建筑物景色丰富多变。在整体设计风格统一的基础上求变化,考虑到学习气氛,在铺装上采用跳跃的色彩,使得校景气氛更为活泼。沿路周围配有美丽的植物,不仅可以提亮校园的色彩,同时还具有纳荫的作用。根据现有的铺装形态,有趣的休闲座椅,艺术性铺地,观赏性雕塑等,充分运用各类元素,在构图、材料、质感、植物形态及色彩、平面上相配合,来提升沿校园的空间感。

四、校区间距离

(一) 校区间距离的旨要

校区间距离也是新建校区所要考虑的重要因素,校区间距离影响到高校工作开展的方方面面,以及学校的品牌宣传建设,校区间距离一经确定,就无法更改,对以后工作的开展带来的难度也无法消除,这一客观环境不受后期人为因素的影响,不以人的意志为转移,因此,新建校区选址的优化就关系到校区间的距离因素。新校区建设也需考虑与老校区之间的距离,节约管理成本等因素;

特别是要将主校区建设为“本部”时，必须考虑此因素，否则管理难度、成本较大。

校区间的距离是由新建校区的选址决定的，不同的选址产生不同的校区间的距离，不同的校区间距离带给学校不同的成本和管理费用，还影响到与本部的沟通、交流等，校区间的距离具有不可改造性、不可变更性等特点，这一特点不同于土地成本、基础设施、人文环境、服务保障等其他的因素，校区间的距离既为学校创造价值，也能阻碍学校的发展。如浙江大学几个校区之间的距离有远有近，紫金港校区在杭州西北方向，与其他校区间的距离较远，玉泉校区和西溪校区都在偏西方向，玉泉校区和西溪校区之间距离比较近，不同的校区间的距离形成不同的文化氛围。

（二）校区间距离近的优劣势

1. 校区间距离近的优势

节约管理成本。高校学生管理成本是一项较大的费用支出，校区间的距离近可以节约部分管理成本。高校里经常举行一些学术交流或者各种机械设计大赛、数学建模大赛等，校区间距离近便于各种通知的上传下达，便于组织赛事，便于各种活动的开展，加强学生之间的交流和协作，减少管理费用，便于对学生的集中化、统一性、公平性管理。

共享图书馆资源和局域网电子资源。校区间距离近可以使学生共享图书馆资源和局域网电子资源，网络环境下高校图书馆的流通服务的便捷、高效、互动性实现了图书馆资源的优化，但是并不是等于可以取代纸质图书在读者心目中的地位，纸质图书别有韵味，纸质图书的天然墨香和材质质感永远激励着莘莘学子伏案求知的愿望，纸质图书笔记可圈可点，可引人细细思索，包括一些公式、案例可供学生借阅后仔细学习。纸质图书同样是图书馆的宝贵文化资源，电子资源的格式和编排并非一定能激起学生的求知欲。校区间的近距离可以使学生获取更多的图书信息，开阔视野，增长见识。

局域网络环境作为校园电子资源收集、传播的平台，既是各种学习资源的集散地，也是学习交流的园地，将局域网络管理引入高效图书馆的流通服务工作，引导学生学会电子资源查阅图书，使用电子借阅方式便于管理图书室，加快了图书馆资源的流通性，对开阔学生视野、丰富学生心灵、提高学生素材储备及电子信息技术运用能力，都具有重要的意义。

2. 校区间距离近的劣势

一些高校经过多年的建设发展以及学生的人口密集程度繁荣了学校周边的经济，包括黄金店面、商业楼盘、超市广场等，带动了学校周边经济的繁荣，使学校周边的土地价格比当初建校时间的土地成本翻了无数倍,如果选择在本部校区附近新建校区,虽然可以节约管理成本,共享各种资源,但是造成了土地成本的费用高,不利于新建校区后期的服务保障完善和景观建设。

(三) 校区间距离远的优劣势

1. 校区间距离远的优势

选择远离老校区的地点作为新建校区的地点,可以节约土地成本。土地成本是新建校区的一项重要的支出,解决了这一重要支出就是解决了学校的新建校区的难题,使学校有更多的经费用于后期的基础设施建设,服务保障体系建设以及自然环境的改造,使学校新校区的建设无后顾之忧。

郊区的人口分布广泛,土地空间大,有着清新的空气。校区间距离远可以获得较好的空气质量,营造良好的学习环境,天然的绿化环境是最为宝贵的资源。将郊区作为新建校区的地址,不仅缓解了土地的供需紧张,优化土地资源规划。

2. 校区间距离远的劣势

影响学校的属性。一些高校经过发展建设,拥有扎实的师资队伍和高效的教学质量,得到了考生、考生家长和社会各界的一致认可,是许多考生心目中的理想王国。老校区各方面的服务设施相当完善,而新建校区由于建校时间短,各方面的建设还不是很完善,甚至有些考生对高校远距离的新建校区抱着怀疑的心态,认为新建校区不属于该校,或者认为新建校区是一个单独的独立体。校区间的距离远造成了学校的属性不清晰,既给高校的招生带来了困扰,也不利于学校的品牌构建。一旦造成了属性不明确,很容易被社会上的一些商业招生机构所利用,不仅对新建校区的发展极为不利,还会对本部造成一定影响,这种不良的影响很难以消除。

影响学校内部活动的组织。大学生在高校内不仅仅局限于课本知识的学习,还必须参与课外实践,培养自己的社交能力、动手能力,社会适应能力,以及应变能力和心理素质才能将课本知识与实践结合,学以致用,因此,在高校内有许多文化团体活动、比赛等,校区间的距离远不利于同一学校内部活动的组织和开展。

校区间的距离对学校的发展建设有着巨大的影响,因此,在新建校区的选址途径中,应综合考虑环境、土地成本、基础设施、交通、通信设备、学术交流等各个方面的影响,实现新建校区与老校区间距离的最优化选址。

五、人 文 环 境

人文环境的产生和广泛使用适应了人类社会文明进步的客观需要,实际就是指人们周围的社会环境。大学人文环境是大学本体中隐藏的无形环境,是一种潜移默化的大学精神灵魂。“孟母三迁”,“近朱者赤,近墨者黑”,“蓬生麻中,不扶自直”的故事也说明了人文环境对于教育的影响。

新建校区缺乏校园文化底蕴,人文气息较为淡薄,缺少历史积淀,缺乏文化底蕴。除了应有意识地、全方位地把老校区的精神、文化资源引入新校区外,在新校区的选址讨论中还应顾及其人文环境。不同的新校区地址方案,周边环境的人文气息和校区文化共振的力度是有所不同的。在新校区方案比选的过程中,必须顾及人文环境这一准则。

大学新建校区应该考量的第一要素是以后新建校区能够融入到整个学校的统一管理范畴,所以选址就是最关键的因素,只有合理的与老校区进行有力匹配,才能完成以后更好的新校区的各方面建设。大学新校区的选择应该综合考虑新校区周边的生活,生产,道路交通等环境,这个要根据大学所属的专长进行一定的考量;其次,是新校区对周边环境的相互影响,学校是大学生学习、生活的地方,这些校周边环境尽量向有利于学生学习、生活的方面靠拢,选址的确定是综合考虑各方面的因素,因此,一些不利于学生成长的因素必须要慎重考虑,百年大计,教育为先,所以,即使是牺牲暂时的经济利益也是值得的。

大学新建校区选址的确定就决定了新建校区的外围环境,然而内在环境的塑造是最根本的,因为大学生在校学习、生活的时间是最长的,在这里所有的一切都是影响他们的,不论是正面的还是负面的,所以大学新建校区就必须把塑造新的环境影响放在首当其冲的位置,大学新建校区在各个方面都是新的,新的教学楼、新的学生公寓、新的道路、新的人造环境,当然随着社会的不断发展,我们在各个方面都在追求进步和先进,新建校园不管是在硬件和软件方面都是全新的,这些有很多都是老校区所不能比拟的,但是人文环境的塑造是一项长期的系统的工程,新的环境塑造是新的开始,这些可以汲取老校区很多年来沉淀的精髓,运用环境再造、搬迁、模仿等方法手段,传承老校区的优良精神,从而提升新校区的人文环境。新校区人文环境的营造应从硬件环境和软件环境两方面下手,具体我们可以从以下几个方面来实施。

新校区硬件环境的建设,包括教学楼、实验楼、学生公寓、体育馆、图书馆、食堂、行政区、人造景观、植被、学校道路等的建设与协调。在这些方面,一方面要兼顾新校区校园面积的合理配置,另一方面就是考量新校区硬件建设所营造的人文环境与老校区的传承。新教学楼、实验楼、学生公寓、体育馆、图书馆、食堂、家属区等的建设应充分体现学校的特色,这些可以借鉴老校区的已有教学楼,可以进行模仿,也可以在原有基础上进行大胆的创新和改造,但还是以传承老校区的人文环境为主线,考虑到这些对学生的影响,所以新校区的硬件建设应将现代先进的与老校区历史悠久的进行有效融合,只有抓住这一点,才能把新校区的建设很好地与老校区进行融合,形成新老校区相互匹配,相互促进,从而营造出新校区的新、特、古。

新校区在软件方面的建设是关系到是否能够真正的把握新校区人文环境建设的成败所在,所以大学在新校区的领导班子的配备上尤其重要,把真正有实力有能耐,既有真才实学,又有领导能力的人放在这些位置上,才能从源头上把握住大学教学与学生发展的方向这是很重要的,如今,社会偶像、榜样的力量是无穷的,他们甚至能够影响一代人,我们可以根据学校的特色来吸纳这些年轻人的偶像和榜样,具体包括成功的企业家、商人、科学技术带头人、艺术家、政治人物等,让他们成为学校的教授、领导,让他们与学生亲密的接触,讲述他们成功的经历和经验,在一个充满成功人士的学校一定会出现一种特有的以榜样的成功为力量来驱动大学生的积极向上、进步的动力。新校区教学老师的配备情况是新校区学术环境和教学环境的根本保障,教师是与学生直接接触的人,他们的为人处世、教学能力是影响学生的关键,教师个人魅力能够影响学生积极向上、崇尚进步,整个教师队伍是构成新校区教学环境的主力军,这些都是以后为新校区良好人文环境的形成所要做的关键工作。

另外,校园沿路的周边景观通过不同花卉植被铺张给路人自然的气息;造型独特的流行型园林苗木花坛与校园路上形式感极强的马赛克拼砖的适当搭配可以让人耳目一新;线条型的花岗岩材质镶嵌在星星点点的花草丛间,在达到美观的同时还延伸校园沿路的视觉空间;简洁大方的几何形台阶结合具有“刚正不阿”气节的苍翠竹子不仅使校园沿路充满景观意境还使其具有一定的文化底蕴。

高校的人文环境能培养学生的审美能力和潜移默化的引导作用。通过对人文环境中有形有色的种种物象的观察与思考,能够体味到视知觉层面的美。因为人文环境本身所具有美的特征,是构成审美功能的客观前提,人文环境可以打动人的情感、愉悦人的精神、净化和陶冶人的心灵、培养人的审美能力,使人获得审美的享受。

第三节 优化新校区选址的层次分析法

高校新校区的选址既受客观条件的制约,又体现着地方政府、高校领导部门、学校自身的倾向性意见。因此,常常出现这样的局面:各方面对高校新校区地址方案的优劣见仁见智,且都会找出“充足”的理由认为自己的选择是正确的,选中的是高校新校区的最佳方案。然而,无论是权力意志决定下的方案选择,还是高校主管部门的倾向性意见,或者是高校自身的坚持,或许都有合理的成分和一定的道理。如果能在定性的意见之外,排除情感因素、利益驱使、短期效应等方面的干扰和影响,量化地确定高校新校区最佳方案。这样的结果是较为科学的,它容易为各方面所接受,具有说服力,起码能为科学选址、优化选址提供量化的路径和思考。

一、优化新校区选址的意义

高校新校区建设是高等教育大众化进程的必然。由于老校区已被各种建筑所包围,在老校区周围或附近建设新校区难度极大,只能在离老校区较远的地方建设新校区。由于新老校区之间有一定的距离,因而新校区的地址往往有多个方案可供选择,它们是各种因素、各种矛盾、各方力量妥协和交锋的初步结果。

新校区建设的地址一旦确定就极难更改。它意味着将来会有大量的师生员工在此学习、工作和生活,大学是否能融入城市,校址起着基础性、根本性的作用。新校区和老校区必然有着千丝万缕的联系,高等教育大扩张时期,也是高校合并重组的时期,因此多个老校区的现象普遍存在。各个老校区与新校区之间的联系,存在着许多复杂的因素和制约条件。

综上,多方比选、反复推敲,实现科学决策是非常重要的。“注重选址的科学分析,搭建校区间互助平台,新校区的选址应进行预评估①。”

不能简单地认为,新校区选址的决策者会不循科学原则,会不顾大学师生员工的意见。问题的关键是,各方利益的代表者站在不同的立场、角度看待问题,得出各自的结论是很正常的。例如,高校所在地政府提供土地资源,这是政府的巨大投入,新校区与城市中心地段的近远,决定着土地价格的高低。政府当然希望在新校区地址的选择中,以较少的投入为重要原则。作为高校会更多

①王保和．浅谈高校新校区的成本控制[J]．财会通讯(理论版),2008.12:97

地考虑新老校区之间的衔接,把学生的培养放在重要位置,对未来的新校区运营成本会加以较多地关注。

如果决策的各方不能够先从宏观上理清校区选址优化的若干要素,得出趋同的意见,如果不利用量化的方法对候选方案进行比选。那么,有可能是决策权重较大者的意见占主导地位,也有可能各个方面都执一词,形成选址的僵局,延缓甚至错失了新校区建设的有利时机。因此,具体讨论候选方案孰优孰劣时,各个方面应基本确认新校区地址的影响和制约要素,以及各要素的权重,然后利用量化的方式,计算出各个方案的得分,比选出方案之间的高低,作为选择新校区地址的重要参考。毫无疑问,这是科学抉择的思考和实践。

利用什么方法建立何种模型,才能完成上述构想的任务呢?笔者认为,利用层次分析法,建立层次结构模型,得出层次总排序结果,是解决问题的有效途径。

二、层次分析法在高校新校区选址的运用

层次分析法(The Analytic Hierarchy Process,简称 AHP)①,在 20 世纪 70 年代中期由美国运筹学家 T. L. Saaty 正式提出。它是一种定性和定量相结合的、系统化、层次化的分析方法。由于它在处理复杂决策问题上的实用性和有效性,很快在世界范围得到重视。它的应用已遍及经济计划和管理、能源政策和分配、行为科学、军事指挥、运输、农业、教育、人才、医疗和环境等领域。

层次分析法为分析、决策、预测或控制事物的发展提供定量依据,它特别适用于那些难于完全用定量进行分析的复杂问题,为解决这类问题提供一种简便实用的方法。层次分析法解决问题的基本思想与人们对一个多层次、多因素、复杂的决策问题的思维过程基本一致,最突出的特点是分层比较、综合优化,即把复杂问题分解成各个组成因素,又将这些因素按支配关系分组形成递阶层次结构,通过两两比较的方式确定各个因素相对重要性,然后综合决策者的判断,确定决策方案相对重要性的总排序。其解决问题的基本步骤如下:

第一,分析系统中各因素之间的关系,建立系统的递阶层次结构,一般层次结构分为三层,第一层为目标层,第二层为准则层,第三层为方案层;

第二,构造两两比较矩阵(判断矩阵),对于同一层次的各因素关于上一层中某一准则(目标)的重要性进行两两比较,构造出两两比较的判断矩阵;

第三,由比较矩阵计算被比较因素对每一准则的相对比重,并进行判断矩

①姜启源. 数学建模[M]. 北京:高等教育出版社,1983.305~ 335

阵的一致性检验;

第四,计算方案层对目标层的组合比重和组合一致性检验,并进行排序。

因此,在确认存在若干新校区被选方案的前提下,可以通过层次分析法,引入数学模型,以土地成本、服务保障、自然环境、校区间距离、人文环境等为准则,以量化的方式实现新校区优化选址,确定新校区最佳地址。

三、高校新校区优化选址的准则层面

利用层次分析法解决各类问题,首要的任务是明确目标、确定准则、选定方案,对任何一所大学的新校区选址而言,它的目标都是一个问题,即新校区选址的优化研究,方案层面也是明确的,即若干个初选出来的新校区地址方案,需要讨论的是,应选定哪些准则层面?各个准则的权重是多少?

影响新校区选址决策的因素和准则是较多的,但是,各种因素和准则有着主次之分,有些因素对新校区选址的影响十分重大,对新校区选址能起到促进或制约作用;有些因素对新校选址有一些影响,但并不重要和关键;还有一些因素和新校区选址有一定关联,但是它们可以为其他因素覆盖。利用层次分析法进行优化新校区选址的研究,必须确定若干准则,这些准则必须对新校区选址起着重要的作用,其他的因素或重要程度远不如这些准则,或起的作用能为这些准则所覆盖。

“对新校区选址来说,土地的征地费用和拆迁费用,是选择新校址时首先要面对的,也是备选方案中区别较大的方面①。”新校区建设需要投入大量的资金,其中土地成本占了较大的比例,若不考虑土地成本,新老校区之间的距离是越近越好。因为老校区一般在城市中心或城郊结合部位,新校区和老校区距离较短,大学对城市的辐射、引领,城市与大学的互动、交融,都会便捷许多。然而,离城市中心愈近,土地成本就愈高,学校、高校主管部门、所在地政府都会面临巨大的资金压力。因此,土地成本是新校区备选方案优劣的重要准则。

“由于新校区的选址大都在城郊结合部,地理上属于城市边缘地带,城市化程度相对较低,公共基础设施不够完善,配套的社会服务体系也不健全,社会文化氛围、政策法规环境等外部环境,都无法与成熟的老校区相比,新的环境在很大程度上影响着新校区的建设与发展②。”学校不仅是学生学习的场所,也是学生生活的居住区。除学生外,高校还有广大教职员工在工作。在人口密度较高

①江澄．浅析高校新校区选址主要影响因素[J]．山西建筑,2006.4:43

②高树军,缪克明．浅议高校新校区的特点与运行管理[J]．南京工业大学学报(社会科学版),2008.2:90

的校园内,水电供应、交通运输、邮电通信、物业管理、饮食起居、医疗卫生、商业零售、银行保险、安全保卫等服务要有充分的保障。无论是哪方面提供服务保障,都有一个效率问题。比较起土地成本而言,也许服务保障的初次投入并不很大,但新校区一旦建成,此后的服务保障费用将是学校、教职工、学生的长期支出。所以说,服务保障的效率与新校区的选址密切相关,因此,建设新校区必须考虑服务保障这一准则。

每一所大学在创建和发展过程中均形成了特定的校园文化和品牌资源,以精神、信仰、价值观和办学理念为特征的校园文化,以大师名家、优良学风教风为代表的品牌资源,是非常重要、珍贵的精神财富。“校园环境既是一种显现,又是一种隐性的课堂,对青年学生有着潜移默化的影响①。”“大学作为一个具有历史和文化沉淀的育人场所,其环境本身就是对人的熏陶②。”一般而言,新建校区缺乏校园文化底蕴,人文气息较为淡薄,缺少历史积淀,缺乏文化底蕴。除了应有意识地、全方位地把老校区的精神、文化资源引入新校区外,在新校区的选址讨论中还应顾及其人文环境。不同的新校区地址方案,周边环境的人文气息,和校区文化共振的力度,是有所不同的。在新校区方案的比选的过程中,必须顾及人文环境这一准则。

实行多校区办学必然导致运行成本增加、管理效率下降、教师交通耗时,师生交流困难,基础设施重复建设,资源难以共享等等。在选择新校区时,必须充分考虑新老校区之间的距离,尽可能缓解运行成本。

既然建设了新校区,必须面对多校区办学的现实。“如何处理新老校区的关系问题,也是目前高校面临的主要问题,从目前新校区建设来看,普遍存在新老校区距离过远,对高校的整体发展可能会产生一定影响③。”多校区办学,无论是以“横切”的方式安排学生,即以学生的年级为单位在各校区布局,还是以“纵切”的方式安排学生,即以若干学院的集合为单位在各校区布局,均存在“硬伤”。前者,低年级学生难以感受大学生的学术氛围,后者,文、理、医、工等学科的学生,在学科特长互补、相互交融等方面有所欠缺。显然,校区间距离短一些,上述缺陷会少一些。因此,优化高校新校区的选址,必须考虑校区间的距离。

高校是人员密集的单位,大学生处于长身体、长知识的关键时期,教学、科研需要宁静、优雅的环境。必须对新校区地址的周边环境提出要求,它应和校

①陈晓兰,吴妙娴．高校新校区建设物质文化层面的思考[J]．广东广播电视大学学报,2007.2:96

②别荣海．多校区大学管理的突出问题及对策探讨[J]．信阳师范学院学报(哲学社会学科版),2005.4:45

③李伦亮．高校新校区规划建设的现实矛盾[J]．当代建设,2003.6:50

园的环境和谐,应有一个安静的氛围,空气等环境质量应该比较高,周边环境总体上应适宜学生学习、教师教学。所以在新校区地址的选择中,必须充分考虑校区的自然环境问题。

通过以上初步分析,我们已经感受到了实现高校新校区优化选址这个目标,准则层面应该为土地成本、服务保障、自然环境、校区间距离、人文环境等。

新校区选址是从若干个(设为 n 个)新校区备选方案中依据上述准则确定最佳新校区选址方案。由此,可以勾画出层次结构模型(图 2.1):

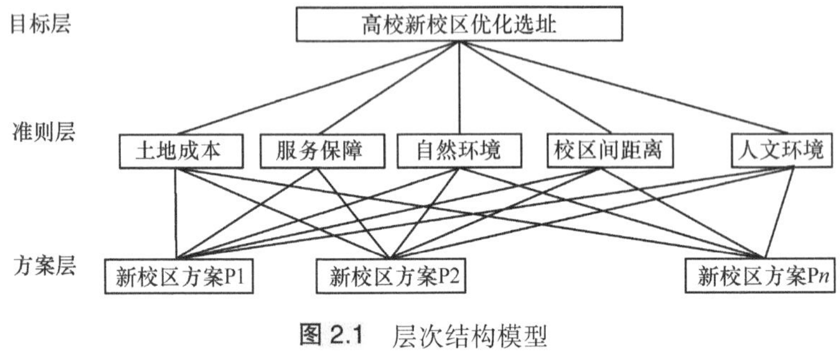

图 2.1 层次结构模型

四、构造判断矩阵及确定准则层面的权重

关于土地成本、服务保障、自然环境、校区间距离、人文环境等五个准则的互相比较,在查阅了大量相关资料,调研了若干已确定新校区方案的高校,征询了政府官员、高校领导、相关专家的意见,并综合各方面的信息以后,笔者认为,新校区选址首先应考虑土地成本,其次先后考虑服务保障、自然环境、校区间距离、人文环境等。

分析各个准则对目标——优化高校新校区的影响程度,是确定各个准则权重的基础性工作。笔者经过查阅资料、多方调查、反复比选,得出这样的结论:土地成本对目标的影响比服务保障对目标的影响稍强(标度取 3);土地成本对目标的影响比自然环境对目标的影响强(标度取 5);土地成本对目标的影响比校区间距离对目标的影响很强(标度取 7);土地成本对目标的影响比人文环境对目标的影响非常强(标度取 9);其他标度类似分析确定。在此基础上可得出第一层判断矩阵为:

$$A=\begin{pmatrix} 1 & 3 & 5 & 7 & 9 \\ 1/3 & 1 & 2 & 4 & 6 \\ 1/5 & 1/2 & 1 & 2 & 3 \\ 1/7 & 1/4 & 1/2 & 1 & 2 \\ 1/9 & 1/6 & 1/3 & 1/2 & 1 \end{pmatrix}$$

利用 MATLAB7.0 计算得

$$\lambda_{max} = 5.0627,$$

$$\vec{w}_2 = (0.5340, 0.2339, 0.1205, 0.0690, 0.0426)^T$$

由

$$CI = (5.0627 - 5)/(5 - 1) = 0.0158, \quad RI = 0.90,$$

得

$$CR = CI/RI = 0.0176 < 0.10,$$

可见,判断矩阵 A 具有满意的一致性。于是土地成本、服务保障、自然环境、校区间距离、人文环境五个准则的权重分别为 0.5340, 0.2339, 0.1205, 0.0690, 0.0426。

面对土地成本、服务保障、自然环境、校区间距离、人文环境五个准则,高校从若干个新校区备选方案中选择那一个为新校区选址方案?这需要构造第二层判断矩阵,确定若干个新校区备选方案分别对土地成本、服务保障、自然环境、校区间距离、人文环境五个准则的权重。

以各新校区备选方案处的土地成本的最大价差为基准,用两个新校区备选方案处的土地成本的价差与最大价差相比较,判断一个新校区备选方案对另一个新校区备选方案的强弱性,从而构造出各新校区备选方案对于土地成本的判断矩阵;对各新校区备选方案处的服务保障能力进行综合评价,在此基础上判断一个新校区备选方案服务保障能力对另一个新校区备选方案服务保障能力的强弱性,从而构造出各新校区备选方案对于服务保障的判断矩阵;各新校区备选方案对于自然环境的判断矩阵的构造,可通过征询并综合各方面的意见,对各新校区备选方案处的自然环境进行全面评价,进而判断一个新校区备选方案自然环境对另一个新校区备选方案自然环境的优劣程度;应该计算各新校区备选方案到老校区间的总距离,以各新校区备选方案与老校区间的最大总距离差为基准,用两个新校区备选方案与老校区间的总距离差与最大总距离差相比较,判断一个新校区备选方案对另一个新校区备选方案的强弱性,从而构造出各新校区备选方案对于校区间距离的判断矩阵;关于新校区备选方案中人文环境的情况,首先应明确人文环境涵盖的主要内容,通过广泛调研,确认一个新校区备选方案人文环境对另一个新校区备选方案人文环境的强弱程度。

若干新校区备选方案分别对以上准则涉及的判断矩阵,利用 MATLAB 计算得到其特征值与特征向量,并且计算有关权重。如果层次总排序计算结果具有满意的一致性,则可计算方案层对目标层的组合权重,从而对若干新校区备选方案进行排序,找到新校区最优选择。

五、新校区选址的优化

上文中利用层次分析法，把优化高校新校区选址问题归纳到定量分析方面来，得出了准则层面及各自的权重，通过构造矩阵，并初步进行演算，优化新校区选址有了量化的路径。需要说明的是，量化测算和定性分析，不是非此即彼的关系，而是相辅相成、互相映照的。只要决策者本着科学民主决策的准则和态度，多一方面的纬度思考问题、研究对策，是颇有益处的。

利用层次分析法进行优化高校新校区选址工作，是定量分析的方法，它在研讨和实施过程中，同定性方法一样，也会存在着见仁见智的意见，只是争议的内容有所不同。不能期盼只要通过量化方式，一切问题就会迎刃而解。利用层次分析法，进行优化高校新校区选址的讨论，各方面的争议会转移到准则的确定、各准则的权重等方面。只是这些问题的讨论，可以有更多的人参与，研究的形式更多样，研究的范围更广阔，比起决策者简单拍板，民主意识更为浓郁、科学的精神得到进一步发扬。展望未来的高校管理方面的重大决策，通过定量分析优化高校新校区选址问题的研究，可以得到举一反三地思考与启迪。

多校区建设的优化

第一节 建筑风格的适用与雅致

所谓的“建筑风格”，是指“建筑在内容和外貌方面所反映的特征，主要表现在建筑的平面布局、形态构成、艺术处理等方面所显示的特性和美的意境①。”高校建筑风格受年代、经济、技术、文化等条件的制约，同时决策者和设计者的涉及理念、观点以及艺术素养都会对高校的建筑风格产生影响。基于此，高校建筑风格呈现出多元化的特点。同时，在校区建设的过程中，校区也经过了一定的优化过程。自从20世纪的90年代中后期起，全国各地的高校便开始了大范围的校区建设活动，从整体上看，其具有占地面积大、风格多元化等鲜明的特点，且其形态、色泽搭配上显得比较科学而又美观。当然，如若要在这些风格迥异的校园建设中选出最美的一个，自然没有统一的答案。但从大学建设的风格特点来说，这些新建的多校区在风格上均呈现出适用与雅致性的风格特色。这也是多校区优化研究过程中最为明显的特色之一。

一、适 用 性

高校建筑作为高校传承人类文明成果重任的物质基础，在教学、科研及日常生活中的作用非常重大。创建一个优美舒适、能激发师生工作、学习热情的环境成为高校建筑的首要任务。

高校建筑要有舒适性的设计。首先，以人为本，控制校园容积率。高校建筑不仅要重视校园的绿化，更要从整体规划出发，在减少有限土地和空间浪费的同时，注意校园的容积率，从而解决建筑物密度和日照间距问题。一般而言，

①李凤木．高校校园建筑风格与建筑文化的思考[J]．低温建筑艺术，2012.8:27

多层建筑日照距离是楼高的 1.5 倍。其次,要有合理的建筑进深和良好的通风设计,一般来讲,在自然采光的前提下,2.7 米净高的单侧采光有效进深为 7.5 米;自然通风良好的穿堂风的建筑进深应在 15 米内。同时,借鉴国外建筑设计时的一些思路,结合国情适度增加一些开放式和半开放式走廊、连廊,巧妙构思设计一些开放式公共活动场所,既方便了师生之间的交流互动,又达到了增加光照和空气流通的目的①。

高校建筑要进行合理化功能划分。合理化功能划分高校建筑符合现代人文主义的"人本"要求,其重视人的心理、生理以及人与社会、自然的和谐,并以此来考虑建筑、空间的尺度,建立人对生活环境的归属感,符合人性化的需求,在高校建筑规划时,要尽量使以人文精神为中心的规模尺度得到体现。一般而言,完整的校园应包括行政办公中心、教学区(各专业教学楼、实验楼及其他教学、科研场馆)、学生生活区、教职工生活区、后勤服务区等。高校建筑物的布局要充分考虑教学科研、生活服务的便捷。然而,由于历史性原因,老校区已经很难再进行合理的功能区分,只能在原有基础上进行局部改造、调整与完善。但是,当高校另行开拓新校区以满足日益增长的学生数时,校园合理化功能区分则成为高校发展所要采取的必要措施。在新校园规划时,要考虑到方便教学,方便生活,便于管理,资源共享和最大限度地减小互相影响等因素,合理进行各功能区的划分和楼宇的配置。

二、雅 致 性

高校是现代文明的重要标志之一,是政治、科技、文化研究和教育的基地。高校建筑除了适用性外,要宁静舒适,要有怡人的宁谧环境,具有雅致性。校园是育人的地方,具有特定的场所精神,而景观元素正是表达这种积极向上、富有朝气和带有启迪性环境氛围的素材,创造人文与自然相结合的雅致环境是校园休闲绿地设计的目标。因而,在高校建筑建设时,应从构思立意入手,创造能够产生积极作用的环境氛围,使广大师生从环境中也能受到教育和启迪,从而激发立志成才的信心和决心。例如,大雪松是南京师范大学雅致性的集中体现,成为校区风景中最为引人瞩目的风景点。这些大雪松主要集中矗立在学校大草坪的西侧以及 300 号的大楼前。从大雪松外形而言,这些大雪松个个高达 20 余米,且其枝干粗壮合围,墨绿的松针给人一种视觉的享受。追溯到 20 世纪的 80 年代,虽然当时下了一场极其壮观的鹅毛大雪,大雪松的一半枝干皆被大雪

---

①崔云龙. 浅议高校建筑的特点[J/OL].(2012-10-11)[2012-12-2] http://www.guyuelw.com/zthesiss.aspx? xid=119

所压塌，但其傲姿仍存，可以说，依然是南京师范大学校区风景中最为引人瞩目的风景点。这其实也与中国的传统文化紧密相依的。从松本身所体现的内涵来看，其具有浩然正气的品格而被文人墨客赋予了崇高、伟岸的高大象征意义。积习已久的“松师”说便是松树崇高品性的有力体现。因此，南京师大学校在培育人才方面，也鲜明地突出“松”的这种卓然的品格，即作为一所高等院校，南京师范大学在培育人才的时候，更要关注到学子人品的培养，要培养他们那种如同松树那样坚贞不屈的品性与精神。从校区随处可见的松树以及集中于校区重要的位置而言，这样的校区风格实则也与南京这座十朝古都城市的文化底蕴是一脉相承的。

三、传承性与现代性

校园的发展与城市的发展一样，具有历史传承性，校园建筑是学校历史发展与变迁的最好物质体现。高校传统建筑，是学校长期积累的巨大财富，是校园建筑环境创作的重要源泉。因而，高校在建设时，其建筑风格要体现历史传承性，这也是对校园文化沉淀的尊重。例如，福建师范大学在新校区建设时，与同济大学、深圳市建筑设计研究总院的规划师与建筑师认真总结老校区建筑的特色，总结出“斜屋顶、翘檐口、红墙面、石墙裙、拱门窗、石墙角、大圆柱、楼连廊”这些最具代表性、最具中西合璧建筑风格的艺术符号①。这些独特的建筑艺术符合成为了新校区建筑建设的隽永烙印，从而打造出了福建师范大学“山水学村”的校园建筑与环境。

同时，校园建筑建设不能一味地追求传统旧式风格，建筑建设要随着时代的发展，增添生机与活力，注入时代的特征。校园建筑的现代性体现了一种动态的、延续的精神和再生的、共生的思想。一味遵循校园建筑的历史传承性，往往会形成墨守成规的思维，从而使建筑丧失活力弹性。新建建筑要体现出社会、文化、技术、美学的时代特征。要注重时代建筑技术与功能的结合。建筑材料的发展，已摒弃了传统的“秦砖汉瓦”，有更广阔的天地，特别是钢材、铝材、玻璃、塑料的应用，已打破了那种厚重的格调。色彩方面，过去那种大红、大绿的油漆，已为各种面砖、涂料所代替，这也对学校传统建筑风格的冲击。因而，不能墨守成规，若忽视建筑发展的这些特性，不能与时俱进，建筑就难免是纯形式的因袭与仿造，滞后于时代。

---

①杨章诚，林美红．高校校园建筑的风格[J]．福建地理，2004.4：48

四、人　文　性

"校园建筑与环境是校园文化的载体,它一方面是校园文化物化的结果,是师生智慧的结晶,体现了一个学校的价值取向和审美理念,承载了校园的历史,见证了教育发展和文化变迁的历程①。"高校建筑以其无声的语言诉说着高校的历史与文化,是展示高校特色及传承人文精神的标志。作为肩负文化传承和历史重任的高校建筑,应具有特定的气质,外观纯净、健康,富有个性和情趣。特别是标志性建筑物,不仅彰显着学校的文化氛围和个性,更像磁石一样启迪能量,催人奋进,无不以它独特的魅力体现学校的文化沉积和文化底蕴。

高校建筑的人文性,不仅对学生的学习、生活、心理起到良好的调节作用,而且对规范学生的行为习惯起到潜移默化的作用。因而,高校在建造过程中,应有意识的关注到建筑的人文性。譬如,南京师范大学校园绿化便散发出这样的人文性。无论是旧校区,抑或是新校区,其行道皆以南北向或东西向为主,这一点符合规矩方圆之道。从行道树的角度而言,主要包括了悬铃木、灌木以及草坪等三种类型,漫步其间,让人不禁有怡心怡神的舒畅感。其他树木的栽植也关注到了深厚的人文性特点。譬如,池塘主要是垂柳、桃树等品种;在图书馆的前后,则主要以广玉兰、修竹等植物为主;而运动场四周则主要是悬铃木以及常绿树等。从花朵栽培的情况来看,桂花,梅花也都间杂其间,一年四季,三季有花,芬芳扑鼻,情趣盎然。除了植物自然风景体现出人文环境特点之外,校区建筑群的布局结构也不例外。例如,以新造的校区为例,无论是教学楼、办公楼,这些教学楼之间均有长廊部分,从而给人一种拓展性的四合院结构布局感。而处于制高点的中文系大楼布局也反映出尊重国学的特点,与新校区的教学楼的建筑风格也是一脉相承的。南京师范大学的中文系老教授、词学大家唐圭璋就孜孜不倦地编撰了《全宋词》这样的大部头作品。

第二节　校园文化的传承与创新

一、校园文化的内涵

由于大学学生群体无论在生理上还是心理上,日趋成熟。因此,该群体文化也与社会性的特征相趋于一致,这是与以往中小学文化最为不一致的地方。

①杨章诚,林美红. 高校校园建筑的风格[J]. 福建地理,2004.4:48

这种与全社会文化紧密相依的特点，实际上与社会性又是一个不可分割的整体，既受到社会的影响，同时，也在一定程度上反作用于社会。因此，这二者是相互渗透、影响的关系。高校文化是高校本身机制运作、发展的必然性结果。进一步地说，大学校园文化形成的是由大学师生主体共同创造的文化体系，折射出的是主流大学师生的价值观念、理想理念、集体观念、群体面貌、行为范式以及相关的校园环境等内容，从中所体现出一定的个性化色彩以及群体年龄的魅力，并将物质文化、制度文化以及精神文化等多元文化含纳其中，建构起有机、整体性的文化机制。

校园文化的发展离不开人的作用，师生群体构成了校园文化的主体。校园文化在整个高校物质文明、精神文明建设中起着中介的桥梁作用。作为高校这样独特的机制结构，其主体便是高校的师生群体。该师生群体具体可划分为三个部分：首先，教师以及科研群体。在高校教学机制组成中，他们担任着教学、科研以及社会服务的主要角色，也同样发挥着引导的重要作用；其次，学生。在高校中，学生主要有两大类：本科生以及研究生。他们也同样是高校主体部分不可忽视的重要群体，且在数量上占据着绝对性的优势。从角色的角度而言，这些学生又可以进一步地划分为两个方面：第一个方面指的是与中小学学生相类似的身份，即教学环节中的接受者角色，且以学习为主要的任务，学习知识是他们的主要任务；另一个方面来看，该群体也同样担任着一定创新性的责任（该任务主要以研究生为主）；最后，行政管理人员以及后勤员工。该部分并不出现于高校教学之中，但也是不可或缺的一个有机组成部分。教育和行政管理，后勤服务以及校园环境建设是他们最为主要的责任与义务。

当然，基于高校自身的特征，校园文化主体作用有别。高校本身具有开放性、流动性以及创新性等特征，因此，在这样的关系结构层次中，对相关文化起到决定性作用的主体应该指的是学术专家（包括正副教授、讲师等教师、科研人员）、以校长为首（含院长、系主任等）的教育专家（主要指的是校长、院长以及各个系别的主任等群体）以及高校的管理人员。

二、新校区校园文化的构建

从实际的情况来看，由于在建设新校区之际出现时间紧迫、任务繁重的局限性现象，因此，校方领导通常只偏向于标志性建筑的建设，包括与教学密切相关的硬件化设施，而相对忽视了软件设备，包括自然景观、校风学风以及校园文化等方面的构建。这就造成了二者之间的失衡现象，不利于整体校园的健康发展,尤其是具有特色化的校园文化建设。

从主体组成结构特点的角度而言,新校区往往以低年级的大学生为主,而高年级的学生则往往集中于老校区,这无疑对新校园文化的成熟建设是不利的,同时就老校区而言,也缺乏了新鲜血液的注入。更有甚者,一些新校区出现了建设与投入使用相并存的现象,而关于体育文化以及娱乐设施却出现了滞后的现象。同时,由于周边的配套设施也出现了缺位的状态,新校区的文化氛围也无法及时性地形成。就学生主体而言,他们也对这样的生活感到沉闷无趣。这种的环境氛围显然难以与学校所应该有的凝聚力、导向力以及激励的机制相吻合,进而在师生之间形成文化的断裂感。因此,应该积极地将老校区已有的文化积淀有意识地移向新校区内。

新建校区与老校区的大学精神应该是一脉相承的。具体而言,第一,注意办学理念之间的承袭。譬如,可以采纳能够折射校园精神文化、言简意赅的校训;又如,设计能够折射宿舍文化内涵及其标准的“寓训词”。这些文化的形式都是高校文化精神的反映,与整个高校的人文理念与目标是一脉相承的。当然,提出这些具有文化色彩的校训文化内容,仅仅只是开头的第一步,只有将其真正地加以落实,才可以说真正地营造高校文化氛围。在这样具有浓郁文化氛围环境中,学生能够在无意识之中得到文化的熏陶,并潜移默化地受到老校区精神的感染。

第二,积极地发挥好高校教职工的引导作用,通过多种方式,将这类群体引入到新校区,有意识地营造出文化氛围。作为全校治学方面最为严谨的主体,教师能够在新校区中将自己的治学态度、教学方案以及思想道德素质等有效地在学生主体之间形成感染的力量。其借助的形式主要有课堂教学、课外交流、学生活动团体等内容。在教师以及科研人员的促进作用下,校园文化可以有效地逐步地成型并壮大起来。作为大学教师,该群体不单单肩负着传统意义上教师的职责,譬如传道、授业、解惑,同时,由于作为整个教育过程中学术最高阶段的群体,他们还应该做好科研活动,以做好知识更新的作用,从而提高高校的学术研究氛围,为高校学生起到示范作用。

第三,有意识地植入老校区已有的文化品牌。校园文化活动是校园文化主要的表现形式之一,而文化的主题需要经由文化活动所体现。而老校区由于具有久远的年代性,其文化氛围也要优于新校区。因而,老校区应该充分地发挥这样的文化优势,在地理区位优势的环境下,形成有效的文化积淀区位优势转移,彰显出校园文化活动本身的优越性。打造出既生动形象又有文化意味的文化活动,从而在新校区中也能够形成浓厚的文化氛围。

当然,校园文化的形式不一而足,可以根据校区自身特点展开相应的校园文化品牌建设。既要突出重点文化项目内容,也要兼顾到与文化相关的内容。通过校园文化项目的立项、设计、管理以及运营等方式,强化校园文化建设。

第四,关注到老校区和新校区之间的内在关联性,尤其要关注到新校区的构建,从宏观的视角加以整体性的管理,突出以人为本的理念。在建设新校区的校园文化之际,有意识地通过办学的质量,培养具有文化水平较高的人才,探讨多元化的培养模式,并在此基础上在新老校区之间构建起相应的教学管理体制及其运行模式,在形成核心理念的模式下,形成宏观的校园文化辐射区域模式。

三、多校区校园文化的创建

要想创建多校区的校园文化,多校区高校必须重视办学理念的创新、发展战略的规划、管理模式的优化以及组织文化的建构。

(一) 办学理念的创新

高校出现多校区之后,就应该及时性地做好重新定位的工作,从理念上进行更新。多校区高校应该在以往单一校区办学理念的基础上融入一些全新化的东西,包括办学理念、价值观以及精神层面上的追求。由于新时代下也相应地出现个性化的东西,与以往传统的理念出现不同之处。因此就应该保持求同存异的思想,并力争能够有所超越性发展。大致而言,保持原校区优良的传统,同时融入一定具有新型特质的时代理念。

(二) 发展战略的规划

多校区高校形成后,必将出现新的理念与方法,因此,就应该做好相应的战略规划工作。发展战略的规划要遵循新型的办学理念,同时,发展战略的制定需要根据实际情况出发,以及变化了的实际状况,在分析各校区存在优缺点的基础上符合实际地作出相应的战略方案的制定及其调整。从当下的实际情况来看,特色化、个性化是当代大学发展战略的主要特征。“大”“多”“优”和“特”四个字是大学多校区的主要特色方面,也是发展战略制定的依据。

(三) 管理模式的优化

多校区管理体制具有多向度的特点。因此,在校园文化管理模式上,需要有意识地将新大学组织的文化内涵融入到高校的管理体制之中,优化管理模式。从层次结构上看,校、院、系级等层级是主要的管理模式。这就为整个高校的组织文化的创新管理提供了相应的模板。同时,组织文化中所包含的主文化以及亚文化都能够得到落实。从内部管理体制层面上说,要切实地落实好改革以及人才的培养方案,则不得不回归到以人为本的理念,突出教师以及学生为中心的文化内核。在新校区的环境背景下,相应地落实好必须执行的规章制度以及规范准则,这就要双向地关注到"硬"化的制度以及"软"化的人性管理的有机结合,从而能够在一定程度上有效缓和让师生接受新型管理模式的理念。

(四) 组织文化的建构

建构新型化的高校多校区大学组织文化,党委体系、行政体系以及校工会、团委等组织机构在其中发挥了不可小觑的重要作用。组织文化在管理机制、激励机制以及竞争机制等方面的出新,无疑是创新性文化模式的有力体现。这也能够同样地为校园文化营造良好的环境氛围。在广泛宣传的号召下,师生能够潜移默化地达成共识。从而切实地做好相应的工作,并做好模范的带头作用。提供完善相应的规章制度及其对应的组织机构。着力地发挥好模范的引导作用,特别是树立多校区各个系别专业方面的杰出人才、知名校友的示范作用,从而在广大师生中间扩大影响力,发挥榜样的作用。

四、多校区校园文化创建实例:行政中心位置的选择

行政中心位置的选择是多校区高校校园文化管理模式优化的体现。对于多校区高校来说,尽管以前各个校区历史和传统不同,但就一所高校而言,行政管理上的相对统一,是保障各校区遵循一定秩序化展开学习、工作的必然性条件。因此,行政管理中心位置的选取是科学、合理处理校园文化管理的一个重要步骤。

对于如何选择恰当的行政中心位置,一些国外大学也作出了相关的探讨。譬如,一些美国的大学考虑到了学术管理对行政管理位置分布所造成的影响。行政管理含纳了政策与制度等方面的内容,其空间方位上与学校的管理者主体——校长及其他行政管理主管具有直接性的关系,同时,也应该顾及到其他的执教者教授、副教授以及讲师的影响。这些主体之间存在着如下的几种模式(图 3.1):

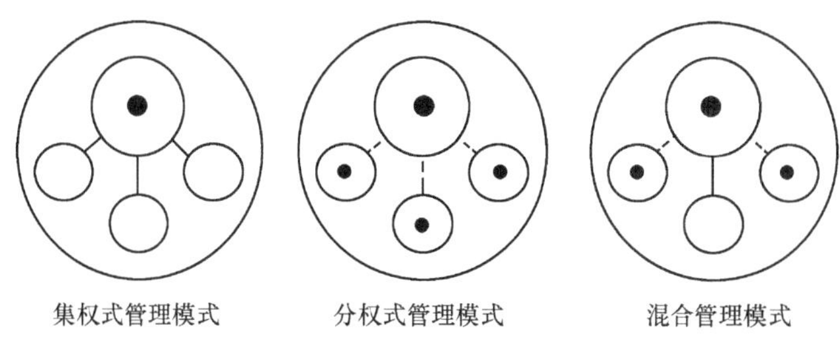

图 3.1　部分美国大学管理位置的确定模式

从涵义上来看,行政中心指的是集中化管理学生的办公地点,其管理的内容主要与学生密切相关,其作用主要是维持整个高校正常教学秩序的展开。其机构主要有:学生工作处,主要负责学生的日常管理,包括招生、助学、就业以及学生的思想政治教育工作等方面的内容;教务处,主要负责学籍管理、毕业或学位的证书颁发等;研究生处,主要负责管理研究生的学籍管理、科研项目、毕业证书等;其他部门,包括校长办公室以及后勤管理部门等。如若行政管理中心处于一个合理的位置,那么将会给学校、学生的诸多管理带来很多的方便。具体而言,行政管理中心位置的确定,主要可以从如下的两个大的视角加以展开研究:

第一,在对老校区进行拓建后,如若将新建的校区作为学校的本部,那么相应的行政管理中心便设置在新校区的行政中心。当然,在新校区选择合适地理位置的时候,需要考虑到多元的其他因素,包括教学楼的位置、学生宿舍楼的方位以及各个系别办公楼等方面。

第二,如若新校区并不是校本部,那么则应该要额外地设置一个行政管理中心。该行政管理中心位置的确立,需要依照多校区本身的结构特点以及实际的行政处事效果。在权衡多元因素的基础上,根据校区的实际状况,最终确定最优的校区,并将其作为行政中心的建设地理位置。

从我国国内的实际发展情况来看,较为常见的多校区行政管理模式有如下的几类:

第一,集权式的管理模式。该模式主要围绕着核心校区(即主校区)行政管理的前提展开的管理工作。核心校区既可以是老校区,也可以是新校区。其他的分校区的行政管理工作教学活动的组织、管理也基本上由核心校区来负责。在行政管理中心的统一安排分配下,核心校区、分校区、学院以及系等机构的行政管理显示出层次清晰而又条理分明的特点。其不足之处在于其他各校区并不能如计划配合得那样保证行政办事的效率。

第二,分权式的管理模式。这个模式与第一类正好相反,虽然行政管理中心位置已经确立,但实际的管理权利却由各个学院所掌控,且每个学院可以根据实际情况加以调整,从而被赋予了较大的自主权,办事效率大大提高。其不足之处在于不利于教学资源的有效性配置,且涉及综合性科研项目的时候不易顺利地进行。

第三,条块结合的混合管理模式。该模式是将前两种管理模式进行有机的结合,既保证了行政的中心位置,同时,也能够围绕着行政中心的前提下,有效性地利用资源,促进各校区行政管理方面的有力配合,从而提高办事效率;从另一个角度而言,其消极方面则在于其存在着重复性的建设,容易造成相关成本费用的极大提高,从而造成行政经济成本开支的浪费。

第四章

校区优化调整的影响因素

第一节　宏观上的价值追求

一、可持续发展

可持续发展是高校校区合并之后所需格外关注内容。研读 *What Is Sustainability?* *What Is Campus Planning?* 等相关文献后，我们深知，实现多校区高校可持续发展的具体步骤如下：

第一，关于大学校区的实体规划方面的内容。其包括有如下的两个部分：总体性的规划以及校园规划。前者部分主要由学校的领导负责，而后者则是由校园设施部门管辖。

第二，在诸多的校园规划职责类型中，核心部分即为突出校园环境的可持续发展。当然，高校校园的可持续发展，其遵循的原则即主要是整体性的规划层面。

第三，从高校校园规划的方向而言，其目的主要是为了学校整体性教学秩序的有效性，能够在良好的秩序环境下顺利地实现“衡一性”、“可持续性”的工作状态。

第四，可持续发展规划具有宏观把握的整体性，即考虑到环境、经济与社会等因素之间的和谐、统一性特征。从整体上说，可持续发展规划具有鲜明的生态、文化系统特征，应该具有城市化建设的生态特征。

在校园可持续发展的规划中，最为核心的便是两个特性：持久性和整体性。笔者以为，这也是科学、合理阐释校园规划时空观的手段。

由于校园规划的“时空观”及其理解均与建筑观念密切相关，突出了环境条件的整体性特征，主要有历史环境以及地域环境两个维度。如果用“十”字型坐标来类比阐释，我们可以分别用上下环境的坐标来表示历史走向的线索，也即为“时”；而左右环境坐标则以表示的是地域环境的改变维度，且以“空”来加以表示，在这样的环境下，建筑实体本身便具有了鲜明的时空性及其坐标上的特征。换而言之，该实体具有了“数点”的特点。

从整体原则上而言，对“时空”把握程度的方式及其特征是解决建筑创作的主要维度，而这也是其最为突出的特点。当然，这种“时空”观在不同的社会背景下具有相应的变化情况。从当下的发展现状来说，我们可以在基于可持续发展理念的基础上展开建筑时空观的分析。

首先，从“时”的角度来说，该维度主要突出的是历史的传承性方面，强化的也正是建筑物本体的历史性特征。切实地立足于可持续发展的新时空理念，能够更为切实地考虑到历史环境的发展走向。既要观照到未来走向的趋势，也要注意到建筑价值中所孕育的环境学价值及其贡献。

其次，从“空”的角度而言，该维度则着眼于地域方面对整体环境所产生的重要影响。由于地理方面本身所具有的差异性特点，因此，需要切实地做好因地制宜的工作；也要关注好可持续发展所产生的环境干扰性影响。无论在利用自然的过程中抑或是改造自然之际，都不能忽视环保的重要性。

至于可持续发展，早已经不是一个什么新鲜的概念。但将其与校园生态相联系的时候，我们也不难发现其中所蕴含的几个比较突出的问题：

（一）节能与可持续发展

节能与可持续发展是一个不可分割的统一体。同时，前者也确实是后者发展的核心话题，但却并不是唯一性的因素。

从可持续发展的目的而言，它是影响人类生存理念的长远性理念。譬如环保、节约土地以及爱护水源等内容。若从另一个方面来看，切实地实现可持续发展规划，还应该关注到节能、环境质量以及卫生保健等方面的内容。提及节能，令人在短时间内想到的便是通过单体建筑来有效地围护结构的隔热、遮阳等维度的内容。当然，事实上，总体规划中生态绿地的布局、建筑群体空间的组合以及建筑朝向和间距的控制等对整体节能也有非常重要的影响，因此，以往的了解仍旧存在着一定的片面性。

（二）生态校园与可持续校园

生态环境原本便是可持续规划中的一个重要组成部分。为了使得目标能够顺利地实现，葱茏欲滴、空气清新的校园环境有利于师生优良的学习环境，并能够营造出优雅的空气氛围，进而将空气进行一定的净化，环境质量也将会得到有效的提高。

在这个过程中,自然会出现正确处理生态建设与节约土地之间的矛盾。这也是在具体参与过程中需要留意的话题。在前段时间流行新校园建设风气的过程中,诸多功能齐备、环境优美的新校区纷纷出现。从方位来看,该部分新校园所处的地区为郊区地带,在用地上均出现阔绰的现象。这对于建设生态校园无疑是有利的。同时,合理掌控校园用地的尺度是其中不可忽视的一个重要方面。既达到有效利用土地,又能够达到节约用地的双重目的。

(三)老校园的可持续发展规划

在高校建设的过程中,老校区也是其中重要的一个方面,而从实际的情况来看,很多校区均忽视了老校区的建设发展。因此,科学、合理地利用好老校园的资源并进行相应的可持续发展规划,无论就历史发展本身的角度而言,抑或是学校经济发展的角度而论,都是非常重要的。譬如,美国"常春藤"大学便是典型的一例。

(四)绿色校园设计的可持续发展策略

宏观策略:根据约克大学等成功的案例,在围绕可持续性原则的基础上,需要以整体性的建构思想来进行设计。所谓的"总体规划",即与我国"事业发展规划"在意义上具有相当的等同性。包括学校规模、用地、资金保证以及建设流程等方面均应该遵照可持续发展的宗旨。在这方面具有借鉴性意义的例子便是德国的一些高校所采取的五年周期性规划,并通过逐年滚动的方式递进发展。

中观策略:宏观策略更多地体现出高屋建瓴的整体性特征,而中观策略则是对宏观策略的有效性衔接解读。具体而言,中观策略首先突出的是关于地域自然环境规划的观点。只有对自然做好利用、防御以及保护的工作,才能够在基于客观环境的基础上制定出更具有符合实际情况的可持续发展策略。其次,注意到校园形态以及建筑外部空间规划的工作。在具体的规划过程中,需要考虑到建筑组群的规模、数量以及密集的程度,关注到建筑与绿地之间的内在联系,留意到建筑空间的闭合情况,还有建筑朝向的关系等方面。这些方面均直接或间接地对校园及其生态环境产生不同程度的影响。此外,归类为工程技术范围内容的校园生态设计,诸如能源掌控、废物的无污染处理排放、废水以及废热等再循环利用等方面都是对校园可持续发展设计策略中观策略的角度。

微观策略:微观策略即是具体设计出与实际情况相吻合的发展策略。可持续发展战略通常所对应的结构正是绿色化的建筑,突出的是环境的保护功能。

其意义包括有如下的几个方面:建筑能源本身具有可再生性;通风、照明的过程中则主要凸显出被动式的特征;通过综合性的利用、维护以及循环体系,通过引入绿色植物,有效地清除污水;有效地促进环保建筑材料的利用率,提高施工的技术;打造具有宜居功能以及实施性的建筑。

二、区域性社会服务

(一) 大学唯一理想:社会服务

学校的存在,首要任务是教学,这一点毋庸置疑。而高校的社会服务职能还得从"威斯康星观念"(Wisconsin Idea)说起。该观念源于美国威斯康星大学的教育实践及办学理念。该大学初建于1848年,建校时规模小,在国内并无太大的影响。1862年《莫里尔法案》颁布实施后,州政府决定把依《莫里尔法案》所获资金分配给威斯康星大学,自此该大学便步入一个崭新且极富戏剧性的变革发展时期。威斯康星大学在发展中逐步清醒地认识到,大学的发展必须与整个社会的进步紧密联系起来,大学只有在服务于整个社会各种需要的基础上,自身才有可能走向兴盛,此即为"威斯康星观念"的雏形①。1904年,范海斯(G. R. VanHise)出任威斯康星大学校长,他非常强调大学的社会服务,以至于他甚至宣称"服务应该成为大学的唯一理想"。范海斯和他的同事们立足威斯康星州的社会生产实际,在继续重视大学教学与科研工作的同时,着重发挥威斯康星大学为本州社会经济发展服务的职能作用。在不断尝试探索如何更成功、更积极地为促进全州社会经济发展、科技进步、文化繁荣提供知识服务、技术资助的历程中,威斯康星观念的内容逐步确定下来②。

高校的教学和科学研究应以服务地方为宗旨,培养地方需要的应用型人才,产出地方需要的应用性成果;大力开展以满足社会需要为目的的各种服务活动,形成地方全方位服务的体系③。这也是教学服务型大学发展的要求。"教学服务型大学的定位是以教学为中心,以育人为根本,以服务为宗旨,教学、服务并重。通过强化服务功能,构建起与区域经济和行业发展需要紧密结合的服务办学体系④。"教学服务型大学是一种全新的大学发展定位,强调以服务理

①朱宏清．论《莫里尔法案》对美国高等教育的积极影响[J]．扬州大学学报(高教研究版),2011.3:19~23

②王保星．威斯康星观念的诞生及对美国高等教育的影响[J]．河北师范大学学报(教育科学版),2000.1:50~54

③刘献君．建设教学服务型大学——兼论高等学校分类[J]．教育研究,2007.7:33

④赵国刚．教学服务型大学转型发展初探[J]．中国高等教育,2010.24:14

念为主导,以满足社会发展需要为宗旨,配置学校的办学资源,布局和设计学校的教学科研、队伍建设、管理流程和校园文化,努力提高育人质量。对于教学服务型大学而言,教学是中心工作,人才培养是根本任务,服务是基本理念,整体上要服务区域经济与社会发展需求。

"服务"是任何大学的基本理念。"服务"在这里有了新的内涵和新的定位。"服务"主要是在遵循高校育人规律的基础上,运用"教育服务"和"服务科学"的理念和方法,强化服务意识,以"服务"对象的需求来配置学校资源,布局学科专业,提高教学质量,彰显培养特色,创新管理流程,提高办学效益,实现跨越发展①。教学型大学能够将"教育服务"、"服务科学"以及"服务经济"等理论研究成果引入高校办学定位,推进办学思想的改革和创新,进而能解决"教育与经济社会发展不相适应、教育与人民群众的愿望不相适应"的问题。

(二)高校在城市发展中应承担的社会服务

社会服务是高校发展的"唯一理想",然而,高校的社会服务主要是通过服务区域城市得以体现的。城市孕育了大学,大学发挥着知识密集和智力优势的作用,主动服务城市的经济社会各个领域。

放眼望去,大多数的世界名城以及名校之间都具有密不可分的特点。从城市的功能上而言,具有智库与人才库的功能,从而达到水乳交融的特征。城市文化中孕育着大学,而大学则正是突出知识密集以及智力支撑功能的特征,并以此来突出服务城市以及经济社会的能力。大学具有促进社会发展、城市振兴的功能,也是让城市变得充满活力的重要方面。大学实力是决定城市综合竞争力的主要维度。

人才培养的基地。培养人才是大学的首要使命,大学应当成为高素质人才的培养基地。知识经济时代,人才资源已成为国家和地区经济社会发展最重要的要素和生产力,培养具有创新精神和创造能力的高素质人才是我国高水平综合性大学承担的最重要的使命。将高校校区着力打造成为城市中培养科技创新理念、素质较高人才基地。人才是城市发展的核心因素。因此,城市的发展过程中,要突出人才培养方案,甚至将其摆放在整个教学中第一理念的地位。在这个知识经济时代,人才资源已经变成整个国家、地区发展不可忽视的重要方面,同时也是推动经济社会发展最具有实际意义的要素以及重要的生产力。优良的创新精神及其能力能够整体性地推动大学的发展进度。

从当代高质量大学建设的角度而言,"三个一流"是其职能最为关键的方

①徐绪卿."教学服务型大学"解读[J/OL].(2011-2-6)[2012-8-26]http://www.canghe.edu.cn/html/2011-02/407.htm

面,即为社会输送一流的社会人才,争创一流的成果以及提供一流的社会服务。因此,要达到培养创新人才方案的目的,科技创新是不可忽视的重要手段。在具体的经济发展过程中,需要联系社会的发展实际状况,积极地将创新化的技术及其专利引入到大学发展的构建历程中,从而有效地推动并指导整个社会经济的发展。在此过程中,大学能够获得前进的有效助推力。

政府决策咨询的智库。从当下发展的情况来看,我们可以从当代大学在科研发展技能,尤其是哲学社会科学方面的实际变化情况来看,这些方面均能够较为全面地体现出整个国家、民族的思维发展能力、精神状态以及文明素质的特点。尤其在社会转型的过程中,更需要留意关注创新性的科学研究维度,通过强化创新研究的质量,做好解答改革开放以及现代化建设进程中相关的问题,特别是那些与人民生活息息相关而又尚未解决的问题,其意义在整个社会的发展过程中显得十分地重要。要有意识地将大学的自身发展与整个当地社会的发展实际状况相联系,积极主动地加入地方发展战略的体系构建过程之中,包括制定、实施以及修补等诸多的环节,从而切实地落实好为各级政府提供决策咨询的思想源泉以及智慧的丰富发展。

弘扬先进文化、引领社会进步。突出文化理念的先进性,起到促进社会进步的作用。由于社会是一个多种不同元素相互融合的大染缸。而大学则应该具有不能同流合污的优点,摈弃世俗化、市场化不良特征的影响,坚持高尚的价值观念,弘扬以往优良的传统文化以及先进的世界文化,积极地吸取新思想、新知识以及新文化等内容,做好引领社会前进发展的工作,为整个社会的发展提供强大的精神动力与支撑力。尤其较为现实的是要做好探讨我国特色社会主义中相关的理论及其实践内容;打造具有中国特色化的一流学科建设及其团队,并积极地做好"走出去"的战略,使得优秀的人才走向社会走向国际,并能够在全球相关领域产生一定的影响力。

地区与全球合作交流的平台。由于综合性大学更多地具有面向国际化的特点,这对于一所一流大学而言,其特点更加的明显,其纽带的作用更为突出。大学本身应该具有有机地联系国际高水平科研能力、企业文化、国际机构等方面的多元能力,进而推动整个社会的大踏步前进与发展,从而实现地方经济社会发展与国际经济市场的接轨。

(三)与城市规划建设的速度相吻合

在展开校园规划的过程中,需要从长远的眼光来考虑。优美的校园环境及其完善配套设施,都是保证大学健康、科学发展的必要因素。因此,要有意识地将大学校园的规划建设与城市规划建设形成一个不可分割的整体结构,做到二者的协调发展。

首先,校园的规划建设要在城市规划的引领下展开。显然,大学校园是整个城市不可分割的一个重要组成成分。在展开校园规划的过程中,城市的人文历史、地形地貌等文化的内容,配套设施等硬件设施部分,均要考虑到城市相关的规划设计条件。无论在总体规划、控制性规划、专项规划等方面,均要从整体的角度加以考虑,切忌出现盲目地设计校园而忽视了与整个城市的规划性设计,从而构建起与整体环境相统一的空间结构。既要关注到体量、尺度、密度、肌理等方面与环境相一致的特点,同时,也要关注到配套设施、公共空间等方面与校园统一性的综合匹配。

其次,要注意到老校区与城市之间风格的有机性融合。在城市规划的过程中,也会涉及老校区的风格及其影响。因此,在以城市规划为核心的背景下,相应地做好老校区的建设与修整工作。居住地、文化、体育、金融、服务等行业以及居住地是用地最为集中的几个方面,同时,也要根据实际情况,适当地配置高新产业办公以及工业用地。在具体的规划过程中,要有效地利用好城市设施及其资源,从而有效地推动学校的后勤管理以及生活服务方面,使其尽量地达到城市化的程度。

从外在的环境来看,城市的更新、改造要能够和大学校区特点达成内在的一致性,做好相应的交通设施工作,尽量规避出现城市主干道横穿校园的现象。在参照城市商业步行街布局及其建设的基础上,形成科学性的空间构建体系结构,营造出良好的校园环境及其学习氛围。

第二节　微观上具体因素

一、位置适中

从概念上看,多校区高校具有独立法人的特点,其指的是两个校区在空间地理位置上处于非接连的关系。显然,多校区高校由于规模要大于单一校区,其适中位置的选择是其中不可回避的重要方面之一。校园位置设计规划的展开需要在大学整体的基础上,同时,也要估计到各校区的功能,从而根据实际情况做一定程度的调整。在多校区形成之后,会出现办学过程中的若干问题,因此,就要做好清晰定位的工作,有机地协调好主校区以及分校区之间的多元关系。其位置应该处于适中的地位,既能够观照到各个学科本身的内容特点以及相互之间的内在关联性,有利于其进行科研的开展,同时也要强化各个学历以及高低年级段之间的有机结合,从而尽可能地达到综合效益,形成良好的学习氛围以及文化品位。因此,并校区后的校址处于适中的位置,是有效调整资源优化的关键因素之一。

从历史发展的角度来看,多校区高校源自于高校的合并。近些年高等教育机制出现了一定程度的改革,高校合并现象日渐成为大势所趋。相应的办学规模也在不断地扩大,常常达到数万人的规模,譬如浙江大学、武汉大学以及吉林大学等。还有一些并校区出现了校外扩张的现象,其原因在于本校面积的有限性,这在上海高校中比较普遍,譬如上海交通大学以及上海外国语大学等。因此,如何在校区合并之后,选择适中的位置,也是校区建筑物建设者所面对的一项重大课题。

从社会关系的角度而言,高校各校区充当了和政府、社会之间缓冲器的角色。具有法人资格、设置处于独立状态的高校校区,无论其规模大小程度如何,均与政府、社会发生多元化的关系。合并之后的高校校区,均会有一个最高的管理机构,通常该管理机构具有多种称呼,譬如“总校”、“校本部”等,在本文中,笔者将其界定为“管理总部”或“总管理部”,其并不含纳于其所在的校区范围,而仅仅只是具有行使协调整个大学管理职能的设置机构,不同于以往的子校区的管理功能,更多地承担着联系各校区与政府、社会的责任,有效地精简了各个校区繁琐的事务内容,从而能够让各个校区更好地把人力、物力与财力集中于教学、科研的活动,大大地提高了效率,减少了不必要性的资源的开销。大学的这种缓冲器功能在国外的多校区高校中体现得更为显现,他们与立法机构也有内在的关联性。由此,大学校区处于适中的位置,能够更好地发挥其本体的功能。

由于具有了协调各校区资源调配的功能,经由合并之后的多校区高校,选择适中的地理方位是从外在客观的因素加以考虑的结果,并能够起到促进的作用。各校区能够在恰当的地理位置的前提下,有效地分享相关的教学资源以及管理资源。前文已述,多校区高校合并过程中,既有强强联合型,也有强弱互补型。当然,不论合并的类型如何,均存在着作为总管理部。同时合并后的校区实力也要大于原先的办学水平,在管理方向上也要强于原来的校区。当然,新的高校校区在具体的管理过程中,往往以本校区的管理资源为前提条件,其具体的组成上包括规章制度、机构、运行模式等方面,进而强化各类校区的管理水平,将资源得到有效的利用。而这就与地理位置上的适中密切相关了,只有具有较为合适的地理方位,才能够有效地利用好资源,并将其整合到其他的各校区之中,形成辐射之状。

从资本的角度而言,多校区高校具有丰富的社会资本,其生产能力也具有一定的优势。由于规模方面的优势,其教育的类型、层次结构上都较以往的校区更为丰富与多样化,其办学能力也得到了强化。这与学校校区的地理方位密切相关。从社会资本的涵义来看,“处于一个共同体之内的个人、组织(广义上的)通过与内部、外部的对象长期交往、合作互利形成的一系列认同关系,以及在这些关系背后积淀下来的历史传统、价值理念、信仰和行为范式[①]。”我们能够同样地将大学视作一个整体性的组织结构,其任务中也包括生产必需的社会资本。在适中的地理位置基础上,形成广阔的辐射状,涵盖了纵横交织的社会关系网络,并由此延伸出多向度的组织机构,体现出社交资源方面的复杂性以及多样性的特征。在此环境下,教师、学生的社会资本数量以及质量等维度均得到不同程度的拓展。

在选择好适中校区位置的基础上,大学规模的扩张能力也得到了有效的强化。除了校区本位发展性的延展之外,多校区的校区布局功能及其特色也能够体现在其他校区的建设之中。这对于学校的声誉以及社会性均起到一定的促进作用。同时,学校在挖掘潜力的能力方面,也由于适中的地理位置而比原先单一校区得到一定程度的强化,进而对学校的规模扩张也能够起到促进的能力。

作为一种新兴的社会现象,多校区高校的结构组织特点,能够通过适中地理位置的选择而深化大学的管理机制。具体可以从如下的几个方面加以展开:

首先,大学管理的相对统一性。就多校区高校而言,各个校区的历史及其传统迥异,因此,在具体的管理上也会出现相异的观点。当然,既然资源整合、校区合并之后,就应该以整体性的观点来加以审视。选择合适的方位,才能够科学、合理地利用好相关的资源,进而促进各个校区文化的和谐发展。

大学各校区经过资源整合好之后,其统一性能够通过合适的地理方位来共同使用相同的校名,从而能够形成品牌保证效应。从新校区、老校区的角度而言,老校区往往具有品牌效应,这对于新校区而言,无疑是一笔天然的无形资产。这在位置选择的过程中具有一定的借鉴价值,能够更好地顾及到教育质量以及学术质量的方面。统一性的另一面主要在于位置适中的背景下,行政管理的总部可以根据实际情况展开行政管理工作,从而有效地将政府、社会以及各个校区等多元因素有机地统一起来加以考虑。

其次,多元化的大学管理需要匹配适中的地理位置。在校区合并的过程中,由于各个校区均有自身的历史传统,在原来的基础上,已经形成了风格迥异的校园文化。因此,在选择合并高校位置的时候,就应该较为全面地考虑到原来校区诸多方面的因素,从而做到统观全局、各个兼顾,构建起与实际情况相吻

①李惠斌,杨雪冬. 社会资本与社会发展[M]. 北京:社会科学文献出版社,2000.36

合而又能够充分调动起广大师生的积极性。

再次,管理机构、对象、内容以及方式等向度的变化需要考虑到适中的方位。在这里,笔者所说的多校区高校管理机构实际上指的是大学的管理总部,其涵义的范围具有缩小的倾向。主要的机构组织有大学校长办公室及所属的院校部门,以及关于学术、学位方面内容的管理委员会机构。将多校区与单校区进行比照的话,可以不难发现,由于采取合并校区的措施,也相应地出现了一些新的变化,这也同样使得大学最高管理层的重心及其决策机制出现了一定程度的变化。管理对象上呈现出一定的方向转移,主要是从学校内部向各个校区发生重心的倾斜。在以往的单校区大学,学校整体管理的对象组织机构主要为各个学院、系别,而主体对象则为教师以及学生。而合并后的多校区高校,其基本结构单位主要是各个校区,可以说,其管理对象的档次出现了变化。

就管理内容而言,也发生了一定的变化,即从原先的微观层面转向宏观的层面,同时,由于区域的扩大,其管理模式也从原先着眼于动态的过程化转向了预备的目标树立。可见,由于校区出现了合并的变化,这也对校区的位置提出了相应的要求。整体而言,从单校区过渡到多校区,其管理的内容也发生了一定程度的变化。多校区高校形式的出现,更需要科学、合理地安排好多校区的适中位置。

最后,"一个大学"管理理念模式需要适中的位置。经过合并之后,从法律层面上而言,多校区高校只具有一个法人的资格。但也要考虑到原先各个校区的历史背景、传统以及迥异的生存状态,因此,也相应地提出了整体性管理要求。因此,这也相应地提出了整体性选择适中位置的要求,而不能仅仅从局部着眼,避免出现以偏概全的片面性。此外,大学宗旨也是选择适中位置所需要关照的方面。其办学宗旨往往需要通过多因素的综合性考虑才能够获得。这也同样要求在选择合理方位的时候要多方面地考虑到各个校区的因素。

二、交通顺畅

在国内经济不断发展的环境背景下,高校的交通工具也相应地呈现出多元化的特点。因此,高效、方便、安全的交通线路也越来越凸显出来,这也同样是校园管理中不可忽视的一个重要环节。由于大学校园本身主要是学习的场所,无论是在并校区的前后,都对宁谧的环境提出了相应的要求,可以规避由于交通所造成的噪音污染及其混乱的状态。

第一,借鉴城市交通规划设计,构建校园交通脉络。事实上,在校园规划的具体设计的过程中,可以参考城市交通规划设计的方法展开相关的规划,例如“步行为主、人车适当分流”的方案,突出校园格局的交通导向性作用,明确道路发展的性质,从而构建明晰化的道路网络,通过科学性的布局,最终构建起整体性的道路交通脉络。同时,通过借鉴解决城市化道路拥挤的管理手段,有效地建立起相应的交通管理体系。其中比较常用的方法便是道路画线的方法,相应地建构起明晰化的校园交通空间系统。尤其需要留意的是,规划好整个系统中公家车辆、私家车以及后勤服务等车辆的进出情况及其车行线路流程,关注车位方面的组织机构及其有效性掌控的维度。

第二,突出校园交通特色,实施“步行”为主的交通体系。一般而言,在整个校园交通体系中,步行显然仍旧是主流的方式。在具体展开活动的过程中,需要首先突出核心区的重要地位。大致而言,校园交通体系构建的主要布局方式为主步行道与绿地二者的有机结合,并在此基础上形成有机的网络状统一体。根据城市设计的相关理念,“步行者优先空间”指的是在人与车辆共存的交通环境下,有意识地腾出一定的交通空间,先让步行者通过。这种理念在多校区合并过程中的作用尤为明显。此外,定时限制也是具有可行性的方案,即通过对车辆在具体时间段内通行加以一定程度的限制,优先让步行者通过,从而能够有效地起到一定的保障作用。譬如,深圳大学的某些交叉道路便试用了该方案,起到了缓解交通拥堵以及保证安全的效果。

第三,强化流动人员的管理工作。校区之间人员的流动是极为平常的现象。因此,就会产生由于人员的流动现象而带来管理工作上不便。为了有效地缓解这样的现象,高校经常采用的方法为专门通勤班车的使用。从性质上看,通勤班车主要有两大类:第一类为学生班车,其功能为服务往返于不同校区之间上课的高校学子。其发车时间、行车路线以及乘车人数等情况比较容易把握,管理上也比较方便;第二类,则为教师的通勤班车类型,其服务的对象主要是高校的教职员工,其功能也主要是提供他们上班、上课。由于每位教师的上课时间、家庭住址不具有唯一性、固定性的特点,因此,在具体管理的工作中,其困难性较大。为此,应积极采取多元化的方式加以探讨,从而挖掘出最具有实效性的方案切实地加以解决。

第四,通过制度层面来强化管理。科学、有效的制度,能够在一定程度上起到规范的作用,从而缓解校区的交通问题。有效的形式比较多,譬如,成立班车管理职能部门及其制度便是有效的方案。将教师主体与学生主体加以区分,分别进行具体情况的管理。通过监管乘车的对象及其方案,进而采取追踪性质的方案,都是有效缓解班车拥堵的可行性方案。

第五,物尽其用,减轻学校经济负担。社会资源是一笔可利用的宝贵财富,其也同样适用于校园交通的管理体制之中。将班车的运用交由相关的车辆营运单位保管,并通过社会成熟的车辆调度制度来加以调整,将其通过半社会化甚至全社会化的运作方式,来有效地缓解校园的交通负担。

首先,从全社会化运营的角度来说,其主体涵盖了与政府、公交公司通过二者之间的妥协协商,及时性地获得相关的数据,然后在分析数据的基础上,在多校区之间设置与实际情况相吻合的交通路线,并做好规定时间内的开通线路工作。这无疑能够有效地起到缓解交通阻塞的现状。其次,从经济的角度而言,也能够获得丰厚的利润。在这方面,中山大学即采纳了这样的方法,在广州到珠海的公交车中途以及中山大学珠海校区内,均采纳了专项的停靠站。最后,从半社会化运营的角度而言,也可以采纳租车的方式,通过师生购票的方式来乘公交车。校方也会在定期给公交车不同程度的补贴。而具体路线的设计、掌控以及管理等方面均由专门的公交车公司来负责。在该方面,上海水产大学便积极地采纳了该种方案,不但缓解了交通拥堵的问题,在经济方面也同样节省了一大笔开支。

三、环境优美

校园环境优美、宁静,这无疑能够有效促进大学生思想品德、专业素质的全面、健康发展。然而,从当下实际发展的情况来看,土地用地出现了紧张的现象,学生的规模也在不断地拓展。因此,对于校园土地有限的情况下,如何根据实际情况设计怡人的校园环境,也是一个具有价值性意义的课题,这就需要高瞻远瞩地做好相应的规划工作。

(一) 校园环境的构成因素

大学校园面积要远远大于中小学的面积,因此,要做好校园环境工作,也需要落实到实处。这便提出了关于校园环境构成因素的课题。从组成上看,校园环境包括场所性空间、连接性因素以及植物等三个主体部分。场所性空间因素包括的方面主要有广场、绿地、水体储藏、建筑设施、运动健身等空间部分。而连接性因素则着眼于将各个设施进行有机的联系,其连接的方式主要有道路、走廊以及建筑架空层等。景观植物以及服务建筑也是常见的校园环境构成因素。

(二) 打造校园场所理念

校园场所在高校中的作用是显而易见的。其校区本身的独特性,相应地突出了配备的功能。换而言之,尊重场所的表现方式即以与环境形成不可分割的统一体,进而获得生存的基本内涵。毫无疑问的是,社会、文化的传统特色是校园文化得到进一步发展的基础。因而,"场所理念"着眼的正是广泛意义的环境内涵,主要包括的方面有空间实体以及人文方面的特点。关注于"场所理念",才能够更为切实地做好承袭大学校园人文因素的工作,其方式可以通过多元化的师生活动涵义,深入地开展关于情感意境的场所空间工作,进而能够形成积极向上文化氛围浓郁的校园理念,在心理上给师生带来情感上的归宿感体认,并通过文化的途径在社会上树立相应的标杆标志,以期引起广大民众的关注。比较典型有北京大学的"未名湖与博雅塔"、清华大学的"水木清华"以及天津大学的"北洋广场"等。

从本体的角度而论,校园场所理念的形成通常都具有极强的主题思想特征以及意境上的个性化色彩。将这三者进行联系的媒介通常称之为"结点"。这样的结点通常在校园内,集中于校园室外环境的物件,抑或是历史性或艺术价值较强的建筑物。从方位的角度而言,这些场所结点与师生经常出现的方位上具有内在的联系,即与师生的日常关系较为紧密。

(三)优化校园环境的策略

在构建校园环境的过程中,低造价、高景效是其具体展开建设过程中不可小觑的重要宗旨。从优化校园环境的策略角度来看,其方式主要有:首先,对既存的校园空间环境资源按照一定的宗旨进行整合的工作,从而构建起整体性观念强、形式多元化、结构层次清晰的网络机制;其次,要关注到师生的环境行为心理,强化由于空间尺度本身的差异性而展开合乎实际情况的交往行为,通过添置一部分的服务设施,强化其本身的趣味性;最后,巧借一些生物绿盆植物,通过造景的手段,有效地改善原有的环境,营造较为温馨的环境空间。

第五章 办学规模的优化

第一节　教育成本及其成本函数

一、教 育 成 本

（一）教育是一种服务产品

目前，关于教育是一种产业的观点已被广泛认可，但是教育产业的“产品”究竟是什么，却存在不同的看法。本书认同“教育是一种服务产品”的观点。对此，本书采纳殷鸣镝教授等的解读①。美国经济学家舒尔茨认为，“学校可以视为专门‘生产’学历的厂家，教育机构（包括各种学校在内）可以视为一种工业部门。”然而，在这些“工业部门”生产下的教育到底是什么则是亟须回答的问题。传统认为，教育是一种产品，且对这种产品有两种理解。一是学校的教育产品是指接受了教育的学生或指培养的人才；另一种是把知识或技能视为学校的教育产品。咋看起来，这些观点很有道理，但仔细推敲却不很成立。从经济学原理来看，作为消费者，人们支付货币是为了购买某种能够满足人们主观需求的客体产品，这产品可以是物质的（如面包），也可以是无形的（如服务）。但是我们购买的绝不是我们自己（如吃饭后有饱感的自己和服务后有美感的自己）。教育的产品也是一样，如果说人才或学生是教育的产品，就好比是学生自己出钱“购买自己”，这显然是不合逻辑的。尽管学生经过学校教育以后知识和能力增强，但这种变化只不过是他们在购买并消费了教育服务产品之后的消费效果。只是不同的个体在接受了同样的教育之后会有不同的消费效果罢了，

①殷鸣镝，赵雪梅，刘翠．教育服务理论与学校管理理念转变的思考[J]．沈阳建筑大学学报（社会科学版），2005.3：209～211

但是他们所购买的教育服务产品是没有区别的。尽管我们常常根据学校所培养学生的质量好坏来判断一个学校的好坏，那是因为通常情况下，好的教育服务往往会有好的“消费效果”，这是对学校教育产品的一种间接判断，并不能因此而把学生或人才视作学校的产品。同样，把知识与技能视为学校的教育产品，这是对教育产品的一种不全面的概括。学生在学校接受教育除掌握某些具体的知识和技能外还有更广泛的目的和意义，如对学生的人生观、道德品质等方面的教育和培养等。因此，知识、能力也只能是教育产品所包含的内容之一，并不是教育产品的全部。所以，只有“教育服务”这一内涵丰富的概念才能准确反映教育产品的本质。

基于教育培养人的目的，这种产品的形式不同于工业、企业生产出来的“实体产品”，它是一种服务产品，是将劳动力付诸于有血肉、有感情、有思想的人身上的知识、能力和素质。教育是一种具有服务性质的实践活动，教育服务就是教育活动的产品。学校作为教育产品的主要生产机构，其基本功能就是提供教育服务产品。学校是教育服务产品的生产者和供给者，学生是教育服务产品的消费者和需求者，围绕着教育服务所发生的供求，双方交换关系构成了教育市场，交换双方主体是学校和学生。谁的服务态度好，谁的教育质量高，谁就能赢得广阔的教育市场①。从国际来看，教育作为服务产品已经纳入《国际贸易总协定》的范围。

教育服务产品的生产过程凝结着无差别的人类劳动，因此，教育服务产品虽然具有一定的特殊性，但它仍具有产品的本质属性，即使用价值与交换价值。“服务这个名词，一般地说，不过是指这种劳动所提供的特殊使用价值；但是这种劳动的特殊使用价值在这里取得了‘服务’这个特殊名称，是因为劳动不是作为物而是作为活动提供服务的。可见，这一点并不使它例如某种机器（如钟表）有什么区别②。”既然教育作为一种服务产品，那么这种产品与普通商品一样，需要有生产成本。马克思认为，“有些服务是训练、保持劳动能力，使劳动能力改变形态等等的，总之，是使劳动能力具有专门性，或者仅仅使劳动能力保持下去。例如学校教师服务（只要他是‘产业上必要的’或有用的）、医生的服务（只要他能保持健康）保持一切价值的源泉即劳动力本身——购买这些服务，也就是购买提供‘可以出卖的商品等等’，即提供劳动能力本身来代替自己的服务，这些服务应加入劳动能力的生产费用或再生产费用③。”教育在培养人的

①殷鸣镝，赵雪梅，刘翠．教育服务理论与学校管理理念转变的思考［J］．沈阳建筑大学学报（社会科学版），2005.3：209

②［德］马克思．剩余价值论［A］．马克思恩格斯全集（26卷）第1分册［M］.北京：人民出版社，1979.435

③［德］马克思．剩余价值论［A］．马克思恩格斯全集（26卷）第1分册［M］.北京：人民出版社，1979.159

过程中需要耗费大量的物化劳动与活劳动,必然要使用经济资源,要有一定的经济投入和耗费,因而就发生了教育资源的投入和教育产出的经济成本和经济效益问题。而教育经济成本的本质特征是提供或接受教育服务时所耗费的资源价值量。

(二) 教育成本的概念与特点

1. 教育成本的概念

成本是经济学和会计学研究的领域,是指进行一种产品生产所需的全部费用。最早从经济学角度对成本进行阐述的是马克思,他在分析资本主义商品价值构成和成本时指出,“按照资本主义生产方式生产的每一个商品 W 的价值,用公式来表示就是 W=C+V+M。如果我们从这个商品价值中减去剩余价值 M,那么,在商品中剩下的,只是一个在生产要素上耗费去的资本价值 C+V 等价物或补偿价值。”“商品价值的这个部分,即补偿所消耗的生产资料和所使用的劳动力价格的部分,只是补偿商品使资本家自身消耗的东西,所以对资本家来说,这就是商品的成本价格①。”

现代经济学中对成本的理解有所改变,主要侧重于对机会成本概念的阐述。如美国经济学家萨缪尔森认为,“完全竞争条件下的成本必然涉及机会成本。后者是一个重要的概念,它所涉及的范围远大于内在成本的概念②。”在斯蒂格利茨看来,成本指的是机会成本,“如果一个人、厂商或社会在约束线上,或者曲线上运行,它在多获得一种物品的同时只能牺牲一定量的另一物品。多获得每一单位物品的‘成本’是不得不放弃的另一物品的数量③。”

教育经济学中的教育成本是从经济学中移植过来的。“教育成本”的概念是在 20 世纪 50 年代末 60 年代初教育经济学产生时出现的。约翰·维泽,在其 1958 年出版的《教育成本》一书中将教育经费视同教育成本。随后出版的《教育经济学》一书中他提出不仅要计量教育的直接成本,还应计量教育的间接成本④。

1963 年,舒尔茨出版的《教育的经济价值》是教育经济学的奠基文献。舒尔茨提出“教育全部要素成本”的概念,他认为教育的全部要素成本可分为两部分,一是提供教育服务的成本,二是学生上学时间的机会成本⑤。科恩提出

---

①[德]马克思. 资本论[A]. 马克思恩格斯全集(25 卷)第 1 分册[M]. 北京:人民出版社,1974.30

②[美]萨缪尔森. 经济学(上)[M]. 高鸿业,译. 北京:商务印书馆,1979.41

③[美]约瑟夫·E·斯蒂格利茨. 经济学(上册)[M]. 梁小民等,译. 北京:中国人民大学出版社,1997.37

④袁连生. 教育成本计量探讨[M]. 北京:北京师范大学出版社,2000.10

⑤林钢,武雷等. 高等教育成本研究[M]. 北京:中国人民大学出版社,2008.13

教育成本可分为两大类:直接成本和间接成本。直接成本主要是学校提供教育服务的成本,但也有一部分是学生因上学而发生的支出:额外(比不上学)的食宿费、服装费、往返于家庭与学校之间的交通费,以及书费、运动器械等学校用品费用。间接成本主要有:学生上学放弃的收入,学校享受的税款减免,用于教育的建筑物、土地等资产损失的收入(利息或租金)①。

我国教育经济学者对教育成本的含义也有自己的看法,台湾学者盖浙生指出,"教育活动既是一种公共服务,又可被视为一种生产服务,教育成本分为教育生产者的成本和教育消费者的成本。教育生产者是公私教育机构,教育消费者是学生。教育成本=教育生产者成本(即直接成本,即公私教育机构之费用支出)+教育消费者成本(即间接成本,也即机会成本)②。"大陆学者王善迈教授认为,"教育成本是用于培养学生所耗费的教育资源的价值,或者说是以货币形态表现的,由社会和个人或家庭直接或间接支付的全部费用③。"林荣日认为,"教育成本就是培养一名学生所耗费的年度资源综合,这里的资源综合是指物化劳动和活劳动的价值综合。教育成本大体可分为广义教育成本和狭义教育成本。前者是指从国家或社会的角度来看,培养一名学生所耗费的来自国家、社会、学校和学生个人的年度资源总和(这里包括机会成本、固定资产折旧成本和潜在租金总损失等);而后者是仅从学校的角度来看的,指学校为培养一名学生所花费的资源总和(这里不包括机会成本),因而这种成本常常被认为学校教育成本或学校培养成本④。"

可见,教育经济学界对教育成本的认识有着各种视角的表述,难以统一。然而,本书主要研究多校区高校办学的成本优化,为此,我们这里借鉴林荣日对于狭义教育成本的阐述。认为高校教育成本是指高校为培养一名学生所花费的资源综合。按照教育成本与学生数量之间的依存关系可以分为固定成本和变动成本。固定成本是指一定时间和一定学生数量范围内,成本总额不受学生数量增减的影响而相对固定的成本,如固定资产(教师、图书馆等)以及折旧费、水电费、维修费。变动成本是指教育成本发生额中随着学生数量增减而变动的那部分费用,如学生奖助学金,用于教学和生产实习的材料费、低值易耗能费等。

2. 教育成本的特点

高等教育作为服务产业的一个重要组成部分,其成本相对于物质生产领域

---

①袁连生.教育成本计量探讨[J].北京师范大学学报(人文社会科学版),2000.1:17~18

②盖浙生.教育经济学[M].北京:三民书局,1982.100~105

③王善迈.教育投入与产出研究[M].石家庄:河北教育出版社,1996.168

④林荣日.教育经济学[M].上海:复旦大学出版社,2008.47

的产品成本而言具有自身特性,这种特性取决于高校教育活动的特点。

(1) 教育成本的主体是人力成本:人力成本又称人力资源成本,是指组织为了实现自己的组织目标,创造最佳经济和社会效益,而获得、开发、使用、保障必要的人力资源及人力资源离职所支出的各项费用的总和。对于高校而言,主要是指为了获得人力资源、开发人力资源、管理和维护人力资源而发生的招聘、录用、教育、培训、医疗、保险、工资、福利、管理等方面的费用或支出的总和。

教育是一种劳动密集型产业,人员成本占成本的绝大部分。与资本密集型产业相比,人员成本在劳动密集型产业中占据主导地位。高校的主要职能是传授知识,培养人才,在教学过程中发生的活劳动耗费较多,因此,高校教育成本中人员费用比重相对较大。高校为了吸引高学历、高职称的人员,在引进时必须支付安家费、住房补助费、科研启动费、奖励费等。这些费用随着人才的自由流动,将变得越来越高。并且,高校在过去的发展历程中,已经形成了一种"学校办社会"的格局,诸如从附属幼儿园、小学、中学、高中的设立,到附属医院的设置,从对教师吃、喝、住的全方面包办到生、老、病、死的全过程的包办。这些无疑极大地加重了高校的负担,增加了其人力资源的维持成本。

(2) 教育成本管理不以营利为目的:教育部门的成本管理与企业的成本管理不同。企业是以营利为目的的组织,其消耗的任何成本都要转嫁在产品中,并尽可能减少成本支出,获得最大利润,否则就会破产或倒闭。而对于学校而言,任何国家、地区都将其列为非营利性组织,无论是公办学校还是私人学校。因此,其教育成本管理的非营利性质非常显著。

许多人对我国民办教育的非营利性常常提出质疑。我国民办教育改变了长期以来单一制公办教育模式,是对现有教育资源的良性补充。根据我国《民办教育促进法》第三条的规定,民办教育事业属于公益性事业,是社会主义教育事业的组成部分。然而,由于对于民办高校的投资者,政府允许其按照章程获得一定的回报。然而,这种回报不能算以营利为目的。政府可以依法根据不同时期的具体情况决定投资者最高的允许回报率,如略高于银行的利息率,决不容许他们有暴利,这仍然是坚持不以营利为目的的原则。

(3) 高等教育成本呈现刚性增长:随着社会科学技术的进步和管理的加强,物质领域生产的产品成本是递减的,如电子产品。然而,教育服务成本则随着时间的推移,成本会越来越高。这是因为:第一,教育服务的劳动密集型产业特征决定了教育成本的提升。随着社会经济的发展,人民生活水平的提高,主要用于支付教职工的工资、福利、学生的助学金、奖学金等不断提升。并且,教师的劳动不可能像生产工人的劳动可以被现代化设备所替代,即使科技促进了教育的多媒体教学方式。第二,科技的发展促进高校应用现代技术设备更新换代,促进成本提升。高等教育代表社会先进的生产技术和科技水平,高校在应用先进科技成果和先进技术设备的成本投入越来越高。“从理论上讲,高校应用先进技术可以提高教育事业的生产力,但事实上高校几乎从未因应用先进技术降低过成本,而是宁愿通过不断更新知识、扩大知识传授量,改善办学条件等方式来提高办学水平和教育质量①。”换言之,先进设备的应用提高了教育服务质量,但也提高了教育成本。第三随着“高等教育机会均等”呼声的提高,接受高等教育的学生越来越多,特别是高等教育毛入学率逐年提高,决定了高等教育成本的刚性增长。

(4) 教育成本补偿的间接性:一般而言,物质生产领域的产品成本可以通过出售产品而获得最终补偿,具有直接补偿的特点。然而,教育成本投资与物质生产领域的投资不同,教育成本补偿具有间接性。高等教育的收费制只是教育成本的一部分,无法补偿教育的所有投资。这些投资大部分来自政府的财政拨款,即国民收入再分配的消费基金。我国《高等教育法》规定,“国家建立以财政拨款为主、其他多种渠道筹措高等教育经费为辅的体制,使高等教育事业的发展同经济、社会发展水平相适应。”

3. 教育成本的意义

(1) 有助于政府确定学费标准和拨款标准:经济学告诉我们,商品的价格是由商品的成本和利润构成的。教育作为一种服务产品,虽说是不以营利为目的的特殊商品,但仍存在一定的办学成本。即去除一般产品的利润部分,就是教育的成本价格。正因为如此,1994 年国务院颁布的《关于<中国教育发展改革和发展纲要>的实施意见》提出,高等学校和中等专业学校、技工学校的“学生实行缴费上学制度,缴费标准由教育行政主管部门按生均培养成本的一定比例和社会及学生家长能力因地、因校(或专业)确定。”1996 年原国家计委、国家教委、财政部联合颁布的《普通高等学校收费管理办法》,明确提出学费标准根据年生均教育培养成本的一定比例确定。教育培养成本包括以下项目:公务费、业务费、设备购置费、修缮费、教职工人员经费等正常办学费用支出。在现阶段,高等学校学费占年生均教育培养成本的比例最高不得超过 25%。可见,明确的、可量化的教育成本有助于学费标准的确立。

然而,根据当代公共经济学理论,教育产品不是完全的私人产品,它兼有公共产品的性质。高校提供的教育产品介于私人产品与公共产品之间,我们一般认为这是一种混合产品,即准公共产品②。这种“准公共产品”的属性决定了教

①何耀华. 高校教育成本内涵探究[J]. 福建警察学院学报,2008.4:106

②王椿元. 混合产品成本补偿研究[D]. 沈阳:东北财经大学,2003

育不能由学生个人承担全部的教育成本,必须由国家、社会进行分担。1999年,李岚清同志在全国高校后勤社会化改革工作会议上指出,“对高等教育的培养成本要尽快建立起一种由国家、学校、学生家长和个人共同合理分担的机制。”国家以生均财政拨款定额标准为基础进行财政预算内拨款,1998年颁布的《高等教育法》规定,“国务院教育行政部门会同国务院其他有关部门根据学生人均教育成本,规定高等学校年经费开支标准和筹措的基本原则。”所以,高校只有通过成本核算,计算出各个层次学生的生均教育成本,财政部门编制预算的时候才能做到有的放矢。

(2) 有利于优化教育资源配置,提高管理水平:教育资源是国民经济的重要资源,是推动国民经济发展的动力源泉。计划经济体制下,国家对高校实行“供给制”,高等教育始终由财政统包统揽,高校一直沿用只算支出不计成本的核算方法,长期处于“年初报预算,年终报决算,教育成本不计算,经济效益无人管”的状况,导致教育经费严重浪费。人浮于事,建筑、仪器设备、图书资料等各项资源没有得到有效利用的情况相当普遍。然而,基于教育需求的无限性和教育经费的有限性,只有深入开展高等教育成本核算,优化教育资源,才能不断降低教育成本,提高办学效益。一所高校如果能用同样多的成本投入,产生出比另一所学校多得多的效益,才能说这所学校有较好的管理水平和较高的办学效益。“通过核算教育成本,既能在同类院校之间进行办学效益的比较,充分利用高校的资源,促使资源优化配置,又能协助学校领导了解哪些成本过大或浪费严重等,从而制定相关的政策,有效地控制成本,提高管理成效[①]。”

(3) 有助于教育规划的制定:教育规划是一个国家经济与社会发展规划的重要组成部分。而一项重大教育规划的出台绝非仅仅依靠少数人的经验、智慧和勇气就能完成,而是需要有大量的预测与数据统计作基础。无论是整体的教育体制改革,宏观上的教育布局调整,还是教育经费的分配比例,教育规模的调控等,都要涉及众多的领域。从教育经济学视角来观察,这些举措最终都会集中体现出对教育资源的渴望。因为,办教育、管教育都离不开人力、物力、财力资源,都必须涉及对这些教育资源的利用、分配、管理。只有进行教育成本核算,才能有效地进行科学管理。而一个适度的教育投资规模的确立是要以各级各类教育的生均成本以及其变动情况为依据的,也就是说,教育成本核算结果是制定教育规划不可缺少的资料[②]。

①谢学清．高校教育成本探析[J]．经济师,2008.3:75

②范先佐．教育经济学[M]．北京:中国人民大学出版社,2012.201

二、规模效益下的教育成本函数

目前,扩大办学规模,降低办学成本,提高办学效益是任何国家、地区高校追求的目标。然而,如何实现这一目标则成为人们普遍关注的问题。自20世纪初期开始,成本函数就成为经济学当中经验研究的重要课题。这种分析方法为许多经济部门如何有效的分配资源、提高效率提供了重要的决策信息。基于此,学者们对高等教育成本函数也有了一定了解、认识与研究。如国外学者Koshal、Nelson、Hevert等人都使用单一产出的方法研究高校成本函数及相关的规模经济存在问题。国内学者宋光辉、侯龙龙等使用了成熟的多产出成本函数研究工具①。

为了探索提高教育资源利用效率,提高办学效益,我们把教育成本分为总成本、平均成本和边际成本,并研究三者之间的关系。高校教育总成本是指高校办学成本的总额,包括固定成本和变动成本。平均成本就是总成本除以学校学生总人数。边际成本是指每增加一个在校生所导致的总成本的增长。

总体而言,"总成本会随着学校规模的扩大而增长,而平均成本则不会明显提高或降低。平均成本随着产出的增长而降低称之为学校规模经济,反之,则称为学校规模不经济。平均成本和边际成本之间的关系在不同高校是有变化的,变化的程度取决于成本函数的形式,即成本与学校规模之间的关系。当在校生数增加时,总成本必然增长,但是,平均成本和边际成本依学生数的变化可能增加,可能减少,也可能保持不变。平均成本和边际成本在不同情况下之所以不同,是因为学校的某些成本是固定的,而另一些成本则视学校规模而变化。平均成本和边际成本的变化方式取决于固定成本与可变成本之间的比例、所有的资源是否得到充分利用、是否有多余的能力,即不增加固定成本也可以增加学生数量。在校学生增加时所引起的成本增加取决于所增加的学生的数量②。"

教育成本函数是表示教育成本对教育产出或规模的依赖关系,并说明总成本、平均成本和边际成本之间变化规律的一种适用方法。设TC代表总成本,K代表学生数,那么,总成本与学生数量之间的关系可由下列函数来表示:

$$TC = \int(K) \tag{5.1.1}$$

但是,式(5.1.1)不能表明平均成本和边际成本怎样依赖规模变化而变化。为了回答这个问题,可以把式(5.1.1)改写为:

①成刚．中外高等教育成本函数研究[J]．江西财经大学学报,2006.5:102~107

②王玉昆．教育生产成本函数[J]．中小学管理,1998.6:13

$$TC = S_0 + S_1 K \tag{5.1.2}$$

式(5.1.2)中，S_0 表示固定成本，S_1 表示每增加 1 名学生所导致的成本。这样 $S_1 K$ 给出了成本变量，其数量大小取决于学校的规模 K。图 5.1 表明，固定成本等于 S_0，当 $K = 0$ 时，每增加 1 名学生，总成本以 S_1 的比率呈直线增长。

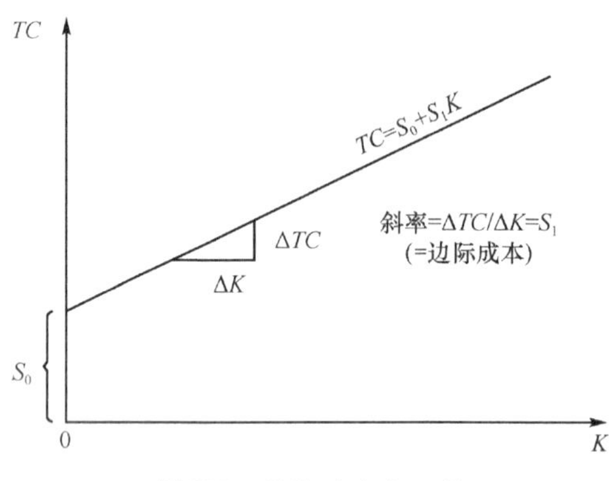

图 5.1 线性总成本函数

式(5.1.2)的推导可用来表示总成本函数中包含的平均成本和边际成本。平均成本(AC)等于总成本除以产出：

$$AC = TC/K = S_0/K + S_1 \tag{5.1.3}$$

为了从总成本函数(5.1.2)中找出边际成本(MC)，必须确定增加 1 名学生的总成本增量，由成本函数(5.1.2)推出的 MC 值不取决于产出。方程(5.1.2)所表示的平均成本和边际成本如图 5.2 所示。从图中可以看到，随着学生数量的增长，平均成本稳步地下降，表示规模的经济。在 K 值很大的情况下，AC 与 MC 非常接近，规模经济最终枯竭。规模经济的原因在于：假设在办学固定成本不变的情况下，随着学生数量 K 的增长，固定成本 S_0 在较大学生数量上的均摊而减小。因此，当学生数量 K 很大时，平均成本与边际成本非常接近，规模经济不复存在。实践中，固定成本的均摊是规模经济的重要根源。

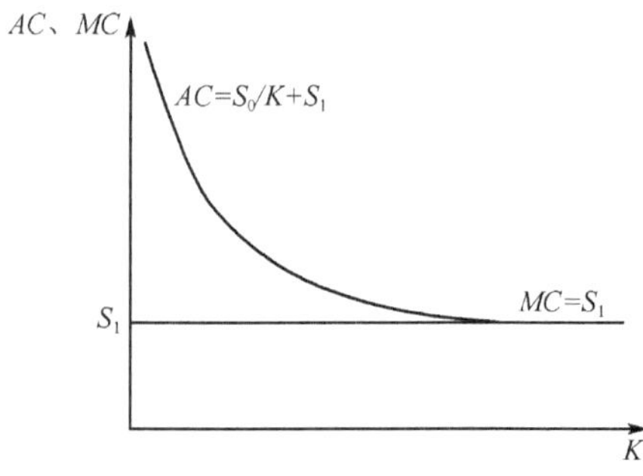

图 5.2 与图 5.1 的总成本函数相对应的平均成本和边际成本函数

上述关系式是在每增加 1 名学生教育成本的增加额均相同的情况下建立的，但是在实际中，学生数量的增加不同的时候教育成本的增加额并不相同。现假设

$$TC = S_0 + S_1K + S_2K^2 + S_3K^3 \tag{5.1.4}$$

则

$$AC = S_0/K + S_1 + S_2K + S_3K^2 \tag{5.1.5}$$

$$MC = S_1 + 2S_2K + 3S_3K^2 \tag{5.1.6}$$

如式(5.1.6)所示，由入学人数增长引起的 TC 的增长中的固定成本 S_0，现在已不是一个常数，而是根据学生数量的变化而变化。假定 S_0、S_1 和 S_3 为正数，S_2 为负数，它们在式(5.1.4)、(5.1.5)、(5.1.6)中的关系如图 5.3、图 5.4 所示。

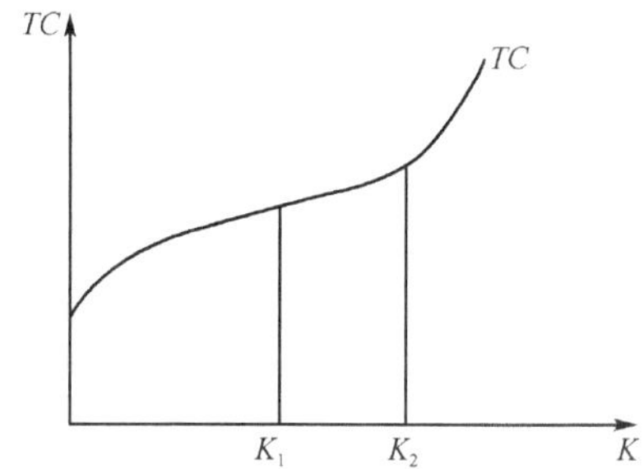

图 5.3　总成本函数 $TC = S_0 + S_1K + S_2K^2 + S_3K^3$ ($S_0, S_1, S_3 > 0; S_2 < 0$)

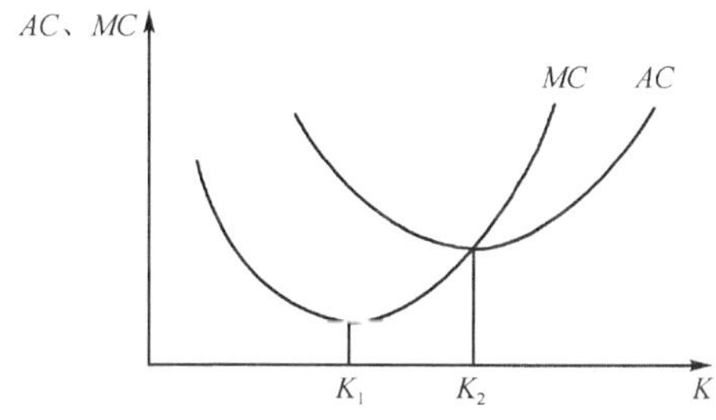

图 5.4　与图 5.3 的总成本函数相对应的平均成本和边际成本函数

从图 5.4 中与教育总成本曲线 TC 对应的教育平均成本曲线 AC 和教育边际成本曲线 MC 可以看出，当学生数量不超过 K_1 时，教育平均成本和教育边际成本均随着学生数量的增加而降低；学生数量达到并超过 K_1 后，教育边际成本开始随学生数量增加而升高，直至学生数量为 K_2 时，教育边际成本的升高和平均成本的降低相抵消；此后，边际成本的上升具有了主要影响力，学生数量继续增加时则教育平均成本升高。由此可知，学生数量在不超过 K_2 范围内时具有规模效益，超过此范围规模效益便消失，亦即仅当教育边际成本不高于教育平

均成本时具有规模效益,否则规模效益消失。

结论是,固定成本和可变成本的相对比例,决定着边际成本和平均成本之间的关系。边际成本、平均成本与学校规模之间存在着三种关系:

(1) 平均成本与边际成本相等,学校规模不变,不管学生数量多少,平均成本保持不变;

(2) 边际成本低于平均成本,学校规模经济,平均成本随学生数量上升而下降;

(3) 边际成本高于平均成本,学校规模不经济,因而平均成本随学生数量增加(或减少)而上升。

第二节 基于DEA模型的高校规模效益分析

一、规模经济理论在高校的应用

国外关于高校规模经济的研究起步较早,其研究成果相对比较丰富,研究的角度和对象各不相同。相关的研究涉及的学校类型全面,包括公立学校和私立学校、综合性大学和专科型学院等,不少学者在研究高校规模经济的同时也论述范围经济的存在和影响①。1986 年世界银行专家对我国 136 所曾经得到过世界银行贷款援助的高校进行了有关规模效益的实证分析。通过对这些学校经常性开支情况进行统计分析,得到的结论是,在这些学校中存在显著的规模经济。在达到 8000 到 10 000 学生数之前,生均经常性成本随在校生的增加而有明显地减少;在达到 8000 到 10 000 的规模后,生均经常性成本则保持不变②。自此之后,许多学者开始关注我国高等学校规模效益的研究,相关的研究涉及不同类型、不同地区的高等院校,所采用的研究方法也各有不同。在研究高校规模效益和规模经济的领域中,北京大学教育经济研究所闵维方③、丁小浩④等人的研究最为系统和全面。他们从多种角度,多种分析单位对中国高等教育的规模效益现象进行了深入的理论分析和实证检验。随着近年来我国高校的大规模扩招,国内学界对高等教育领域规模经济的关注越来越多,但是系统和规范的实证研究比较欠缺,绝大多数提到规模经济和规模效益的文章基本都是思考性或是议论性的。其主要原因在于

---

①吴丽丽. 基于数据包络分析(DEA)的高等院校规模有效性分析[D]. 上海:同济大学,2006

②World Bank "China Management and Finance of Higher Education", Washington D. C. ,1986

③闵维方. 高等教育运行机制研究[M]. 北京:人民教育出版社,2002

④丁小浩. 中国高等院校规模的实证研究[M]. 北京:教育科学出版社,2000

数据的可获得性，国内高校统计数据最近几年才逐渐建立起来，缺乏系统性，且公开程度也较低。从收集到的国内外相关文献和研究结果来看，高校规模经济的实证研究比较多的分析规模增加是否会导致平均成本或边际成本减少。在大多数的研究模型中，学校规模的指标则通常用在校生数量来表示。而高校是个复杂的系统，一个学校的规模和办学效益仅仅将在校生数量作为变量来衡量，忽略高校多投入多产出的客观事实，必然会带来研究结论的偏差。

由于教育所提供的教育产品及教育服务的特殊性，使现阶段对教育的投入产出问题的评价一直停留在定性分析层面，传统的评价方法由于条件限定严格、数据要求高等原因，在综合效益评价方面显得无能为力，尤其是在多输入、多输出且评价指标没有统一量纲的情况下，无法发挥作用。此外，高校是一个特殊的生产系统，将规模经济理论运用到高校日常教学科研的管理中有一定的难度。研究高校的规模经济问题，遇到的主要问题就是如何合理准确的测量高校的投入和产出。高校的运转成本不仅包括投入的教育经费，还包括人员投入和物质投入。而高校的产出包括间接产出和直接产出，而其直接产出还常常具有后续性，因此更加难以量化测量。除此之外，高校的产出随分析的角度不同需要采用不同的产出概念和量度。规模经济的研究必然涉及投入产出的，其核心部分是投入和产出的测量。因此，寻求投入和产出的有效测量就成为高校规模经济研究的关键。

高校属于非营利性组织，有着多项投入和多项产出。因此根据高校的这个特性，本研究采用数据包络分析（data envelopment analysis，DEA）方法①，根据经济学对规模报酬、规模效益的定义来衡量高校的相对规模效益。DEA 不需要事先预设生产函数，克服了评估时投入产出之间函数关系不明确的困难。在研究过程中从微观的层面上，通过高校投入产出指标的确定、评价模型的建立，从经济学理论的规模经济的角度，用 DEA 方法来分析高校的规模效益。试图建立一个以高等教育劳动投入、财力投入和物力投入为基础的，表明生产要素投入和产出的一种技术性关系的投入产出模型，用以评价普通高校教育投入的产出效益，以期能提供一种评价高校办学效益的有效方法和手段。希望通过将 DEA 法同高等教育的特殊性的全面、客观结合，构建出能够科学、客观反映高等教育投入产出效率的数学模型。

---

①魏权龄．数据包络分析[M]．北京：科学出版社，2004

二、高校规模效益评价的 DEA 模型

DEA 是根据多指标投入和多指标产出对决策单元(decision making unit, DMU)进行有效性分析的一种方法,是 1978 年由美国人 A. Charns, W. W. Coope 和 E. Rhodes 首先提出的。它主要用来评价多输入以及多输出 DMU 的相对有效性。DEA 方法可以看作是一种非参数的估计方法,其实只是根据一组关于输入和输出的观察值来确定有效生产的前沿面。第一个 DEA 模型被命名为 C^2R 模型,从生产函数的角度看,这一模型是用来研究具有多个输入,特别是具有多个输出的 DMU 同时为"规模有效"与"技术有效"的十分理想且卓有成效的方法。1985 年 A. Charns, W. W. Coope 等人给出了用来研究生产部门间的"技术有效"性的 C^2GC^2 模型,从而将 DEA 推广到更为一般的效率分析中去。此后,一些经典的模型相继出现:FG 模型,ST 模型,C^2W 模型,等等,这方面的工作对 DEA 领域来说尤为重要。DEA 方法不需预估权重、不需事先设定投入产出间的显式函数关系、与指标的单位无关、评价结果丰富等诸多优点使其成为高等教育系统相对有效性评价的一个新的工具。

该方法在教育领域的应用,可以追溯到 Levin 关于教育生产的技术效率测量①。Breu & Raad 运用 DEA 方法对美国公立大学相对效率进行评价分析,该文建立的评价输入指标包括:具有博士学位头衔的教师占全体教师的百分比、师生比、生均教育经费支出、学生平均入学成绩、生均学费五个指标,输出指标包括:学生毕业率和新生就学率两项指标。研究发现 DEA 方法在评价高校办学效益方面比传统统计方法有效可行;经 DEA 分析排名与美国新闻和世界周刊学校的排名结果有所不同②。Avkiran 采用 DEA 评估 1995 年澳洲 36 所大学办学绩效,提出 3 个绩效模式,以整体绩效、教育服务绩效和注册绩效进行分析,研究发现大部分的学校都有技术与规模经济效益,但仍然在注册绩效上需要加强,有更多的学校处于规模效益递减,需要调整规模,DEA 可以为无效率的学校找出参考学习对象,并提出目标改进建议③。

国内运用 DEA 方法研究高等教育效率最早的是刘亚荣应用 DEA 模型对

---

①Levin H. M. Measuring efficiency in educational production[J]. Public Finance Quarterly, 1974.2:3~24

②Breu. T. M., Raad. R. L.. Efficiency and Perceived Quality of the Nations 'Top25' National Universities and National Liberal Arts Colleges: An Application of Data Envelopment Analysis to Higher Education[J]. Socio-Economic Planning Science, 1994.28:33~45

③Avkiran N K. Investigating technical and scale efficiencies of Australian Universities through data envelopment analysis[J]. Socio-Economic Planning Sciences, 2001.1:57~80

我国高校办学效率的研究[①];谢友才以大学为分析单元对我国研究生教育的效率进行了定量分析[②];邵争艳通过 DEA 方法从效率、质量、规模、结构等四个方面对我国 31 个省区高等教育的资源配置现状进行了分析[③];徐健运用 DEA 模型对我国 31 个地区的高等教育效率进行了综合评价,并对 10 个高等教育大省中无效率的省份进行了投影分析以探究其非 DEA 有效的原因[④];查勇、梁樑建立了高等院校院系投入产出效率评估的 DEA 模型,进行 DEA 有效性分析和规模效益分析[⑤]。

(一) DEA 模型的思路

DEA 的基本思路是把每一个被评价对象作为一个 DMU,再由 DMU 构成被评价群体,通过对投入和产出比率的综合分析,确定有效生产前沿面,并根据各 DMU 与有效生产前沿面的距离情况,确定各 DMU 是否 DEA 有效,同时还可用投影方法指出非 DEA 有效的原因及应改进的方向和程度。

DEA 方法的应用步骤如图 5.5 所示:

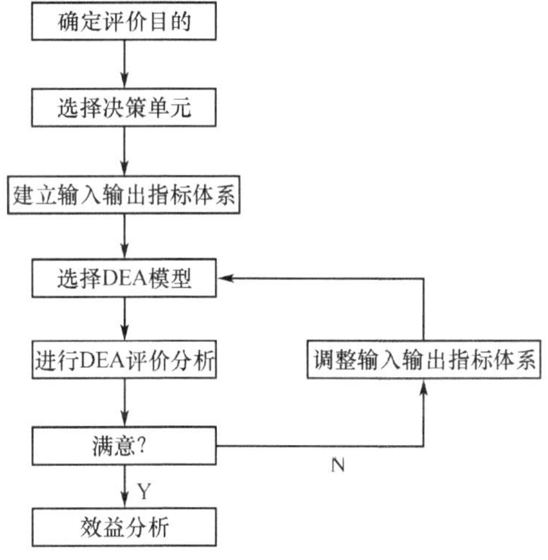

图 5.5　DEA 方法的评价步骤

①刘亚荣. 我国高等学校办学效率评价分析[J]. 教育与经济,2001.4:31~36

②谢友才,胡汉辉. 我国研究生教育的效率分析[J]. 高等教育研究,2005.11:68~76

③邵争艳. 中国区域高等教育资源优化配置评价与对策研究[D]. 哈尔滨:哈尔滨工程大学,2006

④徐健,汪旭晖. 我国区域高等教育的效率评价[J]. 高等工程教育研究,2009.4:81~84

⑤查勇,梁樑. 基于 DEA 模型的高等院校院系投入产出效率评估[J]. 战略规划与评价预测,2004.1:102~105

让我们举一个简单的例子来说明 DMU 有效性含义，直观地给出一种判断 DMU 是否有效的度量方法，并将这一方法理论化，得到一个在多维情况下判断 DMU 有效性的线性规划模型。这也就是最初的 DMU 方法的基本思路。假设在实际观测值基础上我们得到一个参考集，其中 DMU 为 7 个，输入为 x_1，x_2，输出为 y，表 5.1 所示。

表 5.1　DMU 的输入输出指标

DMU_j	1	2	3	4	5	6	7
x_1	19	1	1	2	10	5	8
x_2	10	1	6	15	17	1	1
y	120	8	24	40	120	20	24

为了便于比较，我们对各个 DMU_j 的投入和产出以相同比例扩大并把每个的产出均变为 120，则得到下面的表 5.2：

表 5.2　调整后的输入输出指标

DMU_j	1	2	3	4	5	6	7
x_1	19	15	5	6	10	30	40
x_2	10	15	30	45	17	6	5
y	120	120	120	120	120	120	120

以 x_1，x_2，与 y 为坐标，在空间中标出这七个点，再将其投影到平面上（如图 5.6）。

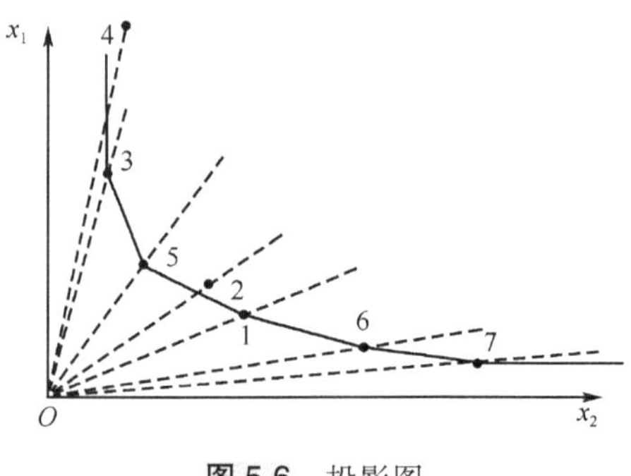

图 5.6　投影图

由图 5.6 可以看出，把点 $DMU_j(j=3,5,1,6,7)$ 连接起来，再加上从 DMU_j $(j=3,7)$ 引申出的垂直、水平线，就可以得到一个由部分 DMU 构成的分段线性的“最小凸包”，而所有的 DMU 都位于这个“最小凸包”的右上方。图 5.6 中分段线性的“最小凸包”是在有限多个实际观测值基础上构成的输入可能集的最理想的边界。

凡在此边界上的 DMU,如果要保持输出量的不变,已不能使其各输入量按某一定比例减少,即为“相对有效”的;而不在此边界上的 DMU,在保持原输出水平的前提下,可以使其各输入分量有所减少,或者以现在的输入量应该得到更多的输出量。

这种构造方法实际上是通过对各已知 DMU_j 的线性组合来实现的。从这一本质构造思想出发,并且把“有效性”的内涵理解为最优性,就可以利用线性规划为基本模型并结合其他手段和方法来比较各 DMU 之间的相对有效性。所谓 DEA 方法正是从这一思想出发提出的一种具有完备理论基础和广泛应用领域的分析 DMU_j 相对有效性的方法。

(二) 高校规模效率评价 DEA 模型的基本原理

1. 高校固定规模报酬模型(C^2R)

所谓高校固定规模报酬模型就是在固定规模报酬模式下评估高校规模效率的总体有效性。由于要进行规模效益分析的各高校投入指标与产出指标都不止一个,因此必须对投入和产出的指标进行加权综合。假设 v_i 为对第 i 种投入的一种权重(度量),u_r 为对第 r 种产出的一种权重(度量),那么,第 j 个高校投入的综合值为 $\sum_{i=1}^{m} v_i x_{ij}$,产出的综合值为 $\sum_{r=1}^{s} u_r y_{rj}$,其规模效益评价指数定义为 $h_j = \sum_{r=1}^{s} u_r y_{rj} \Big/ \sum_{i=1}^{m} v_i x_{ij}$ 。这里,限定 h_j 的值不超过 1,因此若第 k 个高校的 $h_k = 1$,则该高校规模效率相对于其他高校是有效的;若 $h_k < 1$,说明该高校规模效率相对于其他高校来说还有待提高。很显然,问题的实质就是确定一组最佳的权系数 $v_1, v_2, \cdots, v_m$ 和 $u_1, u_2, \cdots, u_s$,使得第 j 个高校规模效率值 h_j 达到最大,这个最大效率值是相对于其余高校而言的,可以对高校规模效率评价建立如下优化模型:

$$(C^2R)^I \begin{cases} \max h_{j0} \\ h_j = \dfrac{\sum_{r=1}^{s} u_r y_{rj}}{\sum_{i=1}^{m} v_i x_{ij}} \leqslant 1 \\ v_i \geqslant 0, i = 1,2,\cdots,m \\ u_r \geqslant 0, r = 1,2,\cdots,s \\ j = 1,2,\cdots,n \end{cases} \tag{5.2.1}$$

不难看出,利用上述模型评价第 j_0 高校规模效率是否为有效,是相对于其他高校规模而言的。为方便,记:$x_j=(x_{1j},x_{2j},\cdots,x_{mj})^T$,$y_j=(y_{1j},y_{2j},\cdots,y_{sj})^T$,$v=(v_1,v_2,\cdots,v_m)^T$,$u=(u_1,u_2,\cdots,u_m)^T$,$j=1,\cdots,n$,则上述高校规模效率评价模型可以化为如下分式规划问题:

$$\max \frac{u^T y_0}{v^T x_0}$$

$$(C^2R)^I\begin{cases}\dfrac{u^T y_j}{v^T x_j}\leqslant 1\\ v\geqslant 0\\ u\geqslant 0\\ j=1,\cdots,n\end{cases}\tag{5.2.2}$$

为避免出现无穷多解,通过 C^2(Charnes-Cooper)变换,把 C^2R 模型的分式规划的形式转化为一个与其等价的线性规划的形式。令 $t=\dfrac{1}{v^T x_0}$,$\omega=tv$,$\mu=tu$,则目标函数为:

$$\frac{u^T y_0}{v^T x_0}=\mu^T y_0$$

约束为:

$$\frac{u^T y_j}{\omega^T x_j}=\frac{u^T y_j}{v^T x_j}\leqslant 1,j=1,\cdots,n,\omega\geqslant 0,\mu\geqslant 0$$

由 $t=\dfrac{1}{v^T x_0}$ 知:$\omega^T x_0=1$,因此,分式规划问题(5.2.2)化为如下线性规划问题:

$$\max \mu^T y_0$$

$$(P^I_{C^2R})\begin{cases}\omega^T x_j-\mu^T y_j\geqslant 0\\ \omega^T x_0=1\\ \omega\geqslant 0,\mu\geqslant 0\\ j=1,\cdots,n\end{cases}\tag{5.2.3}$$

定理1①分式规划(5.2.2)式和线性规划(5.2.3)式在下述意义下是等价的:

(1) 若 v^0,u^0 为(5.2.2)式的最优解,则 $\omega^0=t^0v^0$,$\mu^0=t^0u^0$ 为(5.2.3)的最优解,并且两者的最优解是相等的,其中 $t^0=\dfrac{1}{v^{0T}x_0}$。

①魏权龄. 数据包络分析[M]. 北京:科学出版社,2004

(2) 若 ω^0,μ^0 为(5.2.3)式的最优解,则 ω^0,μ^0 也为(5.2.2)式的最优解,并且两者的最优解是相等的。

利用线性规划的对偶规划,可得到(5.2.3)式的等价形式即对偶规划问题:

$$
(D_{C^2R}^I)\begin{cases}\min\theta \\ \sum_{j=1}^{n} x_j\lambda_j \leqslant \theta x_0 \\ \sum_{j=1}^{n} y_j\lambda_j \geqslant y_0 \\ \lambda_j \geqslant 0,\theta \text{ 无约束} \\ j = 1,\cdots,n\end{cases} \tag{5.2.4}
$$

其中 λ_j 为高校规模效率评价输入输出的权系数,θ 为第 j 个高校规模效率评价的效率值。

以上讨论的都是具有高校输入倾向的规模效率评价 C^2R 模型,这由对偶规划 $(D_{C^2R}^I)$ 可以看出,高校管理决策者追求的倾向是高校投入的减少,即求 θ 的最小。如果我们将分式规划 $(C^2R)^I$ 改写成下面的形式:

$$
(C^2R)^o\begin{cases}\min \dfrac{v^TX_0}{u^TY_0} = V_P^o \\ \dfrac{v^TX_j}{u^TY_j} \geqslant 1,j = 1,2,\cdots,n \\ v \geqslant 0,u \geqslant 0\end{cases} \tag{5.2.5}
$$

在这里高校规模效率评价指数定义为 $h_j = \dfrac{\sum_{i=1}^{m} v_i x_{ij}}{\sum_{r=1}^{s} u_r y_{rj}}$,现在使用 C^2 变换

$$
t = \frac{1}{u^TY_0},\omega = tv,\mu = tu
$$

则可化为如下等价的线性规划:

$$
(P_{C^2R}^o)\begin{cases}\min w^TX_0 = V_{C^2R}^o \\ w^TX_j - u^TY_j \geqslant 0,j = 1,\cdots,n \\ u^TY_0 = 1 \\ w \geqslant 0,u \geqslant 0\end{cases} \tag{5.2.6}
$$

以及它的对偶规划：

$$(D^o_{C^2R})\begin{cases}\max z = V^o_{C^2R} \\ \sum_{j=1}^{n} X_j\lambda_j \leqslant X_0 \\ \sum_{j=1}^{n} Y_j\lambda_j \geqslant zY_0 \\ \lambda_j \geqslant 0, j = 1,\cdots,n\end{cases} \tag{5.2.7}$$

此时的目标函数值大于或等于1。可以看出,高校管理决策者追求的是高校产出的增大,即求 z 的最大。

C^2R 模型得出的效率值是技术效率,其经济含义是当第 i 所高校产出水平保持不变(投入导向)时,如以样本中最佳表现(处于效率前沿面上)的高校规模为标准,实际所需要的投入比例 $1-\theta$ 就是第 i 所高校多投入的比例,也就是可以减少(或称浪费)投入的最大比例。

2. 高校规模报酬可变模型(BC^2)

所谓高校规模报酬可变模型就是在变动规模报酬模式下评估高校规模的纯技术效率。通过对上述高校固定规模报酬 C^2R 模型增加一个凸性假设 $\sum_{j=1}^{n}\lambda_j = 1$,修正为如下高校规模报酬可变 BC^2 模型：

$$\min\theta$$

$$(BC^2)\begin{cases}\sum_{j=1}^{n} x_j\lambda_j \leqslant \theta x_0 \\ \sum_{j=1}^{n} y_j\lambda_j \geqslant y_0 \\ \sum_{j=1}^{n} \lambda_j = 1 \\ \lambda_j \geqslant 0, j = 1,\cdots,n\end{cases} \tag{5.2.8}$$

可以证明约束条件 $\sum_{j=1}^{n}\lambda_j = 1$ 满足了高校规模报酬可变的假设,规模报酬可变的假设使得计算技术效率时可以去除规模效率的影响,由此得到的效率就是高校规模的纯技术效率。

3. 高校规模报酬非增模型($NIRS$)

一般来说,以高校固定规模报酬 C^2R 模型求出的效率值称为高校规模的总体效率(技术效率),而以高校规模报酬可变 BC^2 模型求出的效率值称为高校规模的纯技术效率,两者相除则为高校的规模效率。规模效率等于1表示该高校规模有效率,规模效率小于 1 则表示该高校规模无效率。由高校规模的技术效率=高校规模的纯技术效率×高校的规模效率可知,高校规模的纯技术效率大于等于高校规模的技术效率,说明高校规模报酬可变 BC^2 模型比高校固定规模报酬 C^2R 模型得到的效率值大,其观察点更接近于效率边界。

然而,上述关于高校规模效率的测度存在着一个缺陷,即对于规模无效的高校来说,不能由该效率值看出被评价高校是处于规模报酬递增区还是处于规模报酬递减区,这样就降低了高校规模效率分析的作用。通过将(5.2.5)所表示的高校规模报酬可变 BC^2 模型中约束条件 $\sum_{j=1}^{n}\lambda_j = 1$ 改为 $\sum_{j=1}^{n}\lambda_j \leqslant 1$,即得到高校规模报酬非增 $NIRS$ 模型:

$$\min\theta$$

$$(NIRS)\begin{cases}\sum_{j=1}^{n} x_j\lambda_j \leqslant \theta x_0 \\ \sum_{j=1}^{n} y_j\lambda_j \geqslant y_0 \\ \sum_{j=1}^{n}\lambda_j \leqslant 1 \\ \lambda_j \geqslant 0, j = 1,\cdots,n\end{cases} \tag{5.2.9}$$

4. 高校规模差额变数分析及投入产出的调整

(1) 高校规模差额(松弛)变数的求解:在高校固定规模报酬 C^2R 模型及高校规模报酬可变 BC^2 模型最优解处,对那些非紧的约束,可以得到如下的差额(松弛)变量,对于高校 m 个输入引进 m 个负偏差变量 $s_1^-, s_2^-, \cdots, s_m^-, s_i^- \geqslant 0, i = 1,\cdots,m$;对于高校 s 个输出引进 s 个正偏差变量 $s_1^+, s_2^+, \cdots, s_s^+, s_r^+ \geqslant 0, r = 1,\cdots,s$。

记 $s^- = (s_1^-, s_2^-, \cdots, s_m^-)^T, s^+ = (s_1^+, s_2^+, \cdots, s_m^+)^T$,则

$$s^+ = -y_0 + \sum_{j=1}^{n} y_j\lambda_j$$

$$s^- = -\theta x_0 + \sum_{j=1}^{n} x_j\lambda_j$$

于是线性规划(5.2.8)式可以进一步演变为如下形式:

$$\min[\theta-\varepsilon(M^{T}s^{+}+K^{T}s^{-})]$$

$$\begin{cases} -y_0+\sum_{j=1}^{n}y_j\lambda_j-s^{+}=0 \\ \theta x_0-\sum_{j=1}^{n}x_j\lambda_j-s^{-}=0 \\ \sum_{j=1}^{n}\lambda_j=1 \\ \lambda_j\geqslant 0,s^{+},s^{-}\geqslant 0 \end{cases} \tag{5.2.10}$$

这里的 ε 为非阿基米德无穷小量,在计算中取正的无穷小,如 $\varepsilon=10^{-8}$;M 是 $s\times 1$ 维的全 1 向量;K 是 $m\times 1$ 维的全 1 向量。如果将(5.2.10)式中的 $\sum_{j=1}^{n}\lambda_j=1$ 去掉,还可以得到高校在固定规模报酬 C^2R 条件下的模型。

(2) 高校投入产出的调整:当 $\theta=1$,并且同时有 $s_i^{+}=0$ 和 $s_i^{-}=0$ 时,表示该高校规模为 DEA 有效的,此时该高校技术效率最佳,其投入和产出无需调整;当 $\theta=1$, $s_i^{+}\neq 0$ 或 $s_i^{-}\neq 0$ 时,表示该高校为 DEA 弱有效, $s_i^{-}\neq 0$ 表示在相同的产出水平下该高校投入过多, $s_i^{+}\neq 0$ 表示该高校在相同的投入下产出过少,($x_i-s_i^{-};y_i+s_i^{+}$)可作为该高校改进效率之参考;当 $\theta<1$ 且 $s_i^{+}\neq 0$ 或 $s_i^{-}\neq 0$ 或 $s_i^{+}\neq 0$, $s_i^{-}\neq 0$ 时,该高校为非 DEA 有效,其中 $\theta<1$,表示实际投入可以依 θ 的比例压缩,($\theta x_i-s_i^{-};y_i+s_i^{+}$)可作为该高校改进效率之参考。

(三) DEA 方法评价高校规模的特点

众所周知,高校是典型的具有多种投入多种产出的生产系统。要合理地评价高校的规模效益,不仅要制定合理的评价指标而且要将选出的指标设置合适的权重。使用 DEA 方法对高校的规模效益问题进行评价具有如下优点:

(1) DEA 评价方法无需事先给定高校输入输出向量的权重,而是将权重看作是变向量,然后在分析过程中根据某种原则来确定,不受高校领导人主观的影响。

(2) DEA 在测算若干高校的相对有效性时注重的是对每个高校进行优化,所得出的相对效率是其最大值,所得出的权重也是最优的,因而它是最有利于高校的相对效率。

(3) 对于规模非有效的高校,DEA 不仅能指出指标的调整方向,而且还可以利用高校规模松弛变量分析给出具体的调整量。

(4) DEA 的有效前沿面是一种内在生成的参照高校,是由规模有效的高校组成,因而更具有参照性和客观性。

(5)对于高校各投入产出指标的单位不一致时仍然可以用 DEA 方法衡量评估,不会影响评估的结果。

因此,将 DEA 评价方法运用到高校规模效益分析中,不仅增加了效率评价的客观性和准确性,而且在评价的同时能够对非 DEA 有效的高校指出其需要调整的投入产出指标和具体需要调整的量,这些优点是以往的评价方法所不能做到的。

三、基于 DEA 模型的江苏 11 所“211”高校规模效益分析

(一) DMU 的选择

高校规模效率评价 DEA 模型的建立首先需要考虑的问题是选择 DMU,由于 DEA 方法是在同类型的 DMU 之间进行相对有效性的评价,因此选择 DMU 的一个基本要求是 DMU 的同类性,即 DMU 具有相同的环境、相同的输入输出和相同的任务。考虑到数据调研和获取的便利,本章实证研究选取江苏省 11 所“211”高校作为评价对象,这 11 所评估高校是属于同类的 DMU,鉴于有关信息和资料的保密性,分别以 DMU1, DMU2,…,DMU11 来表示。

(二) 输入、输出指标的选择

DEA 分析的一个重要步骤是对输入和输出指标的选择。在这个问题上学术界有一定不同意见。但总体应把握四点①:

(1)选取原则:B. Golany 和 Y. Roll 给出了一个选择输入、输出指标的基本原则,“被 DMU 利用的物质或影响 DMU 生产行为的为输入,被 DMU 形成的产物和利益为输出”。

(2)指标不宜过繁:DEA 方法认为,在生产或组织运行过程中,DMU 的各输入、输出之间数据往往不是孤立的,因此某些数据被确定为输入或输出后,会对其他指标认定产生影响。比如,在高校规模效率评价模型的指标中,如果选择了教师数量为输入指标,学生毕业数为输出指标,则生师比就不应再作为输入或输出指标。指标设置过多,也会使每一 DMU 的有效性系数都增大,甚至普遍接近 1,不利于从有效性系数中提取 DMU 的差异信息。因此,在通常的实际 DEA 应用的输入、输出指标设计中,选择恰当的标志性强、联系性强、有实质性的指标就可以了,应尽量避免繁琐的指标设定。

(3)指标数据应尽量准确:DEA 方法对数据比较敏感,因此输入、输出指标数据应尽量准确。

---

①陈韧翔. 高校人力资源配置效率指标及评价研究[D]. 长沙:中南大学,2008

一般来说，高校投入可以分为人力、物力和资金等方面的投入。由于评价模型涉及受评价高校的财务制度及相关规定的限制和约束，资料获取比较困难。根据前述选取输入、输出指标的原则，本研究选取资料较为全面和可靠的三项投入指标（专任教师数、固定资产（万元）、教育经费（万元））。在校生数一直是规模经济研究中最常用的产出指标，由于高等教育的多目标性和产出的多维性，仅以学生数代表产出并不是适当的。当前高校的主要任务包括教学和科研，因此可以从这两个角度来考虑高校的产出结构。教学产出主要可以用学生总数来衡量，科研产出可以通过学校每年核心期刊发表论文数和国家科技奖总数来表示。如表 5.3 所示。

表 5.3 高校规模效率评价的投入与产出指标体系①

指标类型	指标名称	变量	指标类型	指标名称	变量
投入指标	专任教师数	x_1	产出指标	学生总数	y_1
	固定资产（万元）	x_2		国家科技奖总数	y_2
	教育经费（万元）	x_3		核心期刊发表论文数	y_3

表 5.4 为江苏 11 所“211”高校 2008 年投入、产出数据。

表 5.4 11 所高校投入、产出数据指标

DMU	y_1	y_2	y_3	x_1	x_2	x_3
DMU1	35643	51	7015	1990	224517	76386
DMU2	38471	211	6014	2185	244862	58849
DMU3	44808	20	5004	1552	76054	42296
DMU4	35648	30	3180	1703	165947	30908
DMU5	32089	141	3254	1584	187196	30435
DMU6	30811	31	3275	1406	125000	30795
DMU7	12627	17	1023	778	53959	17770
DMU8	24862	46	2202	1594	153000	33800
DMU9	31209	170	3347	1398	155706	46800
DMU10	44607	82	5701	1844	111685	41400
DMU11	32304	64	3999	1726	126198	34600

注：以上数据为 2008 年度的数据，来自于各高校的学校简介和统计，百度百科，维基百科，CNKI，年鉴等

①陆志峰，王建宏．基于 DEA 的江苏高等院校规模有效性分析[J]．数学的实践与认识，2012.19：49

（三）DEA 效率评价

运行 DEAP version 2.1 可得出江苏 11 所“211”高校规模效率评价结果如表 5.5 所示：

表 5.5 C^2R、BC^2 和 *NIRS* 模型评价“211”高校的效率值

DMU	总体效率	参考集合 DMU	纯技术率	规模效率	规模报酬
DMU1	1.000	1	1.000	1.000	—
DMU2	1.000	2	1.000	1.000	—
DMU3	1.000	3	1.000	1.000	—
DMU4	1.000	4	1.000	1.000	—
DMU5	1.000	5	1.000	1.000	—
DMU6	0.911	3,4,7,10	0.984	0.925	irs
DMU7	0.657	7	1.000	0.657	irs
DMU8	0.675	7,5,4,3	0.763	0.885	irs
DMU9	1.000	9	1.000	1.000	—
DMU10	1.000	10	1.000	1.000	—
DMU11	0.865	5,10,7	0.951	0.910	irs
mean	0.919		0.973	0.943	

1. 总体效率分析

表 5.5 显示：DMU1，DMU2，DMU3，DMU4，DMU5，DMU9 和 DMU10 总共有 7 所高校的总体效率的评价值为 1，占所评价高校总数的 63.64%，即该 7 所高校为 DEA 有效单元。说明相对其他高校而言，这 7 所高校是最有效的决策单元，其整体运作上处于最佳状态。其余 4 所高校总体效率的评价值均小于 1，即 DEA 相对无效，其中 DMU7 的评价值最低，仅为 0.657。以上无效的 DEA 单元说明这些高校的投入资源没有充分利用，没有使产出达到最大。这些高校需要对投入量和产出量进行调整。从表中看：DMU3，DMU4 和 DMU5 被参考次数最多，而 DMU1，DMU2 和 DMU9 则没有被参考，故而在 DEA 有效高校中，效率最好的是 DMU3，DMU4 和 DMU5，最差的是 DMU1，DMU2 和 DMU9。

2. 纯技术效率分析

在 11 所“211”高校中，只有 DMU6，DMU8 和 DMU11 的纯技术效率没有达到 1，说明以上 3 所高校的投入资源的使用效率没有达到最优化，还可以进一步提高其投入资源的使用效率。所有高校的纯技术效率的均值为 0.973，表示 11 所高校从总体上说约有 2.7% 的投入没有有效地达到最适合的产出量。

3. 规模效率分析

表 5.5 显示：DMU1，DMU2，DMU3，DMU4，DMU5，DMU9 和 DMU10 这 7 所高校的规模效率为 1，表明其已经达到最适规模。我们还看到 DMU7 的纯技术效率为 1，但是规模效率却远小于 1，因此其总体效率无效主要是由规模无效引起的。从总的来看，规模无效的高校要多于纯技术效率无效的高校，而且规模效率的均值要小于纯技术效率的均值，因此所评价高校的规模效率对总体效率的影响相对于纯技术效率来说要大一些。

4. 规模报酬分析

所有 DEA 无效的高校均处于规模报酬递增阶段，这说明其整体规模尚未达到最适规模，应增加其投入量生产更多的教育产品来提高学校的总体效率。其余的 7 所高校已经达到了最适规模，其规模报酬固定，面对高校教育资源短缺的情况，对于处于规模报酬递增阶段的高校，我们不可能任意的增加其投入要素，因而最有效的方式是对现有资源的利用现状进行分析研究，设法提高现有资源的使用效率，从而达到最优的状态。

5. 高校规模松弛变量分析

通过 DEA 松弛变量分析对 11 所“211”高校中非 DEA 有效的高校提出调整的方法和建议，促使其能达到 DEA 有效。这里首先以投入为主导和以产出为主导的 C^2R 模型计算松弛变量，从长期角度对非有效的高校提出调整建议。表 5.6 是从投入角度对各高校提出的相应的调整建议。

表 5.6 以投入为主导的 C^2R 模型的松弛变量的调整值

DMU	产出指标			投入指标		
	y_1	y_2	y_3	x_1	x_2	x_3
DMU6			51.90	−125.44	−31052.66	−2747.55
DMU7			473.55	−267.13	−21376.18	−6101.33
DMU8			730.95	−518.07	−73326.34	−10985.50
DMU11				−360.07	−33521.11	−4670.76

表 5.7 以投入为主导非 DEA 有效高校投入产出指标的调整幅度表

DMU	y_1	y_2	y_3	x_1	x_2	x_3
DMU6			1.58%	−8.92%	−24.84%	−8.92%
DMU7			46.29%	−34.34%	−39.62%	−34.34%
DMU8			33.19%	−32.50%	−47.93%	−32.50%
DMU11				−20.86%	−26.56%	−13.50%

从表 5.6 中可以看出，这些 DEA 无效的高校的投入是过量的，或者是没有能够充分的利用好现有的投入资源，因此应当减少其投入量或者调整各投入量的比例，以使其达到最优，其中 DMU6，DMU7，DMU8 不仅投入过量，而且 y_3 的产出量也不足，因此其在控制投入量时，也应适当增加 y_3 产出量。

表 5.7 给出的是 211 高校中，非 DEA 有效的高校以投入为主导的，长期的调整幅度表，其中 DMU7 和 DMU8 两所高校的调整幅度是最大的，每个指标的调整幅度均在 30% 以上，说明这两所高校相比其他高校而言，需要进行较大的改革调整。高校 DMU6，除投入指标 x_2 外，其他指标的调整幅度均比较小，因此，投入指标 x_2 是影响总体效率的主要因素之一，也是调整时的主要目标和任务。高校 DMU11 各项指标的调整幅度差异不大，同时调整幅度也不是很大，因此，只要做适量调整即可。

除控制投入量外，我们还从产出角度对各高校提出改进的调整建议。具体调整建议如表 5.8 所示：

表 5.8 以产出为主导的 C^2R 模型的松弛变量的调整值

DMU	产出指标			投入指标		
	y_1	y_2	y_3	x_1	x_2	x_3
DMU6	3018.27	3.04	377.80		−21849.51	
DMU7	6602.43	8.89	1256.06		−4339.21	
DMU8	11971.40	22.15	2143.20		−34962.35	
DMU11	5041.37	9.99	624.08	−146.91	−19057.94	

表 5.9 以产出为主导非 DEA 有效高校投入产出指标的调整幅度表

DMU	y_1	y_2	y_3	x_1	x_2	x_3
DMU6	9.80%	9.81%	11.54%		−17.48%	
DMU7	52.29%	52.29%	122.78%		−8.04%	
DMU8	48.15%	48.15%	97.33%		−22.85%	
DMU11	15.61%	15.61%	15.61%	−8.51%	−15.10%	

从表 5.8 中可以看出：非规模有效的高校不仅各项产出需要作相应的调整，而且在投入方面也要作一定的调整才能够达到有效的状态，例如在投入指标 x_2 上，各非有效高校就需要做相应的减少。

表 5.9 给出的是各非有效高校以产出为主导的，长期的调整幅度表，从表中可以看出，同以投入为主导的调整类似，DMU7 和 DMU8 的各项产出指标的调整幅度都比较大，每个产出指标的调整幅度均在 45% 以上，说明这两所高校

的总体效率比较低下，急需要进行改革调整。高校 DMU6 目前各项值的调整幅度均不是很大，产出中最高的调整幅度达到 11.54%，改变幅度最大的是投入指标 x_2，其改变幅度为 17.48%。该校的总体效率为 0.911，说明其只需要进行适量的调整。该校目前处于规模报酬递增阶段，因此应该优化投入资源的使用效率，适当的增加其规模。

表 5.10 是用 BC^2 模型给出的短期内的具体调整表。

表 5.10　以产出为主导的 BC^2 模型的松弛变量的调整值

DMU	产出指标			投入指标		
	y_1	y_2	y_3	x_1	x_2	x_3
DMU6	712.457	5.935	75.729		−23221.202	
DMU8	11664.711	21.582	1495.107		−8263.298	
DMU11	3258.882	5.392	336.921	−172.716	−24129.434	

表 5.11 给出的是各非 DEA 有效的高校，为达到 DEA 有效，短期内的调整目标的幅度，从中我们可以看到，短期内的调整目标主要是从产出着手，其中 DMU8 的调整幅度较大，每个产出指标的调整幅度均在 45% 以上，其余两所高校各项指标的调整幅度均不是很大，因此只要做相应调整即可。

表 5.11　以产出为主导非 DEA 有效高校投入产出指标的调整幅度表

DMU	y_1	y_2	y_3	x_1	x_2	x_3
DMU6	2.31%	19.15%	2.31%		−18.58%	
DMU8	46.92%	46.92%	67.90%		−5.40%	
DMU11	10.09%	8.43%	8.43%	−10.01%	−19.12%	

在对高校进行调整时，我们不仅要知道影响其总体效率的主要因素，同时也要综合指标调整的难易程度，我们建议在影响高校效率的主要指标的前提下，尽量从易于调整的指标入手，调整时采用长期目标和短期目标相结合的方式，循序渐进的进行调整，这样能合理科学地并有效地提高高校的效率水平。

四、多校区办学规模效益的优化

（一）优化学科性质、校区距离，提高办学规模效益

多校区高校的形成很多都是由多所院校合并组建而来，而办学规模效益

的提高与原有院校所具有的学科性质以及校区之间的距离有关。本研究认为，由多所学科互补性强、校区相近院校合并的多校区高校，能体现出合并的规模效益。以江苏省南通大学的合并组建为例。2004 年原南通医学院、南通工学院以及南通师范学院合并，成立南通大学。截至 2003 年，原南通医学院全日制在校生 5400 人，全院有 19 个专业和专业方向，覆盖医学、生物学、管理学三大学科。原南通工学院各级各类学生 8000 人，拥有工、经、管、文、理 5 个学科门类，25 个专业。原南通师范学院普教在校生 9796 人，全院设 13 个系，普通本科专业 32 个，覆盖经济学、法学、理学等 7 个学科门类。合并后，截至 2004 年底，南通大学有四个校区，新校区、启秀校区（原南通医学院）、文峰校区（原南通工学院）和钟秀校区（原南通师范学院），占地 3172 亩，建筑总面积 59.349 万平方米。学校固定资产总值 10.328 亿元，教学科研仪器设备总值 1.62 亿元，图书馆现有总面积 29800 平方米，藏书 163.14 万册，光盘 8000 余片。设有 24 个学院、61 个本科专业、26 个硕士学位授予点和 1 个联合培养博士点，涵盖了经济学、法学、教育学、文学、历史学、理学、工学、医学、管理学等九大学科门类。拥有 4 个省级重点学科、3 个省（部）级重点实验室、2 个省级教学实验中心。学校现有全日制普教学生近 25844 人。同时，校区之间的距离也非常相近（文峰校区已被资产置换），新校区到启秀、钟秀校区的距离分别为 7.4 公里和 6.6 公里，启秀与钟秀校区仅相距 4.4 公里。可见，原有三所院校具有很强的学科特色，学生规模都不大，没有过万，但管理机构俱全，办学成本较高。如果它们独自扩大办学规模，必然要增设新的学科，新建教学设备，引进各类人才，等等。这势必带来各自办学的边际成本 MC 增加，甚至 $MC > AC$，难以形成规模效益。然而，这三所高校组建为南通大学后，优势互补、资源共享，适度扩大学生规模，可以使原有的教育资源得到充分利用，办学的平均成本 AC 和边际成本 MC 都会减少，合并规模效益明显。

反之，如果原有院校的学科相同或相似、校区距离较远，则很难形成规模效益。例如武汉理工大学，合并前的三所大学都具有工科的特色，其中 1/3 的专业在三所学校雷同，1/3 的专业在两所学校雷同，只有 1/3 的专业各具特色，且校区分散，有的相距十几公里。考虑到合并后同一所学校毕业生就业的自我局限性，校区间雷同专业的招生规模都低于原三所学校独立的招生规模。为了避免多校区办相同的专业，有的校区不得不停止一些校区间雷同专业的招生，调整办新的专业，这样势必有部分资源闲置，但又必须增添一些新的办学设施，来满足新专业的需要；此外，校区分散，办公费用、交通费用明显增加，仅交通费一项，每年要增加 300 万以上。这类大学合并，办学的平均成本 AC 和边际成本

MC 都会增加，合并的规模效益可能下降。[①]

（二）院校合并类型，影响规模效益优化

一般来说，高校合并类型分为强强联合、强弱联合、弱弱联合。而这三类不同形式的院校合并，其规模效益亦不同。本研究认为，弱弱联合而形成的多校区高校，其规模效益较为明显，而强强联合、强弱联合则不明显。

弱弱联合会带来高校规模效益的提高。两所或多所实力相当且较弱的高校合并后，实现教育资源的融合、共享，招生规模的扩大，其效益相当明显，特别是具有特色办学的弱势单科性院校的合并。合并后办学的平均成本 AC 和边际成本 MC 与合并前各自独立的平均成本 AC 和边际成本 MC 变化非常大。并校后，随着学生人数的猛增，有效资源的共享，带来了较大的规模效益。相对而言，对于强强联合、强弱联合的高校而不会有显著的规模效益。就强强联合而言，二者的学生规模本身已经非常强大，许多高校在校生数都超过 2 万，这些大学合并后，学生规模达到或超过了 K_2，不仅平均成本随着数量的增加而递增，而且边际成本已经超过了平均成本，合并后的规模扩大职能带来办学规模的不经济。因此，这些高校的合并和规模扩张属于非理性行为。而强弱联合同样具有规模效益不明显的特征，实力强的院校优质资源难以被弱势院校所吸收，弱势院校的有限资源也难以被强势院校所利用。合并后办学平均成本 AC 和边际成本 MC 与合并前各自独立的平均成本和边际成本变化不大，相对于强势院校而言，随着弱势院校的并入，学生人数的增长相当于并入的有效资源的降低，合并不能带来较大的规模效益。

不可否认，高校的合并、扩招给中国高等教育带来巨大变化。据统计，2010 年我国高等教育毛入学率 26.5%，全国各类高等教育总规模达到 3105 万人[②]，规模居世界第一，进入国际公认的大众化发展阶段，高等教育的发展和改革取得了明显成就。然而，实践证明，随着高校人数的猛增，不理性的院校合并以及盲目扩招已经严重影响到了高校规模效益的提高，各个高校在学校债务、学生管理、助学贷款等方面出现了不容忽视的问题。从国家预算内教育经费承受能力角度看，扩招与贷款正在形成恶性循环，如果继续大幅度扩招，国家财政将难以承受持续的巨大压力；从学生家庭可支配收入承受能力角度看，在大学收学费只增不减的情况下，大学招生越多则贫困大学生数量越多；从高校投资效益角度看，普通高等教育日趋饱和，造成高等教育资源的闲置和浪费；从社会对大

①沈红，沈曦．多校区管理的理论与实践[M]．武汉：华中科技大学出版社，2009.29

②教育部．2010 年全国教育事业发展统计公报[EB/OL]．(2012-3-21)[2012-8-26] http://www.moe.gov.cn/publicfiles/business/htmlfiles/moe/moe_633/201203/xxgk_132634.html

学毕业生就业的容纳能力角度看,普通高等教育过快增长造成大学生贬值现象,可能会成为社会不稳定因素。另外,普通高等教育扩招,导致成人高等教育、职业技术教育、现代远程教育等高等教育生源数量和质量的严重滑坡甚至短缺,损害了高等教育的协调性,不利于发挥教育的整体效益①。

正因为如此,为了提高规模效益,实现规模经济,多校区高校并不能盲目增加学生人数。如图 5.4 所示,学生人数在 K_1 范围内,平均成本 AC 、边际成本 MC 随着学生数量的增加而递减,规模效益递增。学生人数在 K_1 与 K_2 之间,平均成本随着学生数量的增加而降低,边际成本开始上升,此时办学总效益也是增加的。若学生人数超过 K_2,无论边际成本还是平均成本,都会随着学生数量的增加而递增,办学规模不经济。因此,高校只有将学生规模控制在 K_2 以内,极限在 K_2,即边际成本与平均成本相等,才能实现教育资源的最大化利用,提高办学的规模效益。

①郭立场. 从高校扩招看教育规模效益[N]. 中华工商时报,2008-9-28(7)

第六章 管理方式的优化

第一节　管理理念的创新

随着高等教育改革的不断推进，高校原有的管理理念已经无法完全适应高等教育和学生个体发展的需要，因此，加快管理理念的创新，使之能够更好地适应当今教育形势的发展，促进学生的健康成长，从而达到高效有序的管理效果已经成为高等教育管理体制改革的当务之急。

一、准确认识高等教育体系

《中华人民共和国高等教育法》第一章第七条明确规定："国家按照社会主义现代化建设和发展社会主义市场经济的需要，根据不同类型、不同层次高等学校的实际，推进高等教育体制改革，优化高等教育结构和资源配置，提高高等教育的质量和效益。"据此，政府行政部门应该放松对高校掌控，从而扩大高校办学的主动权，使高校的管理由行政控制和垂直管理方式为主向引入市场机制和间接指导为主。

高等教育不同于社会上的其他事业，它是以培养专门人才、科学研究、服务社会以及文化传承与创新为目的的事业。改革开放以来，我国的高等教育事业获得了长足的发展，取得了令人瞩目的成绩，初步形成了适应国民经济建设和社会发展需要的多种层次、多种形式、学科门类基本齐全的高等教育体系，为社会主义现代化培养了大批专门人才，在国家经济建设。科技进步和社会发展中发挥了重要的作用。随着社会主义市场经济的多元化发展，高校的投资渠道也趋于多元化，而利益主体的多元化必然要求权力的合理分配，所以，传统的政府行政控制的管理理念不再合理。对此，从科学发展的眼光来看，要把大学作为学术组织来建设和管理，促使大学更好地完成培养专门人才、科学研究、服务社会三项基本职能,是我们建立现代大学管理体系的根本出发点。

二、科学创新的管理观念

有学者指出,在以往的管理理念中,存在着三种最基本的模式。即"以经验、知识、能力为基本要素的经验型管理模式;以法规、组织、程序为基本要素的行政型管理模式;以理论、方法、素质为基本要素的科学型管理模式①。"作为一种管理的理念,必须与时俱进,因地制宜、因势利导才能发挥它的作用,弥补它的缺陷。大学是一个学术组织,文化是其本性,这是不容改变的。它具有独立性、松散性的特点,若能使其保持独立和自主的特性,将会极大促进该组织的活力。加强大学科学创新管理理念培养,有助于打破旧的、传统的管理观念,有利于改变政府的管理行为和高校的办学理念,从而确保高校办学的自主权。"大学是高等教育系统的基本成分,大学的个性与特色是高等教育系统充满活力的基础,高等学府掌握自主的管理权力有利于提高管理效益。大学与政府保持一定的距离,会使高等学府更加理性和自主,有利于保护学术自由,有利于自主追求知识和真理②。"在这样的管理理念指导下的高等教育管理,尊重学校的利益和学校的历史文化特色,支持大学根据地方、根据自身的特色发展,推动高等教育系统的整体发展。

另外,也要深化校、院、系三级管理模式,整合和优化教育资源,创新校、院、系三级管理体系,"通过学校分权和管理重心下移,转变学校职能部门的职能,明确学校、学院和系的职责和权限,形成学校宏观上决策、学院实体化运行的管理模式③。"随着高等教育办学规模的不断扩大、政府的支持力度不断提升及国内外高等教育的竞争日趋激烈,越来越多的高等学府改变传统的管理模式,采用新型的创新型管理理念。从而提高人才培养的质量、促进学科之间的交流、优化教育资源的配置、提高高等学府的管理效率和办学效益。一所大学的校、院、系模式中权责的划分必然是建立在校、院、系三者的矩形结构上的,因此需要创新发展的也就是权力的如何下放及决策的分权化。

将学校教学管理的重心下移到各学院甚至各个系,教务部门把主要的精力放在整个学校的总体规划、总体的教学战略以及学校的宏观把控上。从学校角度来讲,摆脱了日常繁琐事务的干扰,可以专心宏观调控、把握大方向。而从学院、系的角度来说,拥有了更大的自主权,各项工作的积极性和主动性

---

①何心展. 论高等学校管理的发展趋势[J]. 宁波大学学报(教育科学版),2002.3:33

②朱为鸿. 理念创新:中国高等教育管理改革的实践诉求[J]. 教育与现代化,2010.1:22~23

③林健. 大学校院两级管理模式中的权责划分[J]. 国家教育行政学院学报,2009.11:37

就会大大提高,各学院可以结合自身学院的特点,科学有效的制定教学发展规划,着力于师资力量的建设。这样有利于提高教学管理的质量,同时也有利于提高教学质量,促进大学的可持续发展。在规划的制定、决策的宏观把握、组织协调、监督检查、后勤服务及权益保障方面,学校管理层面应该加强把握;而在人才培养、学科发展、内部管理、资源配置及对外交往方面,各学院应该承担更多。所以,学院承担着大学发展的主要责任,这些责任的履行需要学校赋予学院充分的权力,以保证学院能够高效优质地完成上述任务,成为在校院模式中拥有相对独立办学自主权的实体性学院,从而推动学校的整体发展,为学院提供优质保障。

第二节　管理组织结构的创新

1999年以来,我国高等教育得到了前所未有的快速发展,高等院校进行了大规模的合并重组浪潮,强强合并、强弱合并、弱弱合并,从而产生了一大批规模宏伟、学科门类齐全的综合性大学,改变了传统的高校办学规模小、学科单一、学科重复设置的局面。对于提高人才培养的质量、促进学科之间的交流、优化教育资源的配置、提高高等学府的管理效率和办学效益具有重要意义。高校合并的第一步,在全社会的支持下,基本顺利结束。下一步的任务就是何种管理组织结构,才能适应高校扩大化的需求。通过改革,采取最适合本校发展的管理组织结构,从而调动教学、科研等各方面的力量,以实现高校人才培养、科学研究、社会服务这三项职能,让高校成为有地方特色的综合性大学,从而为国家和社会的发展做出杰出的贡献,是当务之急,也是每一位教育改革者奋斗的目标和我们每一个国人的心愿。

新中国成立以来,我国便开始采用"校系教研室",但是,随着学校的不断扩建,现在的大学组织机构复杂,规模巨大,高校合并后出现的规模宏大、人数众多、管理机构复杂。"校系教研室"这样的结构让各学院自身缺乏自主权力,不利于学院根据自身的特色寻找符合自己发展的道路。常常是教学管理被教学计划牵制,管理环节多、成本高,无法调动学院基层单位的积极性。基层教育单位参与教学管理的面不够广,深度广度都缺乏,创造性也得不到发挥。"在学院管理体制下,正确处理学院与学院之间、学院与内部系所之间、学校职能处室与系所之间、系所内部之间的关系对于学院的内部机构建设和职能定位有重要的意义[①]。"故而近几年出现了一种新的教学管理组织结构:"校院系教研室"或

①俞建伟. 学院制中学院的内部管理体制[J]. 江苏高教,2001.1:63

者“校院教研室”。

学校与学院的主要关系是领导被领导、管理和被管理的关系。在学院拥有更多的自主权的前提下，学院应该发挥主动性和积极性。第一，在人才培育方面，在大学限定的目标和框架内，学院要根据自身发展的特点，进行有选择性的定向培养，以保证人才满足社会的需要，同时保证人才的质量；第二，在学科研究及专业学科建设方面，学院应结合自身的特点，积极鼓励权威老师进行纵横向的学科研究，展开学术交流，进行强强合作；高效地整合和运用各种资源，开展学科队伍建设，打造学科品牌，以提高学术水平，培育特色学科，扩大社会影响力。第三，在管理方面，在学生管理方面要树立以“学生为本”的管理理念。“坚持以人为本，树立全面、协调、可持续的发展观，促进经济社会和人的全面发展”，是我们党首次以党的纲领性文件的方式提出新的发展观，是我们党在发展观上的重大理论突破和理论创新。“培养什么人，如何培养人，是我国社会主义教育事业发展中要解决好的根本问题”。学校办学要为了学生、尊重学生，明确学生是高等学校开展高等教育活动的主体。要尊重学生个性，实施全方位育人模式。“大学的第三功能（即社会服务功能）的明确提出，为大学深入参与社会与经济建设提供了理论依据。科技创新及成果转化应用，作为大学社会服务功能的核心内容，主要是指把科技创新看做是一个从新产品或新工艺的设想的产生，经过研究、开发、共处、商业化生产，到市场应用的一系列活动的总和[①]。”因此，要结合区域经济及区域经济系统，加强对大学社会服务的管理。在后勤工作管理方面，在传统的行政事业型体制的基础上，实行事企分开的后勤管理模式，从而进一步对所有权和经营权实行分离的后勤管理。“有利于提高高校后勤服务质量和管理水平，有利于减轻学校的负担，有利于降低后勤服务成本和提高学校的办学效益，有利于保证学校的稳定和发展的原则。做到人尽其才、物尽其用，管理科学化、服务专业化、经营市场化；努力降低成本，不断提高工作效率和效益，以提高后勤服务实体的造血功能和与市场竞争能力[②]。”在文化的管理方面，文化包括物质、行为、制度和精神等，有助于增强组织系统的稳定性和凝聚力，加强文化的管理，有助于提高大学的办学绩效。在对外交流合作的管理方面，利用大学的三大职能自主与国内外高校、研究单位、政府部门及企事业单位等建立交流的平台。学院与内部系、所之间的主要关系是管理被管理、协调与被协调的关系。“学院下设的系、所一般不拥有行政管理权力，但是学院可以将部分权力授权系、所行使，如专业建设、教学课程改革、一般学科建设、实验资源分配等权力，但还不能称为实体。学院与内部系、所之间的关系一般属

①戴玉纯．基于战略的大学绩效管理［M］．合肥：中国科学技术大学出版社，2007：219

②杨德胜，朱甜甜．浅探高校后勤管理模式的优化［J］．经济师，2007.3：142

于学术关系和一定的教学、科研管理关系,与校院之间的行政管理关系不同,因此学院一般不是以行政命令形式要求系、所完成任务,而是以教学或科研目标责任的形式来管理①。"对于学校而言,虽然学校不能直接管理下设的系、所,但是系、所在有关业务方面的工作需要接受学校、学院领导的指导。根据学院的特色和学科计划从而制定自己的系、所教学计划,推动学院学科的特色发展。与目前我国高校权力形成鲜明对比的权力下方的模式,能使各校区、院系以及基层的科研机构享有充分的自主权,具有较强的针对性。这样便可减少行政系统与教育系统之间的矛盾冲突,提高了各部门的办事效率,提升了高校办学质量与效益,为实现大学更好、更快的发展奠定了根基。

第三节 管理模式的创新:条与块的优化选择

每所高校的学科水平存在差异,在多校区办学调整融合学科布局的过程中,应该注重突出自身的特色、重点学科的优势,并加大关注相关学科群的发展,大力开展学科人才建设,最大限度挖掘优势学科潜力,以此来提高学科水平和层次,形成学科核心竞争力②。同时,注重采用符合自身特点的管理模式,注重校园文化氛围的营造,强调学生自我管理、自我服务、自我教育的功能。因地制宜、大胆创新,努力使多校区的管理模式走出一条新路。

一、条块结合,以条为主

采取"条块结合,以条为主"的运行机制是指:"在总部的统一管理下,分校区作为其下属学院所在地,教学组织及其管理也由总部统一安排。学校领导层负责制定发展规划,统筹学科建设,对一切教育资源、教学组织及管理等进行统一规划;学院是中间管理层,负责教学、科研及行政组织的基本运作。系是执行实施层,主要负责实施教学计划、进行课程建设和开展科研工作③。"即在多校区的条件下,由于校区间存在空间距离和各个校区的功能定位,在面对空间区域不足的时候,采取以年级为整体优先考虑的安排方式,将相同年级不同专业的安排在一起,形成线条状的分布。这样的布局结构,三级管理职责分明,既有统筹又有分散,双管齐下共同管理,有助于知识创新和跨学科研究,从而使新知识、新学科不断产生;有利于相同年级之间的交流,共同制定适合同年级学生发

①俞建伟. 学院制中学院的内部管理体制[J]. 江苏高教,2001.1:63

②徐庆国. 高校多校区管理存在问题与对策[J]. 中国国情国力,2009.11:39

③张礼强. 高校多校区管理模式的研究[J]. 中国成人教育,2008.4:28

展的计划，寻找共同点，提高人才培养的效率。但是如果校区之间距离较远，信息不畅，管理不便，容易造成不协调配合的局面。

（一）人才培养

大学承担的最基本的社会责任是教育，这是大学的基础性功能，人才培养是大学履行高等教育功能的根本任务。鉴于大学的根本任务是人才培养，作为人才培养的具体活动——教育教学工作当属大学工作的重心，那么，大学管理的出发点和根本目标都是为了保障人才培养工作[①]。高等教育的人才培养是一项昂贵的事业，是需要消耗大量资源的，采用“以条为主”的管理模式，有利于寻找同龄人身上生活方式、行为方式、思维方式、心理状态、价值观念，以及生活的各个方面的共同点，制定适合他们发展的计划，共同吸取历史经验，从而减少培养资本并获得人才培养的重复保证。而多种专业的混合安排，也有利于实现“通才教育”。多种学科融会贯通，对学生的语言、文化、历史、科学、数学、生活常识等方面都产生一定的影响，实现教学综合性的特点。综合的课程内容，综合的教学方式，综合的教育目标，培养学生综合素质，锻炼学生综合能力，充分发挥学生的综合潜力。另外，“以条为主”的管理模式也有利于多种学科文化的交流，相互借鉴，相互学习，融会贯通，从而提高学生的创新意识，多方面学习，也有利于新知识、新学科的产生，推动学科创新的发展。

（二）科学研究

面对知识改革的浪潮，在推进国家创新型体系建设的进程中，大学作为培养人才和传播知识的基地，科学研究的成果是证明大学综合实力的重要标志。大学科研的主体是教师，因此在科研的过程中，教师往往理性地选择，这样的情况也决定了教师的科研活动往往不是全职的，而是具有专职性，作为大学教师，授课教学往往是其主要任务，在业余时间才会进行科学研究。而采用“以条为主”的管理模式，将同年级学生安排一起教学，没有形成一定的专业群体，容易造成专业的混杂，文、理、工等学科混居一堂，不利于学科单独深入的研究与发展。但是，这样的管理模式虽然专业分立，但是互相融合性强，有利于跨学科的综合探究，同时也有利于学生的自主探究学习能力的发展，符合“以学生为本”的教育理念，促进同龄不同专业学生之间的交流，促进学科之间的融合。

---

①戴玉纯．基于战略的大学绩效管理[M]．合肥：中国科学技术大学出版社，2007.98

（三）社会服务

大学的社会服务功能最早是由美国的大学提出来的，主张为地区、社会服务，同时为广大大学生从“象牙塔”进入社会提供很好的一个平台。威斯康星大学校长范海斯曾对“威斯康星思想”做出了如下的解释：“州立大学的生命存在于它和州的紧密关系中，州需要大学来服务，大学对于州富有特殊的责任。教育全州男女公民是州立大学的任务，州立大学还应促成对本州发展有密切关系的知识的迅速成长。州立大学的教师应用其学识专长为州做出贡献，并把知识普及予全州人民[①]。”采用“以条为主”的管理模式，学科齐全，适宜进行重大课题和跨学科类科技创新活动，创新研究成果可以更好地为社会服务，造福社会。也有利于在同年级同学间形成良性竞争，共同进步。抑或形成良好的互补关系，专业齐全，服务全面，从而提高服务质量，扩大服务面和服务人群，形成良好的口碑，扩大学校的影响力。

（四）人员管理

随着高等教育改革的不断深化，树立“以人为本”的管理理念，探索和构建“以人为本”的管理模式和方法，能够更好地适应教育形势的发展，促进学生的成长，提高教师办学的效率，达到高效持久的管理效果。首先要树立人在管理过程中的中心地位，一切的目的都是为了人，因此要树立以人为中心的主导地位。其次，要树立“服务第一”的思想，为学生服务，为教师服务，为职工服务。最后，“要引进和完善竞争激励机制，建立适合当代教育教学管理的新体制，充分调动全体人员的积极性和主观能动性，以达到提高教学质量的目的[②]。”采用“以条为主”的管理模式，有利于将同龄学生划归在一起，寻找学生的共同特点，更好地为学生服务；而对于学校的管理人员来说，同年级一同管理，便于进行管理工作，同时减轻管理人员的负担，提高工作效率，提高工作能力。

（五）后勤工作

自从有了大学，便有了大学后勤。20 世纪 80 年代以后，“大学后勤”成为人们对大学在教学科研活动中一切行政事务和物质保障事务的统称，并成为高等教育事业的一个重要领域和高等学校的一个重要组成部分。因此，我们所说的大学后勤，也就是大学的后方勤务，泛指大学在教学科研活动中的一切行政

①方展画．高等教育“第四职能”：技术创新［J］．教育研究，2000.11：19～20

②王仙桃．浅谈现代高校教育教学管理模式的优化［J］．才智，2009.19：171

事务和物质保障事务[1]。高校后勤是在高校发展的过程中不断进步、不断发展的,它为高校的今天做出了杰出的贡献,没有后勤工作强有力的扶持,高校绩效也没有今天的成就,因此,后勤工作的管理在高校管理工作中处于举足轻重的地位。在原有的基础条件差,社会物价波动大,但是学校合并发展快的情况下,后勤通过自身的改革和广大管理人员的通力合作,保障了高等学府的发展,为其提供了充足的后勤补给。采用"以条为主"的管理模式,有利于节约后勤管理成本,例如对于同是大一的学生,可采用同一套后勤管理的方式,并共享后勤管理设备,这样不但可以大大减少成本,而且可以更好地获取和总结经验,促进后勤更好的管理。另外,随着改革开放政策的不断推进,后勤生产力也得到了解放,从而激励了广大后勤管理人员的积极性和投身高校后勤工作的热情,提高了服务质量,降低服务成本,减轻了学校财力的负担,保证学校的正常运转和学生及教职工的生活秩序,维护校园稳定及繁荣发展。

(六)大学文化

大学文化作为社会文化系统中不可或缺的重要组成部分,是大学在长期办学实践的基础上,经过历史的积淀、自身的努力和外部环境影响,逐步形成的一种独特的社会文化形态。它以大学生为主体,以知识及其学科(专业)为基础,主要凝聚在大学拥有的深厚的文化底蕴之中,是大学精神文化、物质文化、制度文化和环境文化的综合,是大学作为人类社会知识权威的文化基础,是人类先进文化的重要组成部分。大学文化是大学核心竞争力之所在,是大学赖以生存、发展、办学和承担重大社会责任的根本[2],采用"以条为主"的管理模式有利于不同学科文化之间的融合,不同形态的文化或者不同专业文化之间的相互结合、相互吸收。在融合的过程当中,各种专业特质之间相互渗透、相互结合、互为表里,最终融为一体。文化之间的融合性,有利于大学文化的创新与传播。面对同一种专业文化,不同专业的教师、学生对其改造与传播,在其过程中,容易结合自身的特点从而使文化产生变异,形成文化的创新。同时,将文化传播到各种专业的学生周围,扩大文化的影响力,促进高校文化水平的提高。

二、条块结合,以块为主

采取"条块结合,以块为主"的运行机制是指,"在总部的统一协调下,各校区作为一个或多个学院相对独立,有各自的独立体系。每个校区、学院有各自

①林旭昌,姜群瑛. 论大学后勤的本质及其表现形式[J]. 中国高教研究,2002.6:48

②戴玉纯. 基于战略的大学绩效管理[M]. 合肥:中国科学技术大学出版社,2007.380

的一整套管理体系,包括行政机构、实验室等,具有相对独立性。总部只是在大政方针上(如学校的发展规划等)给予指导①。"即在多校区的条件下,由于校区间存在空间距离和各个校区的功能定位,要求"学生思想教育管理工作重心必须要转移到各个校区,把各个校区作为管理的基本单位②。"在学生的管理和学科的教育方面采用以块为主的方式,采取以学院为整体优先考虑的安排方式,将各个专业和年级按照学科的共同特点分类分布。有利于同类学科之间的交流和科研,强强合作、强弱合作、弱弱合作,强化整合资源,提高人才培养质量;有利于学科发展的承前启后,促进同类学科之间的交流与合作,提高大学的管理效率和办学效益。但是,这样的管理模式容易造成教学资源的浪费,有些重大的综合性科研任务无法完成。

(一)人才培养

采用"以块为主"的方式,将相同学院的学生聚集在一起,有利于学科的传承;有利于明确本科教育的目标和定位,加大专业的调整与改造,创有特色和品牌专业;有利于加强课程优化,建立健全课程体系,更好掌握先进的科学管理方法,提高工作效率,加强专业学习与交流,积极开展同类教学研究活动。另外,"以块为主"的管理模式,有利于"专才教育"的发展。适应时代发展,为国家工业化提供了大量专门的人才需求,培养出有专业特长的人才,有利于深入学习某专业领域,为科学研究过渡,从而提高科研效率,促进特色专业的形成。

(二)科学研究

大学开展科学研究活动,是实现其在国家创新系统中的"知识创新"功能的主要途径与方法。同时,对于大学本身这样一个整体系统而言,科研活动不仅是"知识生产"的过程,同时也是大学整体发展战略顺利推进的战略支持性活动,对一所大学的学科建设有着重要意义。在大学的三大基本功能之中,大学科学研究能力的水平,是其人才培养的基础,也是社会服务能力的保证③。采用"以块为主"的方式,让有相同专业特长的教师聚在一起,从而形成专业集聚性高的特点。随着学校不断地发展,以及与经济社会的适应性发展,这样集聚的特点会使学校逐渐形成自己的专业特色,并很好地成为了科研知识、人才的依托,而较为成熟的优势专业,可引导其他专业的科研活动,扶持新生代具有

---

①张礼强. 高校多校区管理模式的研究[J]. 中国成人教育,2008.4:28

②谢志芳. 至德要道[M]. 上海:上海三联书店,2007.77~80

③戴玉纯. 基于战略的大学绩效管理[M]. 合肥:中国科学技术大学出版社,2007.171

发展潜力的专业科研,提高本校及各学院的科研水平。

(三)社会服务

教育部在谈及高等教育的社会服务功能指出,“高等学校应重视并积极开展基础研究和高新技术研究,要围绕经济建设中的重大科学技术问题,开展科技攻关,为改造传统产业、调整产业结构、培育国家经济发展新的生长点服务。……要加强产学研结合,建立和完善高等学校之间、高等学校与科学研究机构以及企事业组织之间协作的运行机制,真正做到资源共享,优势互补,不断提高高等教育资源的使用效益和人才培养质量①。”由于高等学府的社会服务功能是随着高校发展不断探索而产生的新生功能,对于大学来说“具有不断延伸化、边缘化的特点,而对于大学所处的区域经济系统而言,大学的社会服务功能逐渐走出相对独立的象牙塔,经过大学与经济战场的边缘地带,正逐渐走向经济系统的中心地带,并且仍然深入发展②。”采用“以块为主”的管理模式,有利于集中人才,形成强大的人才优势,大学为社会服务提供了实用的高级专业化人才。另外,采用这种方式,能够更敏感地获取信息,能够迅速把握科技及经济发展的动态,使高等学府具备的交流信息资源、开发信息资源的有利条件和潜力更好地服务于社会。

(四)人员管理

人才是决定事业成败的关键,人才资源是最重要的资源。高等学府中的人才资源包括学生,教师,管理人员等。办学以学生为本,教学以教师为本,大学是培养人才的基地也是储备人才的场所,它汇集了各方面的精英人才,大学自身的人才战略直接关系到大学的国际、国内社会的影响力。采用“以块为主”的管理模式,依靠人才能够更好地实现大学事业快速、协调、可持续的发展,“人才强校”战略能够更好地实现,日益成为大学人员管理的核心,成为大学人才管理的行动指南。采用“以块为主”的管理模式也能够树立“以人为本”的管理理念,树立专业人才资源的开发与管理意识,尊重人、关心人、帮助人、督促人,从而不断地提升大学自身,共同推进大学战略目标的实现。

(五)后勤工作

20世纪80年代开始,大学从军队引进“后勤”这一概念,“大学后勤”才

---

①教育部. 关于实施《中华人民共和国高等教育法》若干问题的意见[EB/OL]. (1999-5-25)[2012-11-24]http://www.moe.gov.cn/publicfiles/business/htmlfiles/moe/moe_739/200409/745.html

②戴玉纯. 基于战略的大学绩效管理[M]. 合肥:中国科学技术大学出版社,2007.231

成为人们对大学在教学科研活动背后的供给保障的统称,并成为高等教育事业的一个重要组成部分,对于高校后勤工作来说,具有经济和教育双重属性的特点。一方面,后勤服务应当按照市场经济规律运行,这就必然体现出市场性;另一方面,高校后勤被服务的对象具有明显的公益性服务需求(原因是高校的特殊性:以没有经济来源的学生为主要服务对象;注重校园正常运行秩序的维护和稳定;国家投入高等教育的财力有限,其中可以用于后勤服务的资金比例很小)①。"后勤工作具有地域性、快变性、突发性,因此要及时监控、反馈方便、处理快捷,所以后勤工作应该贯彻属地化管理原则②。"采用"以块为主"的管理模式,可结合专业特点进行后勤管理,形成有特色的后勤管理体系,并对专业整体进行管理。也只有这样,学校能够从管理后勤的具体事务中解脱出来,集中精力进行科学研究、人才培养及社会服务。同时,能够更快的壮大学校后勤的实力,更好地满足学校办学的需求和满足师生日益增长的物质需求。

(六)大学文化

大学文化具有很强的凝聚性,优秀的大学文化具有极强的凝聚力,通过以学校或学院为中心的共同价值观为中心,加强传承性,将广大师生凝聚起来,形成强大的合力,推动校园文化的建设。因此,"以块为主"的管理模式,将同专业的人才聚集,能够更好地凝聚相同的人生观、价值观及世界观,提高大学文化的凝聚力。另外,大学文化具有很强的激励功能。尤其在相同专业、相同兴趣爱好的大学生有着共同的精神家园,并形成无形的团结力,激发群体意识和团队精神。一个清晰的目标,这是团队的推进器,个人目标须在团队目标中升华。长期目标是原动力,中期目标是牵引力,短期目标是行动力。"以块为主"的管理模式更容易形成共同目标。同时,"以块为主"的校园文化具有陶冶功能。共同的文化、共同的目标,形成独特的文化氛围,熏陶师生人格和灵魂,虽无质无形,但无处不在,影响巨大而深远。大学的专业性文化还具有导向功能,用校风、教风、学风等方式规范引导,对大学生起到榜样导向作用,培养他们的人生观、价值观及世界观,促进学生更好地成长。与此同时,"以块为主"的文化管理模式有利于专业文化的传承,将专业、学院、学校的文化代代相传,形成自己特色文化,在传承中推动创新。

---

①杨胜德,朱甜甜.浅谈高校后勤管理模式的优化[J].经济师,2007.3:141

②李士伟.巨型制造:中国高校的另类风景[J].教育与职业,2007.4:23

三、条块结合，兼而有之

马克思唯物辩证法告诉我们：世界上的一切事物都包含着两个方面，这两个方面既相互对立，又相互统一。矛盾即对立统一。矛盾具有斗争性和同一性两种基本属性。因此，我们必须用一分为二的观点、全面的观点看问题。同时要积极创造条件，促进矛盾双方的相互转变。因此在面对“条块结合”的管理模式的时候，无论是“以条为主”还是“以块为主”都具有自己的优点和不足之处。所以我们要在马克思主义唯物辩证法的指导下，取长补短，采用“条块结合，兼而有之”的管理模式。“条块结合，以条为主”的管理模式实现统筹集中与分散管理相结合，有利于学校的集中管理，同时也不影响校区间的协调管理，但是校区管理会比较困难，原因是领导缺乏调控权。“解决这个问题的方法便是进一步明确校区管理委员会的工作职责，认真研究其运行机制，同时授予其相应的权力，以便有职有权地完成协调和管理任务[①]。”“条块结合，以块为主”的管理模式只需校长宏观地把握几个校区、几个学院，赋予校区和学院充分的自主权利，减少了管理跨度。充分发挥了校区、学院领导、教师的主观能动性，认真负责地做好各项工作。但是这样的方式容易造成权力的分散，弱化了“条”的管理，影响学校思想的融合和统一规划的执行。因此我们要采用“条块结合，兼而有之”的管理模式。

在此种模式下，学生的管理是重中之重。学生管理中的稳定与有序是大学发展的前提和保证。学生工作的主要任务是对学生进行教育、管理和服务。学生工作部门通常设置综合管理、学生思想教育、资助中心、就业指导、生活园区管理、心理咨询等多个科室。其中，对学生学籍处理、危机处理、综合测评、日常政治教育等工作，具有较为明显的行政管理特征，可以采用条式管理方法，以强化管理力度，确保政令通行，保障政策延续；而学生就业指导、生活园区管理重心等工作具有服务性质，可采用块式管理方法，来深入开展工作，细致处理问题，并结合校区特点来开拓学生实践、实习基地，提供展示舞台，为学生成长成才奠定坚实的基础。通过综合运用条块的管理方法，可以有效提高管理效率，保证服务质量[②]。因此采用“条块结合，兼而有之”的管理模式，能够全面协调多方面学生管理工作，实现学校“以学生为本”的教育目标。在学生管理方面，各部门要充分利用各种资源、有效完成学校工作任务，推进学校可持续的发展。采用双重结合的方式，首先各个校区、学院是在学校统一领导下开展工作的，基

①张礼强．高校多校区管理模式的研究[J]．中国成人教育，2008.4：28

②王晓斌，李芳．高校多校区办学学生教育管理工作探析[J]．科教文汇，2011.4：184

本贯彻和实施了学校有关学生思想教育、管理的核心方针，这样可以保证主方向不改变。同时，各校区各学院又拥有一定的自主权利，因为，各校区各学院的定位不同，其教育管理的对象也各具特点，其教育的内容、方法、手段也必然存在着很大的区别。学校适当的放权，有利于各校区、各学院根据自身的特色，对学校的方针政策、决议进行一定的修改，从而便于在自身的范围之内实施，提高实施的效率。其次，多校区办学必然意味着各个校区之间存在地区性方面的差异，“同时在非上班时间各院（系）的协管人员往往是不到校的，仅依靠少数的专职学生管理人员很难完成如此繁重的任务，这样就不可避免会出现学生思想政治教育管理的空白区域①。”所以，“条块结合”双管齐下的管理方法，有利于学生教育管理机构的专门化，有利于管理人员的专业化和统一化，这也是实现多校区良好管理的必然要求。

在社会服务方面，结合“条块兼而有之”的管理模式，有利于“产-学-研”合作组织形式的发展。“产-学-研”是19世纪初德国教育家冯·洪堡建立柏林大学时候提出的“教学与科研相统一”思想的延伸。在学校的领导下，制定总体上的研究策划及内容，各校区各学院的产学研合作，要以校方的决议为纽带，结合自身的特点承担各个环节，将所有的优势资源集聚起来，有利于合作质量与合作效率的提高，从而高效实现学校社会服务功能，强化大学在区域经济系统中的科研转换功能，是教学与科研相结合，科研与生产相结合，将高校的人才、科技、知识优势充分结合，加之市场经济的帮助，“进而建立起适应社会主义市场经济体制的，以大学为主导、以企业为主体、以人才和科技为桥梁、以利益为纽带的产学研联合创新体系和优势互补、相互支持、风险共担、利益共享。共谋发展的良性运行机制②。”

在后勤管理方面，采用条块结合的管理模式，能够更好地采用现代企业的制度，从而更好地调整后勤与学校的关系。建立现代企业制度，能够更好调节后勤与学校的关系，从而解决两者之间的内部矛盾，也可以从根本上解决事企不分的问题，很好地界定学校和后勤问题。高校后勤建立现代企业制度可以很好地界定学校和后勤的权力、责任、义务，做到权责清楚，改变原来学校只有权力，后勤只有义务的局面，使后勤有充分的自主权③。

在大学文化方面，“条块结合”的管理方法有利于保持特色文化的同时形成大学综合性的文化，体现出大学的办学特色和办学理念。最终将有利于使大学精神内化为全体师生的行为习惯和个性气质，成为大学特有的精神风貌，推

---

①谢志芳．至德要道［M］．上海：上海三联书店，2007.77～80

②戴玉纯．基于战略的大学绩效管理［M］．合肥：中国科学技术大学出版社，2007.263

③杨胜德，朱甜甜．浅谈高校后勤管理模式的优化［J］．经济师，2007.3：142

动社会文化的繁荣。

所以,利用"条块结合,兼而有之"的管理模式,促进学校教学质量的提高和办学效率的提升,从而促进教师及学生的共同发展,为多校区的和谐可持续发展提供有力保障。

第四节　管理方法与技术的创新

一、管理方法与技术的内涵

江泽民同志说,"创新是一个民族进步的灵魂"。对于大学来说,创新更是大学经久不衰的制胜法宝。教育管理与社会的诸多领域都息息相关,方针政策的改变、科学技术的发展、经济水平的进步对其影响更为显著。当今科技进步日新月异、经济发展突飞猛进、思想文化不断变化。管理方法的不断完善,广大学生的综合素质不断提升,管理的质量标准不断提高,各大学之间的竞争不断激烈,因此,在大学教育多校区化的今天,管理方法与技术的创新受到了广泛的关注。

管理是为了组织或集体的预期目标而进行的有目的的控制活动过程。而对于整所大学来说,采用符合本校现状的管理理念及模式,实施符合本校特色的技术及方式,促进多校区高校的正常运营,促进其可持续的全面和谐发展。管理方法和技术是管理的重要手段。"管理方法和技术的创新就是学校管理主体与管理客体的联系、管理资源的配置以及管理活动中运用的手段和方式等的创新①。"

二、创新管理方法与技术的表现

"合并高校在不断融合过程中存在着许多客观和主观上的困难,解决这些困难和问题的重要途径之一就是管理变革。通过管理变革,转变人们的思想观念,构建新的管理组织机构和管理模式,建立起符合校情的管理运行机制,重塑合并高校中心的、同一性的管理文化,从而增强教职工的凝聚力,向心力和创造力,逐步消除耗散力、离心力和保守力,加快合并高校实质性融合的进程②。"一般而言,多校区高校在管理方法与技术的创新具体体现在校园邮局的设立、事

---

①张安富. 合并高校的融合与多校区管理[M]. 武汉:华中科技大学出版社,2008.126

②张安富,沈红. 合并高校融合中的管理变革[J]. 武汉理工大学学报(社会科学版),2003.5:577

务办理中心的设置、财务结算的无纸化、制度文化的创新以及数字化校园的实现。

校园邮局的设立。校园邮局并非真正意义上的邮局，而是一个文件的转换中心。学校各行政职能单位、各学院各部门不需要将每日的文件送到各个部门。学校设立专门的机构，由专职人员对这些文件进行收取、分类、传送、发放，最后送到各个部门。如此就解决了多校区之间存在的区域距离的问题，同时提高了文件传送的效率，保证了决策计划的时效性，有利于决策计划的颁布与实施。校园邮局的建立在一定程度上也加强了校区之间的联系，推动多校区高校校园文化建设。

事务办理中心。事务办理中心这个概念的产生是由南通市“三集中、三到位”政策引发的。“三集中、三到位”，是指部门行政审批职能(行政许可、行政服务)向一个处室集中、承担审批职能的处室向行政服务中心集中、行政审批事项向电子政务平台集中，切实做到审批事项进驻落实到位、授权到位、电子监察到位①。推行“三集中、三到位”，是深化教学管理体制改革、创新多校区综合性大学管理与技术的必然要求，是规范校区间行政权力运行、提升为在校师生服务质量和增强大学社会公信力及影响力的重要创新技术。在多校区高校中成立事务办理中心，有利于教职工、学生在借教室、办理学籍变动手续、离校外出手续、项目申报等方面一步化，在同一个大厅中办理自己所需事务，不必在多个部门来回奔波。从制度上根本地改变原有的多步骤审批运行方式，对于各项事务的处理，不再需要在多个区域认定，有利于优化审批流程，实现阳光审批，促进提速增效，从而促进多校区高校行政管理的快速化运行。

财务结算。每当月末或者年末，报销大厅里往往是人满为患。需要报销的人员往往是排着队，耐心等待；而会计师往往仔细地数着钱，核对着发票，最后将钱交予相应人员。这样的报销方式，速度慢，浪费了大量的时间。随着网络技术的不断发展，财务结算也可以采用网上结算的方式。广泛采用无现金报账方式，避免了大量的现金流通，一律采用转卡、网上支付等电子网络化方式，提交报账账务结算安全性的同时，也减少了押运现金公司每日押运的成本，节省了人力物力财力，也方便了另外校区到主要校区的财务结算，做到随地即可结算，优化了办学成本，提高财务结算的效率。另外，无现金报账的方式也可以做到随时结算，以免因账单积压太多到月末使财务大厅忙得不可开交。

制度文化的创新。在多校区高校进行合并和创新的过程中，应该具有开放

---

①南通市经济体制改革处．市政府关于推行行政审批“三集中、三到位”工作的实施意见[EB/OL].(2011-11-10)[2012-10-23] http://www.jsdpc.gov.cn/pub/jsdpccs/nsjg/jjtzzhggc/zcfg/201111/t20111110_238838.htm

意识,不能拘泥于条条框框,在实际的办学中要不断完善和调整制度文化,以适应新大学的发展。对于多校区合并的大学来说,要保留其原来可适用的各级组织、团体、机构发展的制度、规范,同时对大学中个体行为方式的走向和发展重新做出具体的规定。在新校区和各合并校区都逐步建立起对所有大学成员都具有约束力和权威性的制度体系。

数字化校园。如今网络已经成为各高等学府的"第二课堂"。"数字校园"管理是利用先进的信息化手段和工具,以网络技术为基础,将环境、资源、信息以及管理活动,全部通过数字化校园网络及其应用系统构成整个校园的"神经系统",完成校园的信息传递和服务①。"多校区高校要充分利用网络资源、通信技术和视频技术,积极开发管理信息系统和远程会议系统,解决合并后多校区办学管理和组织群体活动的实际困难,这些方面的创新有利于促进合并高校的实质性融合②。"这是一个巨大的动态系统,对教育体制方针、管理理念模式等都产生重大的影响,进行全新构建,从而形成数字化自主活动的工作环境,在多校区之间、各院系之间建立畅通的信息渠道。同时它不受空间和时间上的限制,是多校区管理模式未来发展的趋势之一。2012 年,江苏大学对毕业生首次推出了"离校系统",本科生及研究生毕业都不再需要拿着离校单,挨个去各部门盖章,而是打开系统,完成是否欠教材费,学费是否欠费,是否办理退宿手续,人事档案是否归档等 7 条内容,研究生完成 12 条则可完成所有的离校手续。离校手续网络化只是数字化校园的一种,它服务了学生,也提高了效率。另外,越来越多的学校图书馆推出了数字选座系统也大大方便了去图书馆自习的同学,同时防止了占座现象的产生,方便学生。

---

①严新平,张安富. 多校区大学的管理与模式设计[N]. 中国教育报,2004-6-11(3)

②张安富. 合并高校的融合与多校区管理[M]. 武汉:华中科技大学出版社,2008.126

学科分布的科学性

学科是高校教学和学术研究的基本构建单元和基层机构。学科的形成在于它成功的界定了自身的研究边界,并规定了本学科研究者的学术规范,“学科构成了话语生产的一个控制体系,它通过同一性的作用来设置边界,而在这种同一性中,规则被永久地恢复了活动①。”一流学科是一流大学最根本的基础,没有世界一流的学科就不可能成为世界一流大学。建设一流大学的基本任务之一就是要在学校中建设一批世界一流的学科。

学科建设是高等学校发展中的一项长期的基本的战略任务,包含学校的行政管理、人事管理、财务管理等各项管理,是运用规划、政策、人力、物力等因素使某个学科健康发展的系统工程。学科建设是多校区高校建设的核心,是履行高校人才培养、科学研究和社会服务三大平台的基础平台。为了实现学科发展的目标,多校区高校要凝聚学科方向,优化学科分布,把学科建设作为学校发展的突破口,使其成为提高整体办学水平的长青之路。

第一节 学科概述

学科,其英文表述是“discipline”,其概念见仁见智。《牛津高级英汉词典》指出,学科是“知识的分支(branch of knowledge);教学科目(subject of instruction)。”《辞海》将“学科”解释为“①学术的分类。指一定的科学领域或一门科学的分支。②教学的科目。学校教学内容的基本单位”。《现代汉语词典》认为,学科是“按照学问的性质而划分的门类”。

国内外学者从不同角度、不同语境对科学进行了各种阐释。克拉克从两个层上界定学科,一个是相对于教育而言的学科(subject),一个是相对于大学而言的学科(discipline)。前者是指一种知识分支,后者是指一种研修分支—专门

①[美]华勒斯坦等. 开放社会学科[M]. 刘峰,译. 北京:生活·读书·新知三联书店,1997.35

而高深的知识①。阿玻斯特尔认为,“学科这个词在不同领域具有不同含义。有时,学科是根据观察的方法来定义的(如摄谱学);有时,是按照模型来定义的(如物理学);有时,则是按照研究对象来定义的(如历史学)。还可以举出很多其他不同的例子②”。沃勒斯坦则认为所谓的学科实际上同时涵盖了三方面的内容:首先,学科当然是学术范畴—即一种类型:这种类型有明确的研究领域;其次,学科也是组织结构,如大学以学科命名的系、学科的学位等;最后,学科还是文化。因为属于同一个学术团体的学者在很大程度上都具有一些共同的阅历和研究方向。他们往往读相同的“经典”著作。每个学科中通常都有著名的惯常的争论③。

国内学者对“学科”也进行了深入细致的研究。有学者认为,学科是知识发展成熟的产物。一个知识领域必须具备六条标准才能被称为学科,①有明确的研究对象和研究范围;②有一群人从事研究、传播或教育活动,有代表性的论著问世;③有相对独立的范畴、原理或定律,有正在形成或已经形成学科体系结构;④发展中学科具有独创性、超前性,发达学科具有系统性、严密性;⑤不是单纯由高层学科或相邻学科推演而来,其地位无法用其他学科替代;⑥能经受实践或实验的检验和否证(证伪)④。

有学者认为,“一般而言,对于‘学科’至少应当从三个方面来理解:①教学的科目(subjects of instruction),即教的科目和学的科目,是一种传递知识、教育教学的活动;②学问的分支(branches of knowledge),即科学的分支和知识的分门别类,是一种发展、改进知识和学术研究的活动;③学术的组织(units of institution),即学界的或学术的组织⑤”另有学者概括了学科的基本内涵:“其一,一定科学领域或一门科学的分支;其二,按照学问的性质而划分的门类;其三,学校考试或教学的科目;其四,相对独立的知识体系⑥”。

由此可见,虽然学者们对学科的论述有所不同,但在本质上是一致的,学科是科学知识的分类体系,知识单元的系统构成了学科,而“教学的科目”、“学问的分支”、“学界或学术的组织”是学科的三个基本内涵,只是在不同的场合和时间体现不同的内涵而已。

目前,作为知识经济爆炸时代,综合学科、交叉学科不断涌现,日益深刻地

①[美]伯顿·克拉克.高等教育新论——多学科的研究[M].王承绪等,译.杭州:浙江教育出版社,1988.20

②刘仲林.现代交叉科学[M].浙江:浙江教育出版社,1998.19

③[美]伊曼纽尔·沃勒斯坦.知识的不确定[M].王昺译.济南:山东大学出版社,2006.106

④刘仲林.现代交叉科学[M].浙江:浙江教育出版社,1998.30~31

⑤孔寒冰.高等学校学术结构重建的动因[M].浙江:浙江大学出版社,2001.243~244

⑥杨天平.学科概念的沿演与指谓[J].大学教育科学,2004.1:14

揭示了物质世界和学科之间的相互联系、相互转化的丰富内容。科技和社会的发展必然反映到大学来，与此相应，大学学科门类日益增多，学科划分愈来愈细，形成了自然科学、社会科学、人文科学、工程技术科学等学科的庞大的学科体系；同时，综合学科、横断学科、交叉学科等也在大学学科体系中受到重视。

学科是高等学校的细胞组织。世界上不存在没有学科的高校，高校的各种功能活动都是在学科中展开的，离开了学科，不可能有人才培养，不可能有科学研究，也不可能有社会服务。有学者认为，“大学学科就是以知识分类为依据对人才实行定向培养的一组组织形式①。”有学者认为，“大学的学科是学科这个‘属概念’下的‘种概念’，它既是指以知识系统为基础的学科，又指以具体的院系建制为依托的学科（例如某某大学大某某学科）。作为前者它是一个按知识门类划分的学术体系；作为后者，它是一个组织实体，有自己的机构建制、力量配置、运行机制等。直言之，大学中的学科是高等教育系统中最基本的学术组织（而不只是学术上的分类），是大学各种功能的具体承担者②。”克拉克认为，“无论哪里，高等教育的工作都按照学科（discipline）和院校（instruction）组成两个基本的纵横交叉的模式，各学科穿过地方院校的界限，各院校又反过来收拾各学科的亚群体在地方集合起来③。”可见，大学的学科既有学术属性，又有组织属性，是学者们的共识。本研究认为，大学学科，是基于一定的标准和原则，将高等教育所要传授的知识以严格的符合逻辑的排列形式后的综合表述。

大学科学只有进行系统的分类后才具有重要的现实意义。就如普朗克所言，“科学乃是统一的整体，它被分为不同的领域，与其说是由事物本身的性质决定的，还不如说是由于人类认识能力的局限性造成的④。”这说明，自然本身并没有分裂成为隶属不同学科的实体，只是人类为研究之方便，才把自然肢解为一门门独立的科学。这种肢解虽然有一定的局限性，却深化了人类对客体的认识。学科分类非常重要的特征在于学科按照研究范围的大小和抽象程度高低而进行划分为不同层次，即具有层级性。现在，人们认为学科体系中应为学科门类、一级学科、二级学科。

学科分类和其他知识一样，有其发生、发展的历史，各个不同历史时期建立的分类标准、原则和分类体现都是当时历史条件下的产物。目前我国高等院校的学科门类共有 13 个，分为哲学、经济学、法学、教育学、文学、历史学、理学、工学、农学、医学、军事学、管理学、艺术学，而每个门类下设置一级学科，一级学科

---

①杜云龙．科学学视野中的大学学科建设[D]．兰州：兰州大学，2009

②冯向东．张力下的动态平衡：大学中的学科发展机制[J]．现代大学教育，2002(2)：67~71

③[美]克拉克，高等教育系统——学术组织的跨国研究[M]．王承绪等，译．杭州：杭州大学出版社，1994.6

④[德]M·普朗克．世界物理图景的一致[M]．莫斯科：莫斯科进步出版社，1966.183

再下设若干二级学科。我国现行的学科门类经过了一定的发展历程。国家技术监督局1992年发布的《国家标准学科分类与代码》,共设置学科门类5个,一级学科58个,下面还分若干个二、三级学科;由国务院学位委员会、国家教育委员会1997年颁布的《授予博士、硕士学位和培养研究生的学科专业目录》,共设置12个学科门类、88个一级学科、381个二级学科(后增民族医学,实际为382个);教育部1998年颁布的《普通高等学校本科专业目录》,共分11个学科门类、71个大类、249个专业。2011年3月,国务院学位委员会、教育部根据《学位授予和人才培养学科目录与管理办法》的规定,制定了《学位授予和人才培养学科目录》,并分为13个学科门类和110个一级学科。适用于硕士、博士的学位授予、招生和培养,并用于学科建设和教育统计分类等工作。学士学位按照本目录的学科门类进行授予。

第二节　学科与专业

学科与专业是任何高校系统中联系最为密切的两个概念。然而,在较长一段时间甚至今日,对二者的认识一直模糊不清,甚至官方也将学科与专业混合着用。如国务院学位委员会、国家教育委员会1997年颁布的《授予博士、硕士学位和培养研究生的学科专业目录》、1998年教育部发布的《普通高等学校本科专业目录》,都将“学科”与“专业”放在一起使用。然而,专业与学科无论在理论上还是实践中,是相互区别、相互联系的两个概念。

“专业”在《辞海》中的表述是,“高等学校或中等专业学校根据社会分工需要而划分的职业门类。”有的学者从三个层面理解专业,即广义、狭义及特指。“广义的专业是指某种职业不同于其他职业的一些特定劳动特点;狭义的专业主要是指某些特定的社会职业。这些职业的从业人员从事的是比较高级、复杂、专门化程度较高的脑力劳动。一般人所理解的专业,大多就是指这类特定的职业;特指的专业,即高等学校中的专业[①]。”《教育大辞典》将专业解释为,“中国、苏联等国高等学校培养学生的各个专门领域,大体相当于《国际教育标准分类》的课程计划或美国学校的主修,是根据社会职业分工、学科分类、科学技术和文化发展状况及经济建设与社会发展需要划分。”尽管学者、辞典对专业有不同的表述,但从所涉及的“社会职业(分工)”“课程”“学科分类”等关键词来看,专业与学科存在着联系与区别。

①谭荣波.“源”与“流”:学科、专业及其关系的辨析[J].教育发展研究,2002.11:114

一、学科与专业区别

概念不同。学科从概念上来说,侧重于以科学知识进行分类,是一种相对独立的科学知识体系。专业则是一种课程组织形式,侧重于对人才进行专门化培养。

目标不同。知识的发现与创新是学科发展的目标。知识形态是学科的核心,将知识形态的成果服务于社会,我们称之为科研成果,其又可分为技术型与科学型。与之不同的是,专业目标则是为社会培养各级各类人才,以满足社会对不同层次人才的需求。"接收一些专业的训练和学习包含着一个非常重要的因素,即熟悉、掌握诸多学科的系统化的知识,不过这些内容是科学研究的最终成果,而不是科研本身。"简言之,学科更多的是创造知识,而专业是根据学科创造的知识来培养专门人才。

构成要素不同。专业培养目标、课程体系以及专业人员是专业的主要构成要素。培养目标,就是专业活动意义的表述。课程体系是专业活动的内容与结构,是社会职业需求与学科知识体系结合的产物。课程体系是否合理设置直接决定着人才培养目标的实现。没有"人"的介入,任何专业活动都不可能完成,因此,专业人员是专业的重要构成因素,主要包括教育者和受教育者。学科的构成要素是知识单元和研究者。

划分原则不同。专业的划分是依据社会分工不同领域和岗位的专业人才所需要的知识结构和能力来设置的。可见,任何专业既可以由单一学科来决定,亦可由多种学科知识来支撑。划分学科的依据主要是知识体系自身的逻辑结构,具有较为显著的纯粹性。

形成路径不同。专业和学科各有自身独特的形成路径。就专业而言,其遵循的是"职业—课程—专业"的范式。随着社会新兴职业的不断涌现,社会需要各类人才的期望值不断增强,而为了满足社会职业的需求,作为高校,并不是直接就开设相关专业,而是在一定课程中出现与新兴职业相符合的课程。即高校总是先开设一门或几门职业需求的课程,当新的职业发展到一定规模时,社会对该类人才的需求较为稳定,且高校有能力开设系列配套课程,有软硬件的支撑后,才正式设置专业。学科的路径发展与之不同,遵循的是"发现问题—研究问题—提出解决方法"的模式。

二、学科与专业联系

学科门类是专业结构的基础。"专业是以学科为依托,把不同领域的专门人才所需的知识结构作为基础①。”现代大学专业的依据是学科门类，而学科门类的划分则是一个历史发展过程。18 世纪以来，自然科学脱离了哲学，并在发展中形成不同的学科领域，出现现代学科门类的雏形。如今，在专业设置的过程中，不仅要考虑学科布局，还要考虑社会分工、职业需求，并根据专业的培养目标与要求，在各大门类的学科中选择一些学科作为专业课程、基础课等。可见，专业发展与学科社会息息相关，学科布局是否合理，直接关系到专业的健康发展。

专业结构的调整在一定程度上促进了新的学科的诞生，优化了学科布局。学科作为专业发展的基础，决定着专业的设置，专业是学科承担人才培养的根基。因而，专业被认为是学科建设的载体，它是社会分工和职业发展需求的反映。同时，专业建设的成果对学科发展方向起着引导性作用，专业建设好了，有利于促进学科的发展与优化。

学科与专业之间是需要桥梁纽带的，这就是课程。课程内容的基本要素是学科知识，专业培养目标的实现需要借助于课程，通过科学研究所产生的学科知识需要课程的中介作用，反映在专业教学之中。一方面，进行课程设置时必须以专业培养目标为依据，要按照培养人才的种类来确定课程的机构。另一方面，学科发展的内在逻辑和知识点是课程内容和结构体系的依据。

第三节　校区间学科分布的科学性

一、学科分布的影响因素

学科分布的终极目标是促进学科发展，这也是学科建设的需要。学科建设是高等学校发展中的一项长期的基本的战略任务，包含学校的行政管理、人事管理、财务管理等各项管理，是运用规划、政策、人力、物力等因素使某个学科健康发展的系统工程。一般来说，校区功能定位、学科融合、资源利用效率、历史传统以及地理位置影响着多校区高校学科分布。

（一）校区功能定位

校区功能定位是指对各个校区的用途或功能进行科学规划、有效利用，它直接决定着校区的发展方向和办学模式，也决定着校区内学科的设置。对每个校区进行正确的功能定位，有助于提高整个学校学科发展水平，有助于高校特

①张安富．合并高校的融合与多校区管理[M]．武汉：华中科技大学出版社，2008.3

色办学的形成。不同校区应该有自身的特色、价值和个性，在办学上具有不同特色、不同类型、不同层次、不同面向，只有这样，各校区的办学才能成为学校的有力补充和支撑，才能拓展学校的发展空间，增强学校的整体实力。只有如此，才能使校区的优势和作用得到发挥和展现。为此，校区学科的设置应在学校的大局下研究和规划，使校区的发展战略既要有利于实现学校的发展目标，又要符合校区的实际情况，既要顺应高等教育的发展规律，又要适应社会发展的要求。如复旦大学的张江校区，其就是以合作建设专业人才培养基地、学术交流中心以及相关配套设施，开展国际合作办学和学历教育、非学历教育、远程教育、培训教育等，共同建设产学研基地及联合实验室，从事科技成果的转化和推广，孵化高科技企业推动产学研结合为明确的校区定位，学校在该校区布局了计算机学院、信息学院（微电子系）和药学院，与校园毗邻的张江高科技园区的软件、医药等行业形成了有效的产学研联系和互动[①]。

（二）学科融合

学科是现代科学和学科发展的内在逻辑。随着现代社会科学技术的综合发展，技术创新周期缩短和社会分工的不断重新组合，对学科结构与人才的素质都提出了更加综合发展的新要求。对此，多校区办学高校要考虑学科的融合，以此促进学科建设和发展。学科融合指的是，分散于多个校区中不同学科，根据文理渗透、理工融合的原则，相互吸收、相互借鉴，形成具有“新质”的、协调的学科体系。如，同济大学将原来校区的学科布局重新组合，让不同类别的学科融合在一个校区，消除学科间的围墙。而有的学校为了提升某方面的学科优势，将相近学科设置在一个校区，如将理学、工学放一起，经济学、法学放一起。

对于合并后的多校区高校，合并使整个学校的学科拓展了，然而，对于单个校区而言，也许合校使学科范围变得更窄。因为，受到交通的不便、人的惰性等原因的制约，在某个校区工作和学习的某教师、学生很难享受到高校合并后的学科综合化带来的好处，他们的视野也可能更加狭窄，这与大学合并时初衷相悖。特别是图书资源按学科分配后，各学科学生很难借阅不同学科的图书、期刊等，非常不利于学生的综合发展。因此，在各校区设置何种学科，依据什么来设置则成为多校区办学高校比较突出的问题。

（三）资源利用效率

效率是解释投入与产出关系的指标，即投入和产出之比。高校资源的使用

---

①晁华荣．大学多校区管理优化研究［D］．上海：复旦大学，2010

效率首先是生产要素的使用效率,即人力、财力、物力等的使用效率。因此,在各校区学科的设置上,也要从提高资源效益上来考虑。人力,这里特指所有高校老师,包括任教人员、管理人员、后勤人员等等,因为学科分布的不同,上班地点与家庭居住地的距离也不同,为了节省不必要的交通时间,校区学科要结合人力资源的分布,达到二者的和谐融入。同样,学科设置也要考虑资金和校硬件资源的问题。也就是说,多校区办学不可避免的问题,就是实验室、设备仪器等的重复建设,如何提高这些资源的效率,降低教学成本,进行校区学科设置时要多加思考。

教育生产函数理论和教育生产要素组合最优化理论认为,一切的教育产出量依存于一定的教育要素组合,假定 Y 为教育产出量,$x_i(i=1,2,\cdots,n)$ 为教育要素的不同组合,则 $Y=f(x_1,x_2,\cdots,x_n)$。教育生产要素不同,教育产出也因此不同。每一个组合得到一个产出量。其中必然有一个最优化的,投入产出比率最大的组合便是最优化组合①。为了达到这种最优化组合,从实验设备的布置来说,有的校区考虑因实验设备搬动困难,损失太大,且避免在不同校区进行重复投资、重复建设,决定将要使用这些设备仪器的学科分布在一起,以达到资源共享。有的学校在学科布局时,主要考虑充分用足各校区的资源,一般考虑新拓展的校区大,尽量多放些学科在新校区,以解决老校区过分拥挤的紧张局面。

(四) 传统布局

多校区的形成有两个原因,一是为了满足时代和社会的发展需要以及自身的发展,进行拓展式扩大校区规模,形成多校区办学;一是适应高等管理体制改革,由多所院校合并而形成多校区办学;对于我国来说,后者较为普遍。因此,在各校区学科分布时,就会考虑原高校原有的学科,例如,如今的南通大学医学院就是 2004 年合并前的南通医学院,其医学学科仍在原校区。当然,经过若干年的磨合,对学科布局作重新调整的可能亦有。由原来一个校区延伸扩大成多校区的,一开始就和它扩大的原因相一致,有的是与国家或当地经济社会发展相结合,其校区学科布局往往是相对独立的。而有的是为解决紧张的教学资源,则把学科布局分成基础教学和专业教学两块,把新校区作为延伸,用于基础教学。

(五) 地理位置

多校区高校的校区位置分布不同,影响着学科分布的设置。对于距离较远

---

①杨葆坤等. 教育经济学新论[M]. 南京:江苏教育出版社,1995.217

的校区,各校区之间的学科可以重复,如吉林大学除了长春多个校区外,在珠海成立了吉林大学珠海学院。两个校区距离遥远,校区相对独立,两个校区根据国家对人才的需要设置学科时,可以重复设置,珠海学院的所有学科在吉林大学长春校区都有设置。而对于距离较近的校区,更多的是在一个城市里的校区,教师和学生在校区之间交通比较方便,当然,距离是相对的,在一个城市里也有同在市区或有的在市区有的在郊区之分,这样的多校区,其学科布局也有两种作法。一种是把一个校区作为基础教学校区,其余校区作为专业教学校区,复旦大学、上海理工大学等;另一种是为适应城市经济产业结构和社会发展的需要,把不同的学院专业安置在不同的校区,学生一般不用在校区之间穿梭,如东华大学把服装学院放在市区的老校区,上海师范大学把艺术类专业放在徐汇校区都是为了让艺术时尚类的专业更好地融入都市文化,同济大学把汽车学院放在嘉定校区是为了更好地与汽车产业相结合,上海电力学院把电力特色的专业放在平凉校区,把计算机信息,物流管理等专业放在南汇校区正是适应电力工业的需要和两港建设发展的需要①。

二、学科分布的原则

大学学科的产生与学科结构的分化都是历史的产物,学科优化布局亦受各种因素的影响。基于不同时期、不同学校的类型、规模、层次的差异性,不存在统一的学科分布标准。然而,从学科发展、一流大学学科分布的演进中,我们得到了多校区高校学科合理分布的有益启示,具体可归纳为三个原则,即学科发展原则、整体规划原则以及因地制宜原则。

(一)学科发展原则

学科发展原则要求多校区高校在分布学科结构时,要根据本校的学科基础和传统,科学定位,从而有利于各校区的学科建设。众所周知,任何一所高校的所有功能、属性都与学科息息相关,可以说,学科是高校人才培养的基础。因而,促进学科建设和发展成为高等教育发展的关键。对于布局分散的多校区而言,学科建设的质量直接决定多校区高校办学的水平,成为学科分布的重要原则。尤其是在当今信息革命时代,随着科学技术的高度分化、综合,多学科交叉融合成为新兴学科的生长点、优势学科的发展点。同时,“充分发挥多学科的综合优势和特色,鼓励交叉培养,开设交叉专业、交叉课程,支持交叉团队建设,建

①万峰.高校多校区专业布局研究[J].高等农业教育,2009.11:9~10

立具有高度灵活性和适应性的交叉学科人才培养模式，已经成为综合大学人才培养的重要途径[①]。”为了促进学科的优化发展，在不得不进行学科分割时，也应从能够整体提高学科水平出发，促进学科间的交叉与融合，尽量不要因校区的分散而阻碍学科发展，要为学科发展创造良性的“生态环境”。学科建设要考虑两个因素，一个是考虑各校区的学科基础及传统；一个是对各校区学科进行科学定位。

要充分考虑学校的学科基础与学科传统。任何一所一流大学独有自身独特的学科结构布局，而这种独特的学科结构都是以自身历史文化、学术传统和实际情况为基础，因此，进行学科定位要充分考虑学科基础与传统。曾任斯坦福大学校长卡斯帕尔认为，“一所高校面临许多学科方向发展的选择，重要的是要结合学校的实际进行合理规划，如果你要发展社会科学学科，就必须建立经济学科，如果你要设立医学院，病理学系是必不可少的，如果你要设立人文科学院，那艺术系科是必不可少[②]。”强势学科一般就是一所高校的主体学科，是高校、甚至是省部级特色学科。师资、设备等已有学科的基础，不仅是一所高校长期以来沉淀的结果，更是学校将来发展的前提。无论是行政管理层，还是教学科研层，谁忽视这种根基，都会阻碍学校的长远发展。同时，纵观世界一流大学，没有一所高校在任何专业领域都处于世界一流水平、都拥有最好的学科资源，因此，发展学科要根据学校的实际情况准确定位，不要任凭主观愿望、个人喜好，脱离实际发展某学科。

准确定位是调整学科布局，优化学科结构的前提。众所周知，在计划经济时代，高校的发展情况完全由政府主管部门决定，无论是招生人数、学科设置，还是人才培养层次、服务对象，高校都没有自主权。因此，不存在高校学科发展定位问题。如今，社会主义市场经济的确立，经济全球化趋势愈演愈烈，市场对人才质量提出了更高的要求。为此，各高校不得不为适应社会的要求，开始设定大学的定位目标。“大学定位的内容很多，从学科结构调整的角度来看，主要有人才培养的地位、学术水平的定位和服务面向的定位。人才培养的定位是指学校以培养哪个层次的人才为主，是以培养博士、硕士生为主还是以培养本科生为主。学术水平的定位是指在学科发展水平基础上学校以教学型为主，还是以研究型为主。服务面向的定位则是学校服务对象的地理区域定位，是主要为地方经济社会发展服务还是主要为行业或全国服务[③]。”可见，学校定位是学科

①马继刚．多校区高校人才培养布局探析[J]．中国大学教学，2007.12.11

②夏洪流，周刚，曹群等．国内外知名高校的学科结构与布局分析[J]．学位与研究生教育，2000.1：54~56

③庞青山．大学学科结构与学科制度研究[D]．上海：华东师范大学，2004

结构调整的依据。因此，在各校区的学科布局上，要体现或逐步形成各校区的办学特色，要对各校区的办学和学科特色有准确的定位，按照定位的功能要求和特色来集聚各种学科。

（二）整体规划原则

整体性规划原则是指“一个大学的全部学科是逐步发展形成的完整的互相支撑的整体，不管它有几个校区，其学科布局必须从学科专业群的整体性出发，进行总体设计，统筹考虑[①]。”世界一流大学的实践表明，一个科学合理的学科发展规划一般应满足以下条件：基础学科宽厚，应用学科优势明显，有高水平的人文社会学科，带头学科明确且作用突出，便于学科间的互相交叉与渗透。

按照这个标准制定学科发展规划，一是要对各校区的学科现状进行调查，明晰所有学科的研究方向、学科力量以及资源配置情况，弄清全校的优劣势学科，明了各学科的优势与不足。二是要依据学科性质对本校所有学科进行分类，从整体性出发，可以将所有学科分为三大类，即基础性学科、应用性学科、技术性学科，同时，综合性考虑学科的发展趋势，确定带头学科。三是要以带头学科为龙头，遵循学科发展规律，可将全校所有学科重组为若干学科群，使学科群之间相互促进、相互支撑，从而形成学科组织的有机体。当然，各种学科群并不是学科的简单叠加，而是要实现学科间的相互融合。“学科群的构成，可以是若干子群和若干学科的有机集合，也可以是若干学科点的集合；学科群中子群或学科点，并不要求在同一水平层次上，学科点可以是二级学科或是三级学科，但需要具有相关、相近的理论边缘特征；学科群可以涵盖基础、应用、开发整个科学技术研究转化过程的各种层次的学科，从而表现为学科层次的时序性与功能性的相互转化；学科群的性质，既异于单个学科，也不能用学科的线性叠加、延伸或内插来描述。这种多学科融合而产生了新的特征，即群的特性[②]。”

整体规划原则，如果从教学角度来说，就是要考虑专业的完整性。应尽可能把一个专业的一至四年级以及研究生教学安排在一个校区。同时，要考虑校区是否具有完整的学术氛围和校园文化。因为，大学学习，不仅是专业的学习，更重要的是接受大学学术文化和校风学风的陶冶，学校不仅要给学生以完整的专业教学，更要让学生感受整个大学完整的校园文化和学术风气

①万峰．高校多校区专业布局研究［J］．高等农业教育，2009.11：10

②王栾井．高等学校学科群发展机制的研究［J］．学位与研究生教育，1998.2：65

的熏陶[①]。

（三）因地制宜原则

众所周知，对于多校区高校的各个校区而言，由于在自我独立发展的历史长河中，形成了自身特有的学科结构、学科传统以及学科文化，因而，其适宜功能也不相同。多校区高校在学科整合时，必须充分考虑各个校区的特性，因地制宜，不仅可根据校区功能定位分布学科，且可按照教育特点进行定位。若从学科性质考虑，则需把医科设置在市区内。因为学医的学生要经常到医院实习，远离城市的地方医院少，且不成规模。同理，要将农科设置在郊区或偏远乡村。若考虑校区内的内部环境和基础条件，情况则有所不同。例如，南京大学按照教育的特点把鼓楼、浦口两个校区的功能分布定位为以本科生教育和研究生教育为主。

同时，因地制宜原则，要求进行学科定位时要充分考虑该学科是否适应地方区域经济发展的需要。多校区高校各个校区的发展离不开校区所处区区域，各校区的学科要发展必须适应当地经济社会的发展需要。就拿美国威斯康星大学来说，该大学所提倡的直接为区域经济发展服务的“威斯康星思想”，不仅为众多州立大学、私立学院所接受、效仿。第一次世界大战后，素以优秀学术传统自傲的“常春藤联合会中”的知名大学，如哥伦比亚大学、普林斯顿大学等，也将“为社会服务”作为高校的基本职能。为社会服务一定意义上指为区域经济发展服务。“不同校区所在区域不同，各区域的经济发展水平、产业技术结构、劳动力结构、教育发展程度等方面都有差异，这种不平衡性决定了不同区域对大学在人才、知识、技术等方面的内容和规格的要求不一。这些特点和需要是大学特别是面向区域发展的大学在调整学科结构时所必须考虑的[②]。”

第四节　基于层次分析法的多校区学科优化设置

一、多校区学科分布的校区优化选择方法：层次分析法

如今，市场竞争日益激烈，任何组织、个人都要面临复杂的决策问题。面对出现的问题不仅要快速作出决策，而且要作出较为合理、正确的决策，或者说最

①万峰．高校多校区专业布局研究［J］．高等农业教育，2009.11：10

②庞青山．大学学科结构与学科制度研究［D］．上海：华东师范大学，2004

短的时间内作出最合理的决策。因此,决策分析理论此时就显得格外重要。多属性决策方法就是非常经典的决策分析理论,在很多领域得到了应用。作为多属性决策之一的层次分析法,由于其简单、适用得到了较为广泛的认可。

就如选择新校区的校址,层次分析法在多校区学科分布的校区优化选择时,首先要确立一个目标,即明确目标层。毋庸置疑,多校区学科设置的校区优化选择是目标层。而方案层也是明确的,即高校要进行学科设置的不同校区。需要深入讨论的则是应选定哪些作为准则层面?各个准则的权重是多少?

影响校区选择决策的因素和准则较多,但是,各种因素和准则有着主次之分,即有些因素对校区学科设置影响十分重大,能起到促进和限制作用;有些因素相对来说则没那么重要和关键,只是对学科设置有些影响;还有些因素与学科设置有关联,但其可以被其他因素所包含。利用层次分析法进行优化校区学科设置的研究,必须确定若干准则,这些准则必须对校区选择起着重要的作用,其他的因素或重要程度远不如这些准则,或起的作用能为这些准则所覆盖。

二、多校区学科优化分布的准则

(一)资源利用效率

“高校办学资源分为有形资源和无形资源。无形资源指大学的学术声誉等不以实物存在的资源;有形资源是以实物形式存在的资源,包括物力资源、人力资源和财力资源[①]。”大学作为从事准公共产品的部门,在资源组织形式上,它虽然不同于物质资料生产部门,但同样需要投入和消耗经济资源,同样有产出与效益,同样需要考虑规模效益与资源配置。对于以实体物形式存在的有形资源来说,因学科性质的不同,资源因此具有各自的特性,如医学院的图书情报资源和文科、理科的就有十分明显的区别,医学类、工科类所需的大量、大型实验器材、设备的区别。因此,在学科设置上,要充分考虑这些资源的有效率利用,实现资源最大化共享和利用机会平等。同时,因学科的不同,所需教师不同,教师的居住处也不同。因此,在考虑学科设置时,根据教师所带学科的性质以及教师的居住处,考虑各校区的学科设置,特别是当性质相同的教师集中居住时。因此,资源利用效率成为学科设置时要考虑的重要准则。

---

①石磊,冯爱玲,陈华.自我扩展型多校区管理中办学资源配置优化问题研究[J/OL].(2005-12-23)[2012-11-24]http://ghc.xust.edu.cn/nry.jsp? urltype=news.NewsContentUrl&wbtreeid=1007&wbnewsid=3167

（二）学科融合

学科融合是合并高校提升科研实力，跻身于一流大学的有效途径。对于因并校而形成的多校区高校而言，合并使学科荟萃，异彩纷呈，并有效的促进更多、更强的学科形成。如2000年4月由原东南大学、南京铁道医学院、南京交通高等专科学校合并，南京地质学校并入，组建了的新的东南大学，是一所以工为主，理、工、文、管、医、艺多学科相结合的综合性大学，设有研究生院、理学院、文学院、土木工程学院、经济管理学院、交通学院、成人教育学院及无锡分校，有40多个院系，42个本科专业。其中8个一级学科有博士学位授予权，33个学科、专业有博士学位授予权[①]。而截至2012年5月，东南大学以拥有除军事学外，所有门类的学科，且拥有75个本科专业，29个博士学位授权一级学科点，49个硕士学位授权一级学科点，23个博士后科研流动站，5个一级学科国家重点学科（涵盖15个二级学科），5个二级学科国家重点学科，1个国家重点（培育）学科，11个江苏高校优势学科建设工程一期项目立项学科（群），10个江苏省一级学科重点学科，3个国家重点实验室，2个国家工程研究中心，2个国家工程技术研究中心，1个国家专业实验室，11个教育部重点实验室，5个教育部工程研究中心，并以此为依托形成了一批重点科研基地[②]。在优化学科设置的过程中，必须顾及学科融合这一准则。

然而，学科实现有效的融合并非易事。就各校区而言，就如东南大学合并前的四所高校一样，都有自己独特的学科传统，或理工院校、或工科院校，或文科院校、或医学院校等等；且每一门学科自身形成过程中，都受到特定文化的影响，有着不同的历史发展进程。学科传统的差异造就了不同校区人的思考问题方式和习惯的不同，因此，在各校区分配何种学科时会不由自主的受到历史的影响，从而使得制定的学科融合方案有可能脱离高校的办学情况，使某些学科的融合出现偏差，给学科融合带来困难和阻碍。因此，相对于地理位置而言，学科融合难度较大，但相对来说，实现学科融合对于学校发展非常关键。

（三）校区功能定位

高等学校定位是一个学校在一定的历史时期内的带有全局性、方向性

①郭学军．东南大学年鉴2000[M]．南京：东南大学出版，2002.2

②东南大学.东南大学简介[EB/OL].(2012-5-10)[2012-10-23]http://www.seu.edu.cn/s/3/t/123/00/07/info7.htm

的奋斗目标，是对学校未来发展趋势、发展方向的科学预见和创新性思考[①]。对于多校区高校的各个校区而言，校区功能定位是高校办学定位为的主要组成部分，直接决定着高校整体的办学定位。校区的不同，办学特色、类型、层次亦不同，这些不同决定了校区学科设置的多样。例如，厦门大学翔安校区的定位就是以高素质创新型人才培养基地为根基，重点布局生命科学与技术、现代医学、药学、新能源等学科为主的学院，自 2012 年秋季，厦大医学院、药学院、生命科学学院、公共卫生学院、海洋与地球学院、环境与生态学院、能源研究院等七个学院将实施“整院制”迁入[②]。与此同时，与之相关的学科必将分配在翔安校区。然而，任何校区的学科设置要考虑校区的客观环境和自身条件，切不可脱离现实条件，一味追求多样化，超越自身条件，否则会导致人、财、物等教育资源的极大浪费，校区办学的功能定位无法实现。因此，功能定位相对于各校区特别是老校区原有的传统学科配置相比，其对优化学科分布更具关键性。

（四）历史传统

合并成为多校区高校形成的一个重要原因，而合并前的那些高校基于一定的校园文化而形成自己的学科特色，然而，合并后，这些校区不可避免地在地理位上处于分散状态。“多校区高校同时也形成了以学科为基础的学院模式，即每个校区拥有一个或多个学科组成的若干院系，逐渐形成各校区的学科特色。但现在的院多属于“虚体”，各校区的学科布局基本上仍以原有学科传统为主[③]。”例如，先后于 1995 年、1997 年、2000 年并入原苏州大学的苏州蚕桑专科学校、苏州丝绸工学院、苏州医学院，就存在着不同办学层次、不同隶属关系、不同办学类型、不同历史传统等方面的客观差异，这种客观差异，必然导致各校的办学精神、办学风格、学术传统、管理方式、校园文化等方面的显著差别[④]。2012 年 2 月，经江苏省人民政府批准，南京铁道职业技术学院苏州校区并入苏州大学，成立苏州大学阳澄湖校区。这些校区的学科分布，基本上还沿用是基于原有学校的学科设置。因此，在多校区高校各校区进行学科设置时要考虑这一因素准则。

---

①汪晓村等．论高校学科专业设置的理念与机制[M]．北京：科学出版社，2008.40

②厦门大学.厦大翔安校区 9 月迎新[EB/OL].(2012-3-27)[2012-11-24]http://news.xmu.edu.cn/s/13/t/381/81/1d/info98589.htm

③阮莉立.高校在多校区办学条件下的学科建设[J].重庆工学院学报，2006.6：139

④姚炜，王洪法.多校区办学：苏州大学的经验、问题及思考[J].苏州大学学报(哲学社会科学版)，2007.5：121

（五）地理位置

既然选择了多校区办学，不可避免的问题就是不同校区的地理位置问题。正因为地理位置的不同，高校在不同校区设置的学科也不同。例如，为积极响应国家海洋发展战略，推进浙江省海洋经济发展示范区和浙江舟山群岛新区建设，2012 年 6 月 10 号，浙江大学与舟山市签订协议，共建以海洋教学与科研为特色的浙江大学舟山校区（浙江大学海洋学院）。该校区将会依托舟山得天独厚的海洋区位优势和舟山群岛新区建设的有利时机，携手打造高水平海洋科教基地和海洋人才高地。该校区将会结合当地经济发展需求和国家海洋科技发展设置学科专业，主要以涉海专业为主要学科设置目标①。再如，山东大学（威海），—山东大学威海分校，着力打造"天、海、韩"三大特色。"天"指的是空间学科，"海"指的是海洋科学，"韩"指的是韩国教育与研究。基于此，设立了空间科学与物理学院、海洋学院、韩国学院，以及与之有关的学科都设立在威海分校。显然，地理位置的不同，学科设置就有所差异。

通过以上内容的分析，可见，为了优化学科分布的目标，在多校区高校的各个校区设置学科时，准则层面包括资源利用效率、学科融合、校区功能定位、历史传统、地理位置等。

各校区学科最优设置是从若干个（设为 n 个）校区中依据上述准则确立最能促进学科建设的方案。由此，可以画出层次结构模型（图 7.1）：

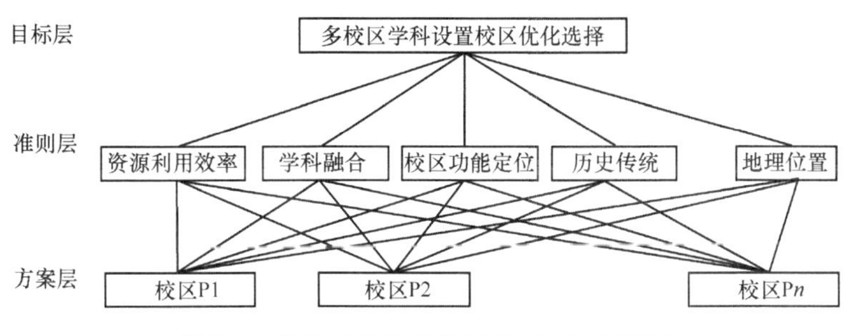

图 7.1　各校区学科最优设置层次结构模型

三、构造判断矩阵及确定准则层面的权重

关于影响校区学科最优设置决策的五个准则，即资源利用效率、学科融合、

---

①张乐.浙大海洋学院成立服务国家海洋战略［EB/OL］.（2012－6－10）［2012－11－24］http://news.xinhuanet.com/local/2012-06/10/c_112178771.htm

校区功能定位、历史传统、地理位置,通过查证大量资料,调研多个多校区高校关于学科布局的方案,并征询高等教育学相关专家后,准则之间两两比较,笔者认为,影响多校区高校学科分布的因素,首先是资源利用效率,其次先后为学科融合、校区功能定位、历史传统、地理位置。

分析各个准则对多校区学科设置校区优化选择这一目标层的影响程度,是确定各个准则权重的基础性工作。经过查询大量资料,多方调研,反复比较,认为资源利用效率对目标的影响比学科融合对目标的影响稍强(标度取3);资源利用效率对目标的影响比校区功能定位对目标的影响强(标度取5);资源利用效率对目标的影响比历史传统对目标的影响很强(标度取7);资源利用效率对目标的影响比地理位置对目标的影响非常强(标度取9);其他标度类似分析确定。基于此,可以得出第一层判断矩阵为:

$$A=\begin{pmatrix} 1 & 3 & 5 & 7 & 9 \\ \frac{1}{3} & 1 & 5 & 4 & 7 \\ \frac{1}{5} & \frac{1}{5} & 1 & 3 & 2 \\ \frac{1}{7} & \frac{1}{4} & \frac{1}{3} & 1 & 3 \\ \frac{1}{9} & \frac{1}{7} & \frac{1}{2} & \frac{1}{3} & 1 \end{pmatrix}$$

利用 MZTLAB7.0 计算得

$$\lambda_{\max}=5.3291,$$

$$\vec{w}=(0.8518,0.4768,0.1715,0.1148,0.0662)^T$$

由

$$CI=\frac{(5.3291-5)}{(5-1)}=0.0823,RI=0.9,$$

得

$$CR=CI/RI=0.0914<0.10,$$

可见判断矩阵 A 具有满意的一致性。于是,资源利用效率、学科融合、校区功能定位、历史传统、地理位置五个准则的权重分别为

0.8510,0.4768,0.1715,0.1148,0.0662。

面临资源利用效率、学科融合、校区功能定位、历史传统、地理位置五个准则,多校区高校应如何进行学科的优化设置呢?这就需要构造第二层判断矩阵,即确定若干个优化设置方案分别对资源利用效率、学科融合、校区功能定位、历史传统、地理位置五个准则的权重。

四、多校区高校学科优化设置实例——以南通大学为例

南通大学坐落于素有“江海明珠”、“历史文化名城”美誉的沿海开放城市—江苏省南通市，是江苏省人民政府和交通运输部共建的综合性大学。学校的办学历史最早可追溯到近代著名实业家、教育家张謇先生于 1912 年创办的私立南通医学专门学校和南通纺织专门学校。2004 年，南通医学院、南通工学院、南通师范学院三校合并组建南通大学。经过一个世纪的办学历程，南通大学现已建设成为一所规模结构合理、学科门类齐全、教学质量优秀、办学效益明显的地方综合性大学。

目前，南通大学现有 4 个校区，占地面积 3700 余亩，设有 25 个学院和 1 所大型综合三级甲等附属医院，有全日制在校生 35 600 余人，设有 85 个本科专业，涵盖文学、理学、工学、医学、艺术学、经济学、法学、教育学、历史学、管理学等 10 个学科门类。学校始终坚持人才培养的中心地位，2007 年以优秀成绩通过教育部本科教学工作水平评估。目前，学校拥有 5 个国家特色专业建设点，20 个江苏省品牌专业、江苏省特色专业，拥有以国家级教学团队、国家级教学成果奖、国家精品课程、国家精品教材、国家级实验教学示范中心、江苏省高等教育教学成果奖为代表的一批优质教学资源。

南通大学 4 个校区分布为主校区（新校区）、启秀校区、钟秀校区以及在建的启东校区。启秀校区，即原南通医学院，位于启秀路 19 号，地处市中心风景秀丽的濠河之畔。钟秀校区，即原南通师范学院，位于通京大道 999 号。新校区位于南通市啬园路 9 号，处于南通市新城区核心位置①。

同样，南通四个校区学科优化设置要受到资源利用效率、学科融合、校区功能定位、历史传统、地理位置五个准则的影响。我们对各校区的资源利用效率进行综合评价，认为，主校区对资源利用效率的需求强度比启秀校区稍强（标度取 4）；主校区对资源利用效率的需求强度比钟秀校区强（标度取 6）；主校区对资源利用效率的需求强度比启东校区很强（标度取 7）；其他标度类似分析确定。基于此，可以得出判断矩阵为：

①南通大学原由启秀校区（原医学院）、文峰校区（原工学院）、钟秀校区（原师范学院）及新校区组成。而为降低多校区办学成本，更多的筹措学校建设所需资金，根据省委省政府的要求，在省教育厅、南通市人民政府的协调下，南通大学与南通纺织职业技术学院签订了关于文峰校区置换的协议，南通大学在“十一五”期间逐步已将文峰校区的所有学院迁出。参见：http://fzghc.ntu.edu.cn/cq/News_View.asp? NewsID=244

$$A_1=\begin{pmatrix}1 & 4 & 6 & 7\\ \frac{1}{4} & 1 & 4 & 6\\ \frac{1}{6} & \frac{1}{4} & 1 & 3\\ \frac{1}{7} & \frac{1}{6} & \frac{1}{3} & 1\end{pmatrix}$$

利用 MZTLAB7.0 计算得

$$\lambda_{\max 1}=4.2463,\vec{w}_1=(0.9073,0.3873,0.1455,0.0748)^T$$

由

$$CI=\frac{4.2463-4}{4-1}=0.082,RI=0.9,$$

得

$$CR=CI/RI=0.0912<0.10,$$

可见判断矩阵 A_1 具有满意的一致性。

同时，主校区对学科融合的需求强度比启秀校区很强（标度取 6）；主校区对学科融合的需求强度比钟秀校区强（标度取 5）；主校区对学科融合的需求强度比启东校区非常强（标度取 7）；其他标度类似分析确定。基于此，可以得出判断矩阵为：

$$A_2=\begin{pmatrix}1 & 6 & 5 & 7\\ \frac{1}{6} & 1 & 3 & 4\\ \frac{1}{5} & \frac{1}{3} & 1 & 2\\ \frac{1}{7} & \frac{1}{4} & \frac{1}{2} & 1\end{pmatrix}$$

$$\lambda_{\max 2}=4.2219,\vec{w}_2=(0.9432,0.2878,0.1418,0.0862)^T$$

由

$$CI=\frac{4.2219-4}{4-1}=0.0740,RI=0.9,$$

得

$$CR=CI/RI=0.0822<0.10,$$

可见判断矩阵 A_2 具有满意的一致性。

并且，主校区对校区功能定位的需求强度比启秀校区稍强（标度取 2）；主校区对校区功能定位的需求强度比钟秀校区强（标度取 5）；主校区对校区功能

定位的需求强度比启东校区强(标度取 3);其他标度类似分析确定。基于此,可以得出判断矩阵为:

$$A_3=\begin{pmatrix}1 & 2 & 5 & 3\\ \frac{1}{2} & 1 & 4 & 2\\ \frac{1}{5} & \frac{1}{4} & 1 & 1\\ \frac{1}{3} & \frac{1}{2} & 1 & 1\end{pmatrix}$$

$$\lambda_{\max 3}=4.0658,\vec{w}_3=(0.8196,0.4994,0.1677,0.2252)^T$$

由

$$CI=\frac{4.0658-4}{4-1}=0.0219,RI=0.9,$$

得

$$CR=CI/RI=0.0244<0.10,$$

可见判断矩阵 A_3 具有满意的一致性。

而且,启秀校区对传统布局的需求强度与钟秀校区一样强(标度取 1)①;钟秀校区对传统布局的需求强度比主校区强(标度取 5);主校区传统布局的需求强度比启东校区很强(标度取 6);其他标度类似分析确定。基于此,可以得出判断矩阵为:

$$A_4=\begin{pmatrix}1 & 1 & 5 & 6\\ 1 & 1 & 4 & 5\\ \frac{1}{5} & \frac{1}{4} & 1 & 4\\ \frac{1}{6} & \frac{1}{5} & \frac{1}{4} & 1\end{pmatrix}$$

$$\lambda_{\max 4}=4.1852,\vec{w}_4=(0.7233,0.6488,0.2163,0.0956)^T$$

由

$$CI=\frac{4.1852-4}{4-1}=0.0617,RI=0.9,$$

得

$$CR=CI/RI=0.0686<0.10,$$

①因准则的特殊性和数据的兼容性,为得到判断矩阵,对该准则的影响的各备选方案的顺序有所变动,但不影响对权重计算,在最后的总排序中调为统一的顺序。

可见判断矩阵 A_4 具有满意的一致性。

最后，启秀校区对地理位置的需求强度与钟秀校区稍强（标度取 2）；钟秀校区对地理位置的需求强度比主校区强（标度取 3）；主校区地理位置的需求强度比启东校区很强（标度取 5）；其他标度类似分析确定。基于此，可以得出判断矩阵为：

$$A_5=\begin{pmatrix} 1 & 2 & 3 & 5 \\ \frac{1}{2} & 1 & 1 & 2 \\ \frac{1}{3} & 1 & 1 & 4 \\ \frac{1}{5} & \frac{1}{2} & \frac{1}{4} & 1 \end{pmatrix}$$

$$\lambda_{\max5}=4.0924,\vec{w}_5=(0.8381,0.3540,0.3897,0.1429)^T$$

由

$$CI=\frac{(4.0924-4)}{(4-1)}=0.0308,RI=0.9,$$

得

$$CR=CI/RI=0.0342<0.10,$$

可见判断矩阵 A_5 具有满意的一致性。

通过以上各校区对资源利用效率、学科融合、校区功能定位、历史传统、地理位置五个准则的需求程度的分析，可以得知，五个准则先后对主校区、启秀校区、钟秀校区、启东校区的权重分别为：

$$0.9073,0.3873,0.1455,0.0748; \quad (1)$$

$$0.9432,0.2878,0.1418,0.0862; \quad (2)$$

$$0.8196,0.4994,0.1677,0.2252; \quad (3)$$

$$0.2163,0.7233,0.6488,0.0956; \quad (4)$$

$$0.3897,0.8381,0.3540,0.1429; \quad (5)$$

其中：(4)、(5) 为 w_4、w_5 调整后的排序。

基于此，可以计算各准则层对目标层的总排序，即各个准则的权重矩阵与各个准则对各个备选方案的影响矩阵的乘积，合成最终的排序矩阵，因此所得到的排序最大者即为最优选择。

各个准则的权重矩阵：$a=\vec{w}=(0.8518,0.4768,0.1715,0.1148,0.0662)^T$

各个备选方案的影响矩阵：

$$b=(w_1,w_2,w_3,w_4{}',w_5{}')=\begin{pmatrix}0.9073 & 0.9432 & 0.8196 & 0.2163 & 0.3897\\ 0.3873 & 0.2878 & 0.4994 & 0.7233 & 0.8381\\ 0.1455 & 0.1418 & 0.1677 & 0.6488 & 0.3540\\ 0.0748 & 0.0862 & 0.2252 & 0.0956 & 0.1429\end{pmatrix}$$

其中 $w_4{}'$为 w_4 调整为统一顺序后的传统布局准则对备选方案的影响权重，$w_5{}'$为 w_5 调整为统一顺序后的地理位置准则对备选方案的影响权重。

得到总排序矩阵为

$$c=b\times a=\begin{pmatrix}1.1437\\ 0.6913\\ 0.3182\\ 0.1639\end{pmatrix}。$$

可见，南通大学学科优化设置时，通过对资源利用效率、学科融合、校区功能定位、历史传统、地理位置等因素的综合评价分析，主校区为最优选择，其次为启秀校区、钟秀校区、启东校区。

事实上，南通大学在布局学科时也是如此安排的。合并前的南通大学，学科分布较为零乱。截至 2003 年，原南通医学院全院有 19 个专业和专业方向，覆盖医学、生物学、管理学三大学科。原南通师范学院普教设 13 个系，普通本科专业 32 个，覆盖经济学、法学、理学等 7 个学科门类。原南通工学院则拥有工、经、管、文、理 5 个学科门类，25 个专业。如今，合并后的南通大学全校共设有 22 个学院、1 个独立学院、1 个继续教育学院、1 个国际教育学院和 1 所大型综合三级甲等附属医院，设有 85 个本科专业，涵盖文学、理学、工学、医学、艺术学、经济学、法学、教育学、历史学、管理学等 10 个学科门类。其中，主校区有 18 个学院，设置了 74 个本科专业，涵盖了文学、理学、工学等 7 个学科门类。

实验教学仪器设备的优化

实验教学仪器设备是任何一所高校不可或缺的重要组成部分。然而,对多校区而言,其拥有的校区少则两三个,多则七、八个校区,这些分散的校区,面积虽小,却五脏俱全,特别是在房屋建筑、仪器设备,尤其是基础实验设备方面,重复设置率高,又由于种种原因难以集中到一起,造成了仪器设备的大量闲置,使高校资产贬值。可见,实现教学仪器设备的优化对多校区高校则显得格外重要。因此,只有采取科学的方法,从多校区高校仪器设备的购置、分布以及使用上提高设备使用效率和投资效益,才能为高校教学、科研以及为社会服务提供可靠保障。

第一节　优化购置方式:招标

招投标是指采购人事先提出货物、工程或者服务的条件和要求,邀请必要数量的投标者参与投标并按照法定或约定程序选择交易对象的一种交易行为。实践证明,招标作为一种采购方式,充分体现了公平、公正、公开原则,在国际、国内市场中被广泛使用。我国自 2000 年 1 月颁发《招标投标法》、2003 年 3 月颁发《政府采购法》以来,全国各高校相继出台了适合本校实际情况的招标办法。特别是随着高校招生规模的不断扩大,在校生的陡增,为了保证教学质量,高校需要购买大量实验教学仪器设备,招标则是一种有效的采购方式。“招标采购方式是一种科学高效、有组织、有规范和透明度较高的交易运作方式,是运用竞争方式通过招标、投标、开标、评标和定标等一系列运作程序来确定最终中标单位并签订商务合同的制度,是提高采购资金使用效率,保证采购项目质量的主要采购方式①。”

---

①胡芳．论高校仪器设备招标与监督工作[J]．中国现代教育设备,2008.10:8

一、招标意义

（一）有助于避免权力寻租

高校是传承文明、培养人才、创造知识、服务社会、传播先进文化的摇篮。然而，在改革开放和发展社会主义市场经济条件下，高校与社会的联系越来越密切，社会上的一些消极腐朽思想对高校师生特别是领导干部的影响越来越直接，如权钱交易、贪污受贿，挪用公款等腐败现象也不可避免地进入高校。特别是招生、人事、基建、财会、物资采购等这些权力密集的重点领域、重点部位和关键岗位，是腐败最容易发生的地方，必须建立严格的制度，切实加以规范。

为提高竞争力、改善办学环境、扩大招生规模，多数高校一方面不断努力争取国家和地方财政增加投资，另一方面又千方百计地通过各种融资渠道筹措资金，用以教学实验仪器设备的购买。如何有效地利用资金、控制成本成为影响高等院校能否健康发展的一个至关重要的因素。随着社会主义市场经济体制的建立，高校物资采购由原来集中统一的计划分配形式改变为多元化的市场采购形式。目前，大部分高校制定了与物资采购相关的规章制度，为采购工作的规范化、制度化提供了基础。

招标作为一种公正透明、廉洁高效的物资采购制度对于防止腐败具有强大的制约作用。招标采购的核心就是“公平、公开、公正”，通过评标与定标的民主评议，使采购活动由暗箱操作变为阳光交易。高校设备采购体现了市场经济规律，扩大了采购选择面，减少了人际关系的干扰，客观上抑制了权力寻租现象的发生。

（二）有利于教育经费效益的提高

自1999年以来，我国高校学生人数大规模增加，截至2010年普通本专科生在校生已达到2231.79万人，是1998年340.87万的6.55倍。然而，国家高等教育投入占财政支出以及占GDP的比重一直下降，国家将财政资源更多的投入到其他领域。减少高等教育财政投入，对我国高等教育事业的稳健发展提出了严峻的挑战①。可见，一方面是高校人数的规模增长，另一方面是财政投入的减少。为了保证教育质量的进一步提高，只有提高教育经费的效益才能调解二者之间的矛盾。

招标采购制度有利于教育经费效益的提高。学生规模的扩大最直接的后

①聂立安．高等教育财政投入的效率与公平分析[D]．合肥：安徽大学，2011

果导致高校各类设施的不足,如图书资料、宿舍、教室以及各种实验仪器设备。招标采购在节省高校经费的同时,提高了实验仪器设备的质量。一方面,招标采购时一般具有数量大、价值高的特点,必然会引来众多竞标者,各竞标者面对面开展竞争,为了能中标,商家则采取降低利润空间、提高产品质量等措施确立价格优势,从而使高校采购到质优价廉的设备,节约了教学经费。另一方面,招标采购是一个集采购政策、采购程序、采购过程和采购管理于一体的管理活动。按照招标采购的管理规定,学校进行统筹安排,实行统一的采购计划,可防止重复采购和多头采购,避免造成浪费。

二、招 标 原 则

招标行为是市场经济的产物,并随着市场的发展而发展,必须遵循市场经济活动的基本原则。若违反这些基本原则,招标活动将会失去本来的意义,无法起到规范招标活动、维护当事人合法利益的作用。根据我国《招投标法》第五条的规定,"招标投标活动应当遵循公开、公平、公正和诚实信用的原则。"高校在招标采购实验仪器设备时也须遵守这些基本原则。

(一) 公开原则

招标活动要遵循公开原则①,主要包括招标信息的公开;开标程序的公开;评标标准、程序的公开;中标结果的公开。

招标活动信息的公开。高校在招标采购实验仪器设备时,采用公开招标方式时,应向社会发布公告。采用邀请招标方式时,应向三个以上且具有相应资质投标单位发出投标邀请书。招标公告、投标邀请书应当载明,能大体满足潜在投标人决定是否参加投标所需要的信息;一般应包括,高校的名称、地址;招标采购货物的性质、数量和交货地点;提供招标文件的时间、地点和收取的费用等。在发布招标公告、发出招标邀请书的基础上,高校还应按照招标公告或投标邀请书中载明的时间和地点,向有意参加投标的供应商提供招标文件。招标文件应当载有为供应商、承包商作出投标决策、进行投标准备所必需的资料,以及其他为保证招标投标过程公开、透明的有关信息。通常应当包括,关于编写投标文件的说明,以避免投标人因其提交的投标文件不符合要求而不能中标;采购项目的技术、质量要求,竣工或服务的时间等;要求提交投标担保的,对投

①公开原则,贯穿于整个招标投标程序中,指的是招标投标的程序要有透明度。本部分内容的分析主要依据的是我国《政府采购货物和服务招标投标管理办法》,同时参考:王虎．招投标首要遵循公开原则[J/OL].(2008-11-14)[2012-10-23]http://www.ccgp.gov.cn/site13/llsj/llts/762359.shtml.(中国政府采购网)

标担保的具体要求;提交投标文件的时间、地点;投标有效期;开标时间、地点和程序;对投标文件的评审程序和确定中标的标准等。高校对已发招标文件进行必要的澄清或者修改的,应当以书面形式通知所有的招标文件收受人。

开标的程序要公开。开标应当按照招标文件规定的时间和地点公开进行,所有的潜在投标人或其代表均可参加开标会议。开标时,应先由投标人或者其推举的代表检查投标文件的密封情况,经确认无误后,由工作人员当众拆封,以唱读的方式,报出各投标人名称、投标价格等投标文件的主要内容,并作好开标记录,存档备查。招标人在招标文件要求提交投标文件的截止日期前收到的所有投标文件,开标时都应当当众拆封、宣读。对在投标截止日期以后收到的投标文件,招标人应当拒收。

评标的标准和程序要公开。评标的标准和办法应当在提供给所有投标人的招标文件中载明,评标应当严格按照招标文件载明的标准和办法进行,不得采用招标文件未列明的任何标准。在中标结果确定前,高校不得与投标人就投标价格、招标方案等实质性内容进行谈判。评标委员会,应当严格高校有关规定的程序进行评审,做好评标准备工作后,对各投标文件进行初步评审,列出投标文件的重大偏差和细微偏差,重大偏差的作为废标处理,细微偏差的要求投标单位进行说明和补正。然后再对合格的投标文件进行详细评审,最后向招标单位推荐中标候选人。

中标的结果要公开。确定中标候选人后,高校应当通过报刊、信息网络或者其他公共媒介公布中标结果,接受未中标的投标人与社会监督。公示结束后,如没有投诉的,招标人应向中标人发出中标通知书,并同时将中标结果通知所有未中标的投标人。

(二)公平原则

公平原则是市场经济的重要法则,其强调在市场经济中,对任何当事人都只能以市场交易规则为准则,享受公平合理的对待。该原则要求高校在设备采购活动中引入竞争原则,并保证每一个参加竞标的投标商都能获得平等的竞争机会。如此才能确保投标者最大限度的激烈竞争,可以促使投标人提供更好、更廉价的商品、劳务与技术等,从而使高校以较低的价格获得优质廉价的设备。招标制度,从某种程度来讲,就是要制造竞争与利用竞争的制度。竞争是招标采购制度的核心原则之一。另一方面对于广大的供应商而言,必须拥有公平竞争机会。要求竞争必须是合法的、公平的,是正当、真实、有效的。也只有建立在公平竞争基础上的招标采购,才能真正吸引那些具有商业技术能力、诚实信用的供应商积极参与竞争。没有公平竞争的招标采购,既不利于提高采购的质量,又不能有效保障供应商合法的权益。更重要的一点,不公平现象经常与腐败相关联,而腐败问题则经常是破坏公平制度的主要威胁①。

(三) 公正原则

高校设备招标采购中的公正原则,主要是指高校相对于投标人、潜在投标人的若干供应商而言,应当站在中庸、公允、超然的立场上,对于每一位投保者都应当一视同仁,不得因身份不同而施行差别对待。公正原则有别于公平原则之处在于,公平原则调整双方当事人之间的权利义务关系,公正原则调整一方当事人与其余多方当事人之间的权利义务关系,强调的是一方当事人与其余多方当事人之间保持等边距离。强调高校采购活动必须体现公正原则,主要是因为采购活动的法律基础是供应商之间的法律地位平等原则和采购方与供应商之间的等价交换原则。

为了充分体现原则,高校必须坚决打破采购市场的封锁和地方保护,换言之,高校不得只偏袒于本地区供应商,限制非本地供应商的合法权益。为了确保高校采购活动中的公正性,消除投标供应商因所有制、注册地等不同而导致的歧视待遇,应当禁止高校与投标者在决标程序终结之前私下谈判。同时,根据公正原则,还应当全面界定采购方遴选候选人的标准和决定中标人的标准。当然,对最终决定权的作出者进行限制或监督也是落实公正原则的要求。决标的最终决定权不应是高校的某个领导,而应是合议制的招标评审委员会或评标委员会。招标评审应当实行无记名投票制和多数票决定制。高校根据评标委员会提出的书面评标报告和推荐的中标候选人确定中标人,也可以授权评标委员会直接确定中标人。

(四) 诚实信用原则

诚实信用原则又称诚信原则,是民事活动的基本原则,其含义在于当事人在市场活动中应讲信用,恪守诺言,诚实不欺,在追求自己利益的同时不损害他人和社会利益,要求民事主体在民事活动中维持双方的利益以及当事人利益与社会利益的平衡。诚信原则兼具法律强制性规范与道德性规范双重特点,向来被尊称为民事活动的“帝王条款”。高校在设备采购中,应当本着诚实、守信的态度履行各自的权利与义务,讲究信誉,兑现承诺,不得散布虚假信息,不得有欺诈、串通、隐瞒等行为,不得伪造、编造、隐匿、销毁需要依法保存的采购文件,不得规避法律法规。

---

①吴正琴. 浅析招标在高校教学设备采购中的运用[J]. 科教文汇(下旬刊),2010.3:183

三、招标制度有效实施的保障措施

(一) 建章立制，确保招标采购有法可依、有章可循

“没有规矩，不成方圆”。高校招标采购制度的实施离不开可行、有效的规章制度。我国先后颁布了《招投标法》、《政府采购法》、《招标投标法实施条例》等法律法规，这些都是高校制定相关招标制度的有效依据。中国矿业大学陆续出台了《中国矿业大学招投标管理办法》、《中国矿业大学招投标工作实施细则》等文件。严格规定了招标采购过程中的招标、投标、定标等各个环节的操作规范，明确了各个行为主体的职责和义务，并全程接受审计和监察部门的监督检察①。西安电子科技大学出台了《西安电子科技大学招投标管理办法》、《西安电子科技大学招投标工作实施细则》文件等等。这些制度的建立与完善，为我国高校做好实验仪器设备招标采购工作打下了坚实的基础，规范了设备招标采购程序，使各职能部门恪尽职守，防止不正之风。并且，实现对全校设备仪器的统一招标采购，避免了各部门因协调不一致而导致的重复采购，为学校节省了开支。同时，又充分体现出了“公开、公平、公正”的采购原则，避免了暗箱操作，做到了“阳光采购”。

(二) 科学选择评价方法，提高资金使用效益

评标是高校进行实验仪器设备招标采购工作中最关键的环节。科学、合理、合法的评标方法是产生正确评标结构的前提，是减少评标争议的重要保证。为此，高校必须了解几种具有可操作性的评标方法。根据财政部《政府采购货物和服务招标投标管理办法》规定，评标方法分为最低评标价法、综合评分法以及性价比法②。

最低评标价法。最低评标价法，是指以价格为主要因素确定中标候选供应商的评标方法，即在全部满足招标文件实质性要求前提下，依据统一的价格要素评定最低报价，以提出最低报价的投标人作为中标候选供应商或者中标供应商的评标方法。该评价法中的“统一的价格因素”即为不确定的评标因素，需要根据实际情况确定这些评标因素，用加价方式进行调整。一般来讲，评标价的计算以投标报价为基础，综合考虑质量、性能，交货或竣工时间，交付使用后

---

①张萌，王彦．高校仪器设备招标采购工作的实践与探索[J]．中国市场，2009.13：110

②本书关于三种评价方法的定义都来自财政部颁发的《政府采购货物和服务招标投标管理办法》，参见第51、52、53条

的运行、维护费用等因素,按照招标文件中确定的权数或量化方法,将这些因素这算为一定价格,并计入投标报价中,最终得出的就是评标价①。

最低评标法的优点在于所有评价都是由评标委员会的专家重新计算的,避免了各投标者报价的不可比对性,使所有平标价重新换算,更加合理,可比性很强。然而,其缺点也非常明显,即对于哪些因素影响评标价、加价幅度多大等评标专家难以准确且合理确定,这为该评标价法的运行带来一定难度。

综合评分法。综合评分法,是指在最大限度地满足招标文件实质性要求前提下,按照招标文件中规定的各项因素进行综合评审后,以评标总得分最高的投标人作为中标候选供应商或者中标供应商的评标方法。综合评分的主要因素是:价格、技术、财务状况、信誉、业绩、服务、对招标文件的响应程度,以及相应的比重或者权值等,上述因素应当在招标文件中事先规定。

综合评分法优点在于充分体现高校采购意图。高校可以根据《财政部 18 号令》的规定,合理设置本校采购时货物、服务价格分值占总分值的比重。一般而言,货物项目的价格分值占总分值的比重(即权值)为百分之三十至百分之六十;服务项目的价格分值占总分值的比重(即权值)为百分之十至百分之三十。对于注重产品质量的高校来说,则会在评分方法中提高质量、品质的权重,放低价格权重,注重价格则会提高价格所占权重。可见,这种灵活性充分的表明了高校招标采购时的意图。当然,有时针对同一投标者各评委打分相差悬殊,使评标结果受到质疑,为此,应当采取两方面的管理措施。一是采用统一分制度,制定详细的评分标准,细化评标因素及这些因素的分值,以达到约束评委主观倾向的作用;二是开标前,一定要有详细的评分标准,避免评委"先入为主"的个人倾向。

性价比法。性价比法,是指按照要求对投标文件进行评审后,计算出每个有效投标人除价格因素以外的其他各项评分因素(包括技术、财务状况、信誉、业绩、服务、对招标文件的响应程度等)的汇总得分,并除以该投标人的投标报价,以商数(评标总得分)最高的投标人为中标候选供应商或者中标供应商的评标方法。

无论采取哪种评价方法,都有其利弊之处,高校在基本的招标采购中,要根据采购仪器、设备类型,投标者是厂家还是销售商,以价格还是质量为重等因素综合考虑。具体问题,具体分析,以便达到以价格竞争为核心,以产品质量为根本要求的评标目的。

①薛彩芳. 高校设备政府采购中几种评标方法的运用[J]. 中国政府采购,2007.6:50

（三）提高思想认识，强化招标监督机制

“阳光是最好的防腐剂”。2012年4月国务院总理温家宝发表了《让权力在阳光下运行》一文强调，“防腐倡廉，责任重大”。作为高校，务必以坚决、有力的态度推动廉政建设，与一切腐败行为做斗争。在实验仪器设备的招标采购中，要充分认识到监督工作的重要性，真正落实招标的“三公一诚”基本原则，确保招标活动在“阳光”下运行。高校纪检、监察、审计部门集党的纪律检查和校园行政监察于一身，是学校的专业执纪监督部门。从招标制度的设计和投标功能的实现来看，纪检、监察部门的参与更有利于激发各参与主体的监督意识，调动监督积极性，促进招标工作健康开展。

针对目前高校招标监督不到位的情况，首先要建立起由纪检监察部门牵头、组织、协调各参与主体共同监督、相互配合的监督工作机制，整合监督资源，形成监督合力。招标领导小组应该组织调动财务管理部门、监督部门、后勤管理部门、招标办、工会等各方面参与主体共同履行监督职责，发挥各自的监督职能，及时发现并处理违规违纪问题，纠正违规行为，保证招标工作在设定的制度范围内进行，真正做到照章办事，有章必循①。例如，《南京大学招标投标管理办法（暂行）》规定，学校审计部门应当对学校各项招标投标活动进行审计监督；学校纪委、监察部门应当对参与学校招标投标活动的人员实施纪律监督；任何单位和个人对学校招标投标活动中的违法、违规行为，有权检举和投诉。并且，在招标过程中，注重从程序上全面监督，同时要注重各参与者的行为表现，须做到全面监督与严格重点监督的结合。要对招标过程中的资格审查、评价方法等重点问题做到有效防范。加大监督执行力度，维护招标监督的严肃性。总之，只有在广泛有效地监督下，高校招标工作才能有效遏制滥用权力和以权谋私的行为，才能确保招标工作“阳光透明”。

（四）加强专家库建设，保证招标工作质量

招标工作一般都会涉及技术、管理、经济财务甚至法律方面的专业问题，特别是高校实验仪器的采购。若由非专业人员进行最后的决标难免会以个人好恶取代客观和原则的现象，因此，要建立专家评审机制。建立专家库以保证评标工作的有效性和公正性。如，《东南大学招标管理办法》规定，招投标管理办公室负责学校招标工作的组织和管理，建立并逐步扩充“潜在投标人信息库”、“评标专家库”，并根据投标人及评标专家的情况实行动态管理。招标专家一

①朱同发，朱赣生．高校招标离不开有效的监督工作［J］．重庆工学院学报（社会科学），2008.1：153

般应从事相关专业领域工作多年,具有较高专业水平与招标实践经验,能够认真、公正、诚实、廉洁地履行职责。为此,须做到:明确专家权力与责任;扩充专家队伍,确保有足够数量的专家可供随机抽取;合理分类专家类型,确保专家所熟悉领域与采购项目相一致;加强对专家履行职责行为的监督管理,提高专家的法律意识、责任意识和评标能力①。

第二节　分布上的最优化:效用量化

一、分布优化的根本方法——统筹兼顾

对多校区高校实验仪器设备进行分布,只有采取科学的方法,才能取得良好的效果。方法是人们在自身的实践活动中,“为实现特定目标自觉遵循主体与客体的统一而制定的,用以把握、改造客观世界的行为规则、程序、途径等活动方式的总称②。”方法论则是方法的理论抽象和概括。统筹兼顾恰恰就是优化多校区高校仪器设备的科学方法。统筹:通盘筹划;兼:本义为一手执两禾,引申为同时进行几桩事情或占有几样东西;顾:照顾。统筹兼顾其本义就是指统一筹划,全面照顾。

统筹兼顾是多校区高校实现实验仪器设备最优化分布的方法依据,多校区实验仪器分布具有体系性,而统筹兼顾是从整体的角度把握影响仪器分布的各个因素以及这些因素之间的相互联系,在谋求发展时统一考虑这些因素的实际情况和要求,兼顾各个因素和每个因素的各个方面,统筹兼顾好多校区高校实验仪器分布的各因素—高校学科分布、仪器设备类型、学生类别、社会服务,使各要素相互协调,形成系统整体的统一发展,从而进一步优化仪器设备的具体分布。

二、统筹兼顾方法的哲学解析

统筹兼顾是科学的,是因为它充分体现了马克思主义哲学的辩证法思想。

首先,马克思主义把人类社会看作一个活的有机体,“社会不是坚实的结晶体,而是一个能够变化并且经常处于变化过程中的机体③。”这种有机体包括了政治、经济、文化等多领域和个人、家庭、群体、阶层、阶级等多结构层面

---

①张立. 浅议高校设备的招标采购管理[J]. 绿色财会,2010.4:56

②倪志安. 马克思主义哲学方法论研究[M]. 北京:人民出版社,2007:4

③[德]马克思. 资本论. (1卷)[M]. 北京:人民出版社,1975:12

的内容。"统筹兼顾体现了马克思主义哲学关于事物之间相互联系的观点和系统的观点。联系是指事物之间以及事物内部各要素之间相互影响、相互制约的关系，整个世界是一个有机联系的系统。发展实际上是一个由许多要素相互联系而组成的系统，要使这个系统的功能发挥到最佳程度，就必须充分考虑系统的组成结构，协调系统内部各要素的关系①。"统筹兼顾的实质，在于使影响多校区高校仪器分布的诸要素协调运作、良性互动，以达到分布上最优化的目的。

其次，统筹兼顾体现了马克思主义哲学辩证法的精髓。"关于矛盾的原理和矛盾分析的方法是辩证法的精髓，统筹兼顾就是分析矛盾、解决矛盾的过程，就是要运用矛盾分析方法，学会一分为二、具体问题具体分析、在对立中把握统一、在统一中把握对立②。"区别主要矛盾和次要矛盾，从变化着的实际出发，在兼顾事物的各个方面和各方利益中统筹思考。仪器设备合理分布要克服一系列矛盾和种种不和谐的因素，要通过对矛盾和问题的分析研究，通过运用统筹兼顾的方法，处理好优化建设过程中矛盾总体与部分、部分与部分、矛盾总体与环境之间关系，促使各种矛盾和矛盾的各个方面在优化分布的系统整体中得到充分合理的转化和解决。

第三，统筹兼顾方法注意差异性，注意差异和差异的解决是统筹兼顾方法的创造性和特色所在。唯物辩证法认为任何事物之间都具有差异性，但并不认可这种具有绝对性。恩格斯认为，"非此即彼"的旧的形而上学的思维方式已越来越不够适用，辩证的思维方法并不认可事物之间有普遍绝对的严格界限，是最高程度上适合自然观发展阶段的思维方式。除了承认"非此即彼"外，又必须认可"亦此亦彼"，"一切差异都在中间阶段融合，一切对立都经过中间环节而互相转移③"。可见，唯物辩证法将差异的存在与差异间没有绝对的界限划分作为思维方法的重要原则。统筹兼顾的方法正是这一原则的集中体现。也就是说，辩证法在承认事物之间存在异同的同时，强调要用历史辩证的方法来解决这些异同，这种方法具体地说就是统筹兼顾。统筹兼顾作为优化仪器设备分布的根本方法，是为实现仪器设备最高利用率与投资收益目标服务的。优化仪器设备分布的主体是人，目标是高校所有仪器设备，因此，统筹兼顾的实现主体、出发点、判断标准以及终极标目，都离不开这两方面，统筹兼顾时要注意二者之间的差异性，其中人的因素是实现目标的关键。因而，必须尊重人、依靠人，充分地调动广大师生的积极性、主动性和创造性，最大限度地集中全体师生

①赵万江，雷勇．科学发展观的哲学解读[J]．马克思主义与现实，2007.2：196

②林娅．科学发展观的根本方法是统筹兼顾[J]．思想理论教育导刊，2008.3：33

③[德]恩格斯．自然辩证法[A]．马克思恩格斯选集(4卷)[M]．北京：人民出版社，1995：318

的智慧和力量，兼顾影响仪器分布的诸要素，实现仪器设备最高利用率的终极目标。

三、实验仪器设备分布的影响因素

高校实验仪器设备管理对高校教学、科研以及为社会服务起着重要的推动作用。然而，仪器设备的布局不合理、条块分割问题严重影响着仪器设备的使用率、收益率。如何合理分布仪器设备是多校区高校普遍关注和急需解决的问题。一般来说，多校区高校仪器设备的合理分布主要受学科分布、学生类型以及社会服务等因素的影响。统筹兼顾这三者之间的关系，是提高仪器设备使用率、投资效益的有效途径。

（一）学科分布

任何一所高校的各种功能活动都是在学科中展开的，离开了学科，就失去了高校应有的基本职能，即培养人才、发展科学、社会服务。因此，学科是高等学校的细胞组织。目前，我国高等院校的学科门类共有 13 个，分为哲学、经济学、法学、教育学、文学、历史学、理学、工学、农学、医学、军事学、管理学、艺术学。然而，对于多校区高校而言，因校区功能定位、学科融合、资源利用效率、地理位置、历史传统等原因，各校区设置学科不尽相同。

高校实验仪器设备的购置、分布、使用等都是依据学科、专业类型进行的。对于合并高校而言，其拥有的校区少则两三个，多则七、八个校区，这些分散的校区，面积虽小，却五脏俱全，特别是在房屋建筑、仪器设备，尤其是基础实验设备方面，重复设置率高，又由于种种原因难以集中到一起，造成了仪器设备的大量闲置，使高校资产贬值。对此，多校区高校应根据整体规划原则，考虑学科融合、资源利用效率等因素，应将近的专业学科设置在同一校区，形成学科群。根据学科群实验课程体系的需要，考虑到各学科的相关及区域的不同，系统地建设教学实验室，尽量在各校区内做到资源共享，避免重复建设。积极探索一种学科群内各系及实验中心之间的联合建设，共同受益的运行机制，使有限资金发挥最大的效益。把原来彼此孤立、分散的相关学科调整到一起，使相同的实验室或相关的实验室合并到一起，使实验室建设上、规模上效益，促进教学、科研人员的强强联合或横向联合，在教学上取得最佳的规模和效益。例如，河北师范大学，为了实现实验室集中，提高仪器设备的利用率，按照 4 个校区各自的优势，调整了教学结构，将教学划为理科、文科、职业技术、艺术教育 4 大块，并划分为 3 个教学大区。理科区主要把数、理、化、生命科学、资源与环境等进行自然科学教学、研究的系科调整到一起,文科区主要把文、史、政等进行人文和社科教学、研究的系科调整到一起①。

(二)学生类别

我国高等学历教育分为三个层次,即专科教育、本科教育、研究生教育。与之相对应,我国高等教育学生类别也分为三类,专科生、本科生、研究生。按照《高等教育法》第十六条的规定,不同类别学生所具有的学业标准不同。专科教育应当使学生掌握本专业必备的基础理论、专门知识,具有从事本专业实际工作的基本技能和初步能力;本科教育应当使学生比较系统地掌握本学科、专业必需的基础理论、基本知识,掌握本专业必要的基本技能、方法和相关知识,具有从事本专业实际工作和研究工作的初步能力;硕士研究生教育应当使学生掌握本学科坚实的基础理论、系统的专业知识,掌握相应的技能、方法和相关知识,具有从事本专业实际工作和科学研究工作的能力。博士研究生教育应当使学生掌握本学科坚实宽广的基础理论、系统深入的专业知识、相应的技能和方法,具有独立从事本学科创造性科学研究工作和实际工作的能力。

不同的学业标准对实验仪器设备的需求不同,对于本专科生而言,以教学为主,称之为教学仪器设备;而研究生则需要较为先进、学科前沿的仪器设备,称为科研仪器设备。为了实现各种仪器设备的最大利用率,优化资源配置,如何协调二者之关系?本研究认为,如上所述,针对教学类实验仪器设备,争取根据学科分布,建设校级公共平台,以达到资源共享的目的。而对专业性特强、科研类设备,在校级公共平台的基础上,建立以学科为对象的专业实验室。因为,高水平的实验多来自科研,科研类相对于教学类而言,其专业性强、共性少,具有学科前沿性、科学研究创造性。

以学科为对象的专业实验室指的是以单一学科体系组建的学院或研究所,根据其专业性质,设置独立的院属或所属专业实验中心。“这样有利于学科、专业及科研实现‘三位一体’,即实验室建设与学科建设之间、专业教学与实验室建设之间、专业建设与科研之间、实验室建设与管理之间的协调进行②。”建设专业实验室,一是有利于办出学校的特色、培养出某一方面的高水平人才;二是可为某个领域开发科研成果提供必要的实验条件,在科研、生产与技术开发中,起到科技开发“孵化器”的作用,使本学科在本地区或某行业发挥骨干支撑作用。当然,无论是院属还是所属,都需在校职能部门的统一领导下实施,学校要

①王庆林．高校合并后的实验室建设与改革[J]．实验技术与管理,2001.3:87

②黄耀丽,尹传高,雷厉．地方高校实验室体制及专业实验室建设的探讨[J]．实验室研究与探索,2005.10:115

宏观调控,整体规划,以实现人、财、物的集约化管理。

然而,任何高校专业实验室的设置都要根据自己的实际情况,不能照抄照搬,应全方位考虑学校的办学特色、学科优势以及仪器设备等资源。特别是综合性大学的实验中心不能一刀切,要充分考虑其多学科、多专业、多功能的特点,结合教学与科研的目标与方向,构建多层次的体系,即校属、院属、所属专业实验室并存。

(三) 社会服务

实验仪器设备是高校从事教学、科研、社会服务的重要保障条件。充分发挥高校仪器设备在社会服务的重要作用和资源优势,已经在高校广大教师与管理部门达成共识。

高校实验仪器设备开展社会服务是由高校资源的性质以及高等教育职能决定的。高校所有资产主要来源于国家财政拨款,任何设备仪器特别是大型、精密型仪器都离不开财政支持。在产权关系上,仪器设备的所有权是国家,高校只不过享有占有权、使用权以及一定的收益权。国有资产是公共资源,属于全民所有,决定了高校资源不仅要为学校教学、科研之用,也应向社会提供服务。同时,高等教育具有三大职能,教学、科研、社会服务。教学与科研的最终目的就是为社会服务。教学与科研活动是高校社会服务职能实现的基础。各国高等院校主动为社会经济服务已成为世界高等教育的发展潮流。实验仪器设备作为高校的重要组成部分,面向社会服务是其应有的内容。

为了实现高校实验仪器设备的社会服务职能,多校区高校在分布各类仪器设备时需考虑地理位置这一因素,特别是重点实验室的分布。例如,由多所大学汇聚而成的现代大学城,良好的地理位置和周边经济环境为高校提高办学水平、加强产学研合作创造了有利条件。地理位置影响着学科的设置与分布,仪器设备也要考虑地理位置。在开放高校资源、实现共享时,要根据仪器设备的使用情况,将社会服务常用的而高校不常用的仪器设备分布在地理位置优越、交通方便的校区,有利于社会成员的获取。同样,考虑他校主要服务于社会的仪器设备,将本校与他校仪器设备集中在一个区域,形成一个"服务链",更好地为产学研服务,适应城市经济产业结构和社会发展的需要。

统筹兼顾学科分布、学生类型以及社会服务三者之间的关系,需要组织有关专家对全校仪器设备建设进行整体规划和论证,同时,要吸引有丰富教学经验和科研经验的教授以及社会企业科研专家的参与,需求三者之间的融合点与生长点,打破原有传统布局,一切以提高仪器使用率、投资效益为目标,在教学、科研以及社会服务上取得最佳的规模与效益。

第三节　使用上的优化:效率

进入新世纪以来,我国高校教学科研设备数量显著增加,档次明显提升,支撑教学科研、社会服务的能力不断增强。特别是国家实施"211"、"985"工程建设以来,一批实验室和科研基地的硬件条件实现了跨越式发展,截至 2010 年底,我国普通本科高等学校,共有实验室 28 156 座,全国建设了 501 个国家级教学示范中心,2931 个省级实验教学示范中心①。而普通高等学校教学科研仪器设备总值为 2279 亿元②。高校实验仪器设备如此大规模、高水平的发展,为高素质人才培养提供了重要支撑。

新的时期,如何加强实验仪器设备管理,建立适应科技发展要求的管理机制,提高设备使用效率和投资效益,是任何一所高校面临的重要命题。目前,我国高校仪器设备管理仍存在很多问题,设备资源利用率不高、效益偏低的问题还十分严重。据有关部门统计,全国高校 40 万元以上仪器设备综合评价不合格的达三分之一,近 50%的大型设备使用机时不达标③。其主要原因在于实验仪器设备管理队伍力量不足、购置设备时缺乏科学论证、运行维护经费不足以及缺乏资源共享机制。因此,探索高校实验仪器设备如何发挥整体效益,提高设备利用率,是各级政府部门、各类高校以及使用单位共同关心的话题。

一、实现使用效率优化的制约因素

(一) 管理队伍力量不足

高素质的技术管理队伍是实现高校实验仪器设备高效运行的基本要素。

①仪器信息网．全国高校实验室工作研究会第六次会员代表大会暨高校仪器设备开放共享学术研讨会成功举办[EB/OL].(2011-7-22)[2012-10-23]http://www.instrument.com.cn/news/20110722/065212.shtml,2012/8/24 访问

②教育部.2010 年全国教育事业发展统计公报[R/OL].(2012-03-21)[2012-10-23]http://www.moe.edu.cn/publicfiles/business/htmlfiles/moe/moe_633/201203/xxgk_132634.html.(注释:该统计公报发布后,中国教育装备采购网查阅了教育部自 1990 年以来的全国教育事业发展统计公报,发现直到 2009 年之前,教育部未将我国普通高等学校教学科研仪器设备总值纳入公报范围。因此,2010 年度的统计公报,应该是首次将全国范围内的普通高等学校教学科研仪器设备总值,列入全国教育事业发展统计公报的一项内容。而在之前,仅在 1993 年统计公报中,在"高等教育"一节的最后一句话提到:"部分高校教学科研仪器设备严重不足。")参见:中国教育设备采购网.我国高等教育教科研仪器设备总值已达 2279 亿元[EB/OL](2011-7-19)[2012-10-23]http://www.caigou.com.cn/News/Detail/73837.shtml

③王小力,赵军武,杨帅,龙跃.树立资源共享理念,推进仪器设备开放服务系统建设[J].实验技术与管理,2006.10:1

随着教学科研设备的更新换代，对技术管理人员的素质要求则越来越高。然而，多年来这支队伍的培养、建设和管理远远不能满足现代高校技术设备管理的要求。目前，不少高校没有意识到管理技术设备的重要性，常常将这些职位作为解决引进人才家属或教职工子女就业的岗位，致使技术管理队伍的素质令人担忧，管理人员的年龄结构、学历层次、专业水准以及职称结构等不尽合理，缺乏骨干力量。同时，高校内部人员的年年流动，致使很多较高学历、高职称的教师都想着如何换岗，寻求更高职位，而不愿成为专职技术管理人员。

技术管理人员的素质直接影响到实验仪器设备的使用效率。实验仪器设备的管理需要操作者具有较高的专业知识，特别是随着科技发展而形成的多学科交叉与渗透，更是需要创造性人才，而不仅仅是简单的重复劳动。然而，目前的现状是，很多高校并没有专业的技术人员对仪器进行管理与维护，而是由那些普通技术工兼管，“管理大型仪器也仅限于开机、关机而已，使仪器设备的日常维护保养成了问题，致使仪器设备的完好率和使用率不高，仪器设备的功能不能得以充分发挥[①]”。同时，基于高校财政的有限性，对技术管理人员的再培训没有形成体系，致使其无法适应技术设备日趋先进的发展要求。并且，高校对技术设备管理人员没有较好的激励措置，工作人员的积极性不高，存在着“做一天和尚撞一天钟”的现象。因此，应加强仪器设备技术管理人员的素质培养，提高仪器设备的利用效率。

（二）购置缺乏科学论证

目前，高校实验仪器设备的购买缺乏统筹规划和科学论证。较多的高校设备采购计划，一般都是由各个学院根据自己的需要，或因某一科研课题、科研工作者需要，由学院、研究所等部门汇总后上报学校职能部门，经过一定程序和筛选而形成。因此，难免会出现学院、部门之间争设备资源、投资项目的现象。因此，缺乏对学校、其他相似专业情况作详细调研，更缺乏对周边地区类似仪器设备的考察，缺乏对设备购置的必要性、使用效率、管理制度以及共享资源的等问题充分论证，盲目采购。同时，对仪器设备的先进性、适用性、经济性以及合理性研究不够深入，对设备安装运行条件和配备合格的管理技术人员考虑得很少，尤其是现有相同仪器设备使用考核和拟购仪器设备使用效益预测没有严格把关，相同功能、相同档次仪器设备重复购置导致测试任务严重不足[②]。

---

①周腾蛟，史宝中，王传银. 高校大型仪器共享体系的构建设计［J］. 沈阳师范大学学报（自然科学版），2012.2：189

②易国顺，赵邦枝，李名家等．强化管理，提高大型仪器设备使用效率［J］．实验室研究与探索，2010.3：159

各自为政致使实验仪器购买缺乏校级的统筹规划，造成部分功能相近或相同仪器设备的重复购置。重复购置不仅会导致设备利用率低下或闲置，更会造成经费不足，致使与仪器设备相配套的辅助设备材料无力购买。另外，有的高校将设备采购审批与经费划拨由不同部门进行管理，这样会使可行性报告审查出现松懈，如有教师用科研经费申购一设备，招标采购部门就会出现“只要你申报我就采购，反正钱从你那出”的思想意识。

（三）运行维护经费不足

高校不仅购置实验仪器设备需要财力的支持，且这些设备的日常运行、维护、维修也需要资金。然而，目前运行维护经费的不足成为制约仪器设备提高使用效率又一大瓶颈。一般而言，高校购买、运行、维护、维修小型仪器设备时的费用较为充足，而大型仪器设备因为耗资大，运行条件要求高、材料费用昂贵、维护维修成本高等原因，致使设备常常被闲置或低效率运行。有的高校“盲目追求仪器设备的现代化、高档化，追求大而全、小而全，追求人无我有、人有我优、人有我贵，不惜投入巨资无计划地购置国内先进的实验仪器设备，有的并非教学、科研急需或本校普遍需要，有的只为个别研究项目或个别人而添置①。”正因为大量经费投入到购买新设备仪器上，致使设备仪器的难以开机运行，更得不到应有的保养与维修，造成设备过早丧失功能，进而被淘汰，造成资源浪费。另外，有些高校的指导思想存在偏差，为了达到高校评估指标，不考虑实际情况而购买，或只有在相关领导来视察时才开机运行，就如有些造纸企业的污水处理系统的运行状况一般，仅是为了应付检查，这是造成设备仪器使用率和使用效益低下的一个重要原因。总之，高校仪器设备因缺少运行维护经费而造成不必要的闲置与低效率现象较为突出，需要引起高校相关部门的注意。

（四）缺乏资源共享机制

高校仪器设备共享机制的不足是导致设备利用效率低下的一个重要原因。目前，不少高校已经建立了设备仪器共享平台，实现了网络资源共享，但是其开放程度还很低，协作共用程度仍不够。甚至由于资源分布状况的信息网络的不健全，许多单位和科研人员不知道谁想共享自己的资源而不能提供共享服务，还有许多单位和科研人员不知道该去何处共享自己所需的资源②。高校科教事业的发展离不开设备仪器这些硬件基础，特别是高精端设备，然而，并非所有

---

①陆宝忠．高校仪器设备管理存在的问题与解决措施［J］．财会通讯（理财版），2007.6：33

②唐仁华，伍莺莺，吴承春．对促进科技资源共享问题的几点思考［J］．科技创业月刊，2005.7：9

高校都有足够的经费去购置这些设备仪器,特别是大型、精密仪器设备。例如,截至2006年3月底,作为“985”“211”的南京大学拥有40万元以上大型仪器设备232台(件)①,而作为省重点的南京林业大学截至2010年底,40万元以上大型仪器设备仅为65台(套)②。可见,实验仪器设备在各高校分布的不平衡,若能使这些设备实现共享,则有利于各高校事业的发展壮大。

共享意识淡薄是阻碍共享机制健全的主因。思想决定行为,高校没有设备仪器共享意识,就没有系统的共享管理制度实施。目前,部分高校害怕实现资源共享后,仪器设备故障增多,维修经费提升,造成学校财政困难。有的则认为,实行资源共享会严重影响学校教学、科研的正常工作展开。

系统的共享制度缺失是设备开放共享程度较低的诱因。目前,国家对高校仪器设备共享制度没有制定具体的法律法规,致使高校在共享资源时普遍缺乏主动性与积极性,不愿意承担资源共享的责任与义务。仅仅在《高等学校仪器设备管理办法》提到,高等学校仪器设备要实行专管共用、资源共享。各机组要在完成本校教学、科研任务的同时,努力开展对社会各单位的协作咨询、分析测试、培训等技术服务工作;开展校内、校际和跨部门的保障协作共用。但是还有部分高校并未出台相应的具体细则或管理办法。“高校大型仪器设备开放共享机制建设是一项复杂的系统工程,涉及对现有仪器设备摸底、分类整合、管理使用、设备维护、考评考核、监督检查和奖惩等③。”因此,若没有制度保障,开展设备共享工作无从谈起。

二、实现使用效率优化的措施

(一)加强管理队伍建设

高校实验仪器设备效率提高的基本保证是要有一批高素质的技术管理队伍。设备技术管理者是仪器设备管理中最为活跃、关键的因素。一流的大学离不开一流的实验室,而实验室的管理离不开高素质的管理人才。随着现代科学技术的快速发展,高校仪器设备产品的更新换代,必然要求要有高层次、高素质的技术人员。

首先,高度重视技术管理人才的引进。积极引进专业知识深厚、实践经验

---

①韩静,钱圣杰.提高大型仪器设备使用效率的探析[J].实验室研究与探索,2007(2):140

②蒋国斌,朱丽珺.高校大型仪器设备开放共享平台建设探析[J].长江大学学报(社会科学版),2011.10:157

③任婷,赵丽娇,郑大威,钟儒刚.高校大型仪器设备开放共享机制建设的实践与探索[J].北京高教学会实验室工作研究会,2010.630

丰富的高级技术管理人才。提高实验仪器设备管理人员的待遇、地位，并创建激励机制，提高工作积极性。鼓励长期从事科研的教师充实到仪器管理队伍之中，加强校内外技术管理人员的交流，聘请校外专家。为此，高校要摸清全校技术管理人员的现状，根据实际需要引进不同专业、不同职称的管理人员，制定仪器设备管理办法，规定岗位职责、考核办法、激励措施等。

其次，要不断加强技术管理人员的培养。只有正确掌握操作方法，才能提高实验仪器设备的使用效率。加强对管理人员的技术培训、强化职业规范教育是提高工作技能的有效措施。为此，要"定期聘请专家教授对设备的技术管理人员进行培训，提高其理论水平和操作技能，鼓励实验室技术人员进行技术改造、功能开发，增加仪器设备的适用性提高仪器设备的使用效益和社会效益①。"操作人员经过专业培训、考核并取得上机合格证，方可上机操作。同时，给予管理人员考察其他兄弟院校或国外的机会，借鉴他人的先进管理经验。同时，快速发展的信息社会要求人们不仅能掌握已有知识，更要不断补充新知识、更新老知识，要树立重视学习的理念，基于此才能适应社会的发展和要求。

（二）强化购置论证

购置论证是高校实验仪器设备的购买的前置程序，是影响设备使用效益的源头。任何仪器设备的购买都是由学校财政支付的，即使是科研经费，如果购买某设备的决策是错误的，必将会带来资金浪费。因此，为了提高资金利用效益，避免仪器设备的利用率低或闲置，必须做好设备购置前的可行性论证和调研工作。

首先，发挥专家治学作用，做好统筹规划。学校主管部门要对各学院、研究所上报的仪器设备购置计划进行认真汇总、分类。然后，由校内外专家组成专家组进行购买前的可行性论证，专家应从学科建设、人才培养、科学研究、社会服务等多方面统筹规划，充分考虑仪器设备的购置目的、用途、主要性能指标、功能发挥、安装条件、技术支持、软硬件配套条件和预期效益等因素，确保仪器设备采购计划是当前比较先进的型号。当然，"贵重仪器设备的购置不能片面追求高、精、尖，而应根据教学科研、学科发展及实验的实际需要和现有条件来具体确定，确保贵重仪器设备选型得当，物尽其用②。"

其次，规范程序，落实责任。无论哪类高校，购买仪器设备都是件大事情，特别是贵重仪器设备的采购。因此，购买任何设备都需遵守国家有关法律法

---

①任婷，赵丽娇，郑大威等.高校大型仪器设备开放共享机制建设的实践与探索[J].北京高教学会实验室工作研究会，2010.631

②李振键．提高高等学校贵重仪器设备使用效益的探索[J]．实验技术与管理，2003.5：142

规、高校的管理办法,按照规定行事。如教育部颁发的《高等学校仪器设备管理办法》规定,单价在人民币 10 万元(含)以上的仪器设备为贵重仪器设备。高校购置贵重仪器设备应履行“购置仪器设备的可行性报告”和“购置仪器设备的审批”两个程序。购置仪器设备的审批包括:①学校申请单位提交可行性论证报告;②学校主管部门组织相关学科专家及有关人员对可行性报告进行论证,并提出审核意见;③主管校(院)长审批;④教育部及省级教育行政部门所管的仪器设备,教育部及省级教育行政部门根据需要组织同行专家进行评审。

同时,实验仪器设备的购置论证要实行责任制度。论证过程不准弄虚作假,要实行部门领导个人负责制。如果论证出现失误就要追究有关人员的责任。对于购置的审批权限,采取分级审批、分级负责的办法。为防止领导意志决定论,要搞民主集中制,坚持一人一票原则。可以对购置论证过程中形成的结论与相关部门或领导签订合同,用书面的形式承包到具体部门或个人,如此,便有助于今后设备采购、使用、维修、管理出现问题时追究相关责任人。例如,南通大学《大型贵重仪器设备管理实施细则》第四条规定,申请购置大型贵重仪器设备的使用部门负责人必须对《南通大学大型贵重仪器设备申请购置可行性论证报告》(以下简称《可行性论证报告》)项目的真实性、可靠性负责。

最后,充分利用资源,重点购置,追求效益。购置论证务必充分考虑校内外资源,根据学校实际情况,重点购置,才有利于提高实验仪器设备的效率。购置论证时除了摸清本校资源外,对于贵重仪器,一定要考虑本校所在地附近的兄弟院校资源,对于他们拥有的资源,本校可以采用租赁、借用等形式加以利用,以实现自身效益的提高,这也是教育部的要求。《高等学校仪器设备管理办法》第十四条规定,高等学校仪器设备要实行资源共享,尽量使用外单位已有的仪器设备,避免出现区域性仪器设备的重复购置。另外,在学校经费紧张的情况下,要根据各学院、研究所的实际情况,审阅专家可行性报告的基础上,首先购置那些国家重大课题研究所需设备、效益性较高的设备以及其他急需设备,重点购置,追求高效益。如苏州大学《教学、科研仪器设备(固定资产)管理办法》第十条规定,各院(系)、有关教学、科研单位应根据实际需要,结合现有仪器设备的陈旧与紧缺情况以及本单位财务情况综合考虑,分轻重缓急,拟订申购计划。计划应体现急需优先、突出重点的基本原则,反对平均主义的投资方式。

(三) 设立专项运行维护经费或专项基金

针对目前高校因缺少运行维护经费而造成不必要的闲置与低效率现象,设立专项运行维护经费或专项基金,用以支持仪器设备的良好运行。高校设备仪器可以分为两类,一是大型、贵重仪器设备;二是小型、廉价仪器设备。对第一类设备高校应设立“大型贵重仪器设备维修基金”,对第二类应设置专项维护经费。例如,南京大学设立了“南京大学大型贵重仪器设备开放测试、维修基金”,用于教学、科研的大型贵重仪器设备的开放测试、维修改造。北京大学拨出专款设立“大型仪器设备维护维修基金”确保大型仪器设备的完好率,提高大型仪器设备的使用效益等;厦门大学、浙江大学等对小型设备仪器的使用与维护均设置了经费。

首先,要确保贵重仪器设备的良好运行,必须要有充足的贵重仪器设备运行维护费。《高等学校仪器设备管理办法》第十条规定,购置贵重仪器设备以后要按照每年所需不低于购置费 6% 的落实运行维修费的。为此,很多高校都设置了贵重仪器设备维修基金,并规定了维修基金的来源。如南京大学《大型贵重仪器设备开放测试、维修基金管理办法》规定,开放测试、维修基金来源:①学校在设备购置总经费中一次性预留 3%~5%;②社会捐赠。河海大学《贵重仪器设备管理办法》规定,学校每年按贵重仪器设备总金额的 2% 下达专项经费。北京大学、清华大学、浙江大学、重庆大学等等,都设置了贵重(精密)仪器设备维修基金,确保了仪器设备的政策运行,提高了使用效率。

同时,实行大型仪器有偿使用管理机制,扩大基金来源。通过建立大型仪器设备有偿使用机制,实行“有偿服务”进行维修基金的筹措,减轻学校的财政负担同时,确保了仪器设备的正常运行,形成了良性的循环机制。如西北农林科技大学《大型仪器设备有偿使用管理暂行办法》规定,大型仪器设备使用实行有偿服务、科学定价、统一收费、合理分配,鼓励大型仪器设备主动对外服务,逐步实现以机养机;服务收费标准分为校外价格和校内价格两种;并明细了收入分配,即 50% 用于设备日常运行费、20% 作为设备机组人员的酬金、20% 作为学校大型仪器设备维修经费、10% 作为学校大型仪器设备奖励经费。中国海洋大学《大型精密贵重仪器设备有偿使用管理办法(试行)》规定,由学校投资购买的大型仪器设备有偿使用收费按毛收入分配,25% 上交学校,65% 用于成本和发展基金,10% 可用于奖酬基金;由课题组投资购买的大型仪器设备有偿使用收费按毛收入分配,10% 上交学校,60% 用于成本和发展基金,30% 可用于奖酬基金。实行仪器设备的有偿使用,解决了设备在使用、养护、维修过程中存在的资金缺乏问题,提高了投资效益和使用效益,达到了购置设备仪器的目的,为此,要不断加强仪器设备有偿使用工作的制度化与规范化。

其次,确保小型、廉价仪器设备常态化运行,设立专项维修经费。小型、廉价仪器设备是高校教学、科研、管理过程中最为常用的设备,是保证教师、学生以及管理人员工作、学习顺利开展的硬件基础。充分发挥这些设备仪器的效用,提高设备的完好率、使用率,是优化高校资源配置的重要表现,对这些设备的维护维修甚至报废是仪器设备管理的主要任务。为此,要设立专项维修经费,实行设备仪器的常态化管理机制,确保仪器设备的良好运行。目前,大多高校都设置了专项维修经费,如成都大学《仪器设备维修管理办法》规定,国资处依据全校各类仪器设备总值、各类仪器设备维护保养、检测维修工作预案,结合当年维修经费使用情况的统计分析,制定次年的仪器设备维修项目计划及经费预算。南华大学《仪器设备维修管理规定》全校仪器设备维修费每年度根据国家对仪器维修费用的有关规定和学校的实际情况,由中心提出经费申请,报物资设备处领导审核后报学校安排专项经费等。

(四) 构建资源共享机制,提高仪器设备使用效益

建立有效的共享制度和机制是科技基础条件平台建设取得成效的关键和前提。实现高校仪器设备的共享,有效地促进了资源的合理利用,降低了科技创新成本,对我国科技、经济和社会发的可持续发展具有重要作用。具体来说,包括两个方面,一是降低了高校办学成本。高校仪器设备共享方式除了高校内部各部门之间的共享外,还包括对外提供服务,即校外共享。开展设备仪器对外有偿服务,使仪器设备得到充分利用的同时,缓解了高校的财政负担。并且,高校可以根据周边地区仪器设备分布状况,有针对性的购置,避免重复建设,从而大大降低了办学成本。二是推动了“产学研”建设。共享是双方互动行为,高校在实施共享工作的过程中向社会提供资源共享信息;另一方面,接受服务的单位也给相关高校带来了许多有价值的信息。信息和人员交流,也加强了高校与企业及科研机构的联系,促进了不同学科的交流和合作,有利于“产学研”的结合①。

1. 增强资源共享意识

基于开放、共享资源所能带来的各种优势,高校应树立“团结协作、开放共享、相互服务”意识,不断提高仪器设备的利用率以及投资效率。目前,国家十分重视对优质资源的整合和共享工作,并把推进高校仪器设备的整合和共享作为工作重点。2004 年以来,教育部与科技部分别启动了“高等学校仪器设备和优质资源共享系统”(CERS)建设和“大型科学仪器资源整合与共享”建设,拟在全国范围内形成纵横交错、互为补充的仪器设备共享局面。各个高校应树立大局意识,通过开放共享和资源整合,进一步提高大型仪器设备使用效率和管理水平,更好地为学校的教学科研工作服务,进而为社会服务。根据重庆大型

①涂苏龙. 高校贵重科学仪器设备共享机制探究[D]. 沈阳:东北大学,2008

科学仪器资源共享平台的统计信息,2011 年重庆大学 17 台非协作共用仪器年共使用机时 13308 小时,平均使用率为 97.85%,综合评价为合格;而同年的 16 台协作共用仪器的使用机时 31498 小时,平均使用率为 246.08%,综合评价为优秀。[①] 可见,通过共享实验仪器设备能够大幅度提高仪器设备的使用率。

2. 完善管理机制,做到有章可循

实现仪器设备的共享机制离不开完善的制度保障,鉴于国家对设备共享没有详细的规章制度,作为高校,首先要根据教育部办法的《高等学校仪器设备管理办法》的原则,制定详细的管理办法或细则。在优先满足正常的教学、科研原则下,加大开放力度。例如,复旦大学制定了《大型仪器设备共享管理办法》、苏州大学制定了《大型仪器设备资源共享管理办法》,《江苏大学大型仪器设备共享运行管理办法(试行)》、《电子科技大学贵重仪器设备共享使用管理暂行办法》等。

高校资产管理部门应设立管理设备共享绩效评估工作的专职岗位,配合设备专家组深入基层负责日常监控与信息采集;通过共享信息网络平台,链接国家和校内外各类设备技术资源信息,做到有效发布信息,监督资源利用;学校每年以定期和不定期相结合的方式公布大型贵重仪器设备共享效益情况的评价报告和成本核算报告,将投资效益的考评结果作为后续建设投入的重要依据,以及评选先进学院、实验室和机组的重要参考。重点跟踪和调控学校级平台的关键核心仪器设备的使用状况,对学院级、学科级平台闲置仪器设备实行无偿调剂[②]。

3. 建立仪器设备共享平台

共享意识决定了仪器设备共享是否建立,规章制度为设备共享保驾护航,而如何实现设备的共享,那就要靠搭建公共信息服务平台,实现资源共享互动。为避免资源浪费和重复投资,优化高等院校的资源配置,提高投资效益,对各高等院校拥有的价值在 10 万元以上的大型科学仪器,应以相关政府部门(一般是省级部门)为依托建立大型精密仪器共用网站。这些公共网站不仅公布高等院校大型仪器分布情况,还应能显示仪器设备基本信息(名称、型号、生产厂家、学术特色等)、运行状态信息(使用机时、可提供机时)、动态信息(市场调查、维修升级改造等)等服务,并能够完成仪器设备的资源查询、预约使用管理、委托测

---

①使用率为使用机时与标准机时之比,平均使用率为所有仪器使用率之和与仪器数之比;使用率大于100%为优秀,60%~100%为合格,20~60%为不足,20%以下为闲置。重庆大型科学仪器资源共享中心,统计信息[EB/OL],http://218.70.66.119:8087/TongjiWeb1.aspx2012/8/8,2012/8/24 访问

②王小力,赵军武,杨帅,龙跃. 树立资源共享理念,推进仪器设备开放服务系统建设[J]. 实验技术与管理,2006.10:5

试等，为全国高等学校仪器设备和优质资源共享系统的建设奠定良好基础。

近几年，以国家平台建设为引导，各地方平台建设工作有了极大推进。目前，30多个省、市、区已经启动了地方平台建设工作，其中19省、市、区安排了财政专项经费，部分省市已经初步形成了各具特色的地方平台建设体系，形成了一定的资源整合共享和开放服务能力，对区域科技创新和产业技术进步形成了有效支撑①。目前，根据高等学校仪器设备和优质资源共享系统项目管理中心统计，“高等学校仪器设备和优质资源共享系统”（CERS）中大型仪器设备共享分系统包含2445台大型仪器设备、30余个大型科学仪器示范机组、70个高等学校校级共享平台共享信息。② 同时，许多高校也在不断完善本校的仪器设备共享平台。例如，重庆大学正在建立和完善大型仪器设备共享平台，学校单价在10万元（含）以上的仪器设备，在网上均附有图片和文字说明，包括仪器设备的名称、所在单位、仪器编号、仪器设备负责人、联系电话、电子邮件、仪器设备安装位置、设备图片、仪器型号、厂家（国别）、启用时间、仪器原值、收费标准、主要技术指标、可提供服务范围、每年可提供服务时间安排、主要附件等项目，以方便教师、工程技术人员、学生及社会各界了解重庆大学大型精密仪器设备分布、功能等情况，提高大型精密仪器设备的使用效率③。

---

①黄正．大型科学仪器设备共享管理的立法架构［J］．科技管理研究，2010.11：27

②高等学校仪器设备和优质资源共享系统项目管理中心.仪器设备共享管理［EB/OL］.［2012-10-23］. http://www.cers.edu.cn

③高俊敏，袁荣焕，刘元元．加强高校实验仪器设备管理，提高实验设备利用效率［J］．实验技术与管理，2008.9：175

优化后勤服务的资源配置

第一节 后勤服务的资源配置

一、后勤资源配置的内涵

(一) 后勤资源配置的含义

资源配置,又称资源分配,是指生产要素资源的分配,有微观和宏观两种含义,微观上来说是指一种资源在时间、空间、用途和数量上的分配、安置情况;宏观上来说是指多种乃至全部资源的配置问题,是整体的一种配置状态,展现了多种资源的分布关系。经济学中认为,资源的稀缺性是资源配置产生的根源,"如果资源是无限的,生产什么、如何生产和为什么生产就不会成为问题。如果能够无限量地生产每一种物品,或者,如果人类的需要已完全满足,那么,某一种物品是否生产得过多是无关重要的事情,劳动与原料是否配合得恰当也是无关重要的事情[①]。"

对资源进行优化配置的目的是效益最大化,对这个目标的表达方式有两种,一是使有限的资源产生最大的效益;二是为了达到预定的效益而使资源的消耗最小。资源的配置方式有两种:一是计划配置方式,二是市场配置方式。计划配置方式是指行政部门或其他相关部门根据计划和需要对资源进行统筹管理和分配的方式,其配置问题通过计划调节,行为带有一定的行政指令性和强制性;市场配置方式亦称社会化资源配置方式,是指依靠市场的竞争机制、价格机制、供求机制等运行机制对资源进行分配的方式,具有一定的灵活性和开放性。

①彭怀祖. 高校后勤资源配置研究[M]. 北京:现代教育出版社,2007:81

对高校而言,优质价廉的后勤资源是稀缺的,因而必须对资源进行科学高效的配置。高校后勤资源的配置权主要在学校。其后勤资源的优化配置问题,无非就是各类后勤资源采用计划配置方式还是市场配置方式,即由校内后勤资源提供还是由校外后勤资源提供的问题,有时还需考虑到政府、社会、学校在资源配置中的角色问题。校内后勤资源和校外后勤资源有着各自的优势和劣势,然而,在社会主义市场经济条件下,校外后勤资源有着更为广泛的优点,这是在对高校资源进行配置中必须牢牢把握的,“市场机制在提高资源配置效率方面显示了巨大的优越性,以至于当今世界越来越多的国家承认市场机制在资源配置中应发挥基础性的作用①。”当然,校内后勤服务资源具有熟悉学校情况,在经济利益方面的功利性较小,在社会效益方面更具优势等特点,也应该充分关注。

(二) 后勤资源服务的特点②

1. 服务内容的多元

高等学校的后勤保障服务的宗旨是:为教学服务、为科研服务、为广大师生服务,这也是常在后勤中提到的“三服务”。因此,我们可以从以上三个方面得出后勤服务内容的多元化,即教学设施服务保障、科研设施服务保障、校园教学、学生生活及办公区域物业服务保障、师生生活保障和学校建设与发展保障。

第一,教学设施服务保障是指为了保证正常教学秩序,确保教学行为的有序有效开展而对相应的设施如教室、多媒体设备、教学辅助设备进行安装、保养维护等。教学设施是学校建设过程中的重要方面,往往是整体规划、一次性投资和建设。在新建的教学设施中,比如教学楼的建设,需要充分考虑到政府的投资效益和学校的使用效益,前瞻规划、超前设计、风格协调、现代建筑、功能合理、结构稳定等都需要在建设过程中乃至前期论证时充分考虑。在教室设计的时候,要根据每个校区规划的学生数设计教室的容量和座位数,根据公共基础课和专业课的分布情况,使 200 人以上的教室、100～200 区间、50～100 区间和 30 人左右的教室形成一定的比例,大型的教室可以用于公共课的教学,小型教室用于专业课;同时还要考虑到座位的固定和移动,是否配备多媒体教学设备等因素,座位可以移动的教室可以组合成不同的规格,从而适应研讨课、辩论课的需要;配备了多媒体教室的讲台因为是固定的,所以在开展一些与教学相关活动时,就不能根据需要来布置教室。在教学设施使用过程中,教室的清洁、粉

①樊勇明,杜莉. 公共经济学[M]. 上海:复旦大学出版社,2001:28

②彭怀祖. 多校区大学后勤资源优化配置的思考[J]. 高校后勤研究,2011(6):19～25

笔和黑板擦的准备,特别是多媒体教室的多媒体系统的维护和升级都是服务保障的重要内容,确保随时上课随时可以使用。

第二,科研设施服务保障是指为了高等学校科学研究的需要,开展的与科研工作相关的后勤保障。设备是科研的工具,是学校硬件投入内在质量的直接体现。"仪器设备的实用性、可靠性、稳定性直接影响科学研究的质量和学校的声誉①。"无论是理工科院校还是文科院校,虽然说在科研设备的投入上有所差距,这种差距的形成大部分是因为专业的不同和政府投入的迥异,但是每个高校都是最优化地使用资金,高度重视科学研究的硬件投入,从而通过仪器设施的建设提高人才培养的质量。对科研设施的服务保障,更多的是考虑是否符合法律法规,是否安全等。因为某些科研工作是有一定的风险,对科研工作的前期论证、过程开展和成果总结等环节,都必须严格执行实验操作守则,因此在科研设施的服务保障中,定期保养、定期检修是必不可少的而且是至关重要的。

第三,物业服务保障。国务院《物业管理条例》中将物业管理定义为,"业主通过选聘物业服务企业,由业主和物业服务企业按照物业服务合同约定,对房屋及配套的设施设备和相关场地进行维修、养护、管理,维护物业管理区域内的环境卫生和相关秩序的活动②。"虽然高等学校在物业保障的模式上通常是学校为主和校内外生产资源共同承担的两种模式,但是在保障的内容方面,与定义中的内容大体一致即对房屋及配套的设施设备和相关场地进行维修、养护、管理和环境卫生等。比如垃圾清运问题。运作上既可以学校建垃圾堆场,由校内后勤服务队伍,将每天产出的垃圾运至校内的垃圾堆场,再由社会环保部门集中运出。也可以由社会环保部门现代化的垃圾清运车开至校内,将每个流动垃圾箱内的垃圾直接上车,运至社会专门的垃圾处理场地。也许,前者比后者要节省一些开支,但是,就校园整体环境质量而言,后者的处理方式要优出许多。我们不能一味为了节约开支,就以牺牲环境等作为代价。如果真是这样,那么现代化大学的建设,将受到影响和制约。类似的情况还有许多。例如,保安工作,是学校自己组织队伍开展工作,还是通过竞争选择社会保安队伍提供服务,就面临着选择。不能一味强调价格优先,而是需要寻求价格和服务质量之间的"平衡点",围绕现代化大学建设这个根本任务,统筹安排科学决策。

第四,师生生活保障。在生活保障方面,主要分为两个方面,一是餐饮和住宿,另外就是诸如交通之类的其他生活服务保障。在学校的建设上,一般都会兴建学生食堂,目前,许多高校仍然采用学校对食堂工作全面负责的方式进行管理,即由学校负责采购、运输、制作、销售。由于缺少竞争机制,浪费甚至舞弊

---

①刘义荣. 对多校区高校新校区保障与服务情况的调研[J]. 中国电力教育,2008.22:166

②《物业管理条例》第2条

现象时有发生,也经不起物价波动的考验。学校常常会面临两难处境,一方面要应对市场给餐饮价格带来的冲击,一方面又不可能大面积给予食堂长时期的补贴。还有些高校采用社会力量承包经营,学校后勤部门监管为主的方式,通过市场竞争的方式让校外经营良好的优秀餐饮企业进入校园市场。有的高校采取校内后勤系统与校外企业共同经营的方式,但是无论采取何种方式,都必须确保食品的安全和卫生,这是餐饮服务工作的前提和重中之重。大学生在公寓中活动的时间较多,公寓的行政管理和思想政治教育密不可分;社会和家庭期盼学校对大学生“全承包”。因此,公寓为由学校建设和管理为主,是目前比较通行的方式,也是可行的做法。在这方面加入过多的竞争机制,条件尚不成熟。

多校区高校和一个校区的大学相比,必然会增加许多交通任务,如校区之间的沟通、各个校区与城市中心的联系等。是一方面积极争取增加公交线路,另一方面用租赁的方式完成部分交通任务,还是一味增加自有车辆和驾驶人员。这方面的决策需算“大账”。其一,我们的服务对象是全体教职工和所有学生,自有车辆的运送线路,无法涵盖全体师生的需求,无论怎样设计线路,都会造成一部分人满意,另一部分人不太满意。而公交线路的增多,就会给全体师生增加了选择了机会。其二,自有车辆和自备驾驶人员,他们的服务对象仅为学校和广大师生,必然会形成任务多时车辆不够,任务少时车辆闲置,其经济效益很难体现。公交线路的车辆和社会其他车辆,服务对象和完成的任务具有宽泛性,效率显然优于前者。其三,必须从总体上算好经济账。自有车辆的运行成本,不仅仅是购置车辆的费用、运行的直接成本和驾驶人员的工资等,还有车辆维修、折旧、保险,以及驾驶人员的养老、福利等多项开支。公交线路的运行和社会车辆的使用,所支出的费用是一次性的,并无其他间接费用的开支。综上,必须从根本、长远等方面进行决策选择,更多地倚重公交线路,更多地增加社会车辆的使用。

在现代生活中,通信、通讯、无线网络、邮局、银行(含自助银行)、文印等现代服务资源是学校一般不具备,同行业之间也存在竞争,但是这些现代服务资源又是老师和学生在生活和工作当中不可或缺,没有这些服务,那么学习和工作寸步难行。那么学校在校区建设和老校区规划时,必须以学校根本利益为出发点,以方便师生和学校为重要的考虑因素,把从长计议和处理急需有机统一、协调起来,精心挑选合作伙伴,充分利用和享受现代服务业飞速发展所带来的便利。在商品服务即超市运行方面,在江苏高校中,基本上都是以后勤集团的贸易公司为主体参与省统一规划的教育超市的模式,同时适当吸引社会企业参与经营。这种方式既确保了竞争带来的价廉物美的服务和商品,同时也保证了超市商品得到了政府和学校的监管,保证了质量。

第五,学校建设与发展保障主要是指学校办学资金的开源节流方面。在学校的基础建设中,通常是通过上级拨款、学校自有资金、银行融资贷款、社会赞助和校办企业利润等。那么以上几个因素体现在后勤服务上,需要两点,第一,节约型后勤;第二服务创造利润。学校根据国家节能减排相关政策的要求,就学校设备的节能降耗和教学、科研和管理的设备资源进行整合,发挥其最大效益,同时制定后勤服务保障标准和规程,使后勤服务保障工作有据可循。学校的后勤服务工作在科学有序、精细化管理的前提下保证质量,唯有此,才能实现后勤服务保障的高效与节能,节水、省电、节材、降耗理应成为后勤服务贯彻始终的理念。学校可以"引入市场经济的机制,严格对各单位用能的指标管理,实现'定额用能、超额自理、节能归己、节能奖励'的资源管理运行机制①。"

后勤企业在经营过程中,要充分运用学校的固定资产的效益最大化。比如说会务服务。通常学校都会建造自己的星级宾馆和会议中心。学校的会务接待是展现学校精神风貌的重要方面,会务在学校的发展历程中发挥着巨大的作用,通常来讲,多校区的综合性大学平均每年会议安排在1000余场次。将后勤的会务保障队伍打造成专业化的队伍,提高服务水平、增强服务意识、强化服务细节、规范服务态度,健全和完善营销机制,培育服务品牌;改善市场经济下,社会企业的竞争态势瓜分着高校后勤独有的校内资源的局面。高校后勤会务服务市场需要从封闭走向开放,要将学校独占的一部分资源通过重组,发展成为社会提供服务的机遇和可能。比如将学校礼堂、会场、高校宾馆进行社会化运作和包装。面对机遇,充分发挥学校在会务和接待的优势,在最大范围内介入社会竞争。因此,会务服务不能仅限于做好校内的会议接待,同时更要走向社会、服务大众,而且要具有在某个领域内的最强竞争优势。只有利用这种竞争优势才能由点到面取得规模收益递增效应,才能加快高校服务接待发展的步伐,从而带动整个会务管理行业的发展②。学校后勤服务保障只要充分利用了资源、强化了经营管理、增强了创收能力,才能在学校发展中占有一席之地,从而使得学校轻装上阵,实现学校的建设的和谐发展、可持续发展。

2. 服务对象的多样

在全社会范围内配置教职工后勤消费资源,必然性和可能性兼备。首先,教职工后勤服务的复杂性,决定了高校不可能把所有的服务都统包统揽。高校大学生的后勤服务较为单纯,以餐饮和住宿为主。大学生还具有流动性的特

①何碰成．论高校多校区后勤服务保障模式创新——以华侨大学为实例[J]．高校后勤研究,2011.4:23

②陈敏．浅谈高校后勤会务管理[J]．高校后勤研究,2012.2:43

点，三四年一届，对他们的后勤服务随着他们的毕业相应更换对象。但是，对教职工的后勤服务，情况会复杂许多，如住房、用车等问题，高校对他们的后勤服务就连带着对他们的家属的后勤服务。高校把教职工的后勤服务全部承担下来，高校后勤服务从本质上会处于疲于应付的状态。

其次，教职工的收入在逐年提高，为全社会配置教职工后勤消费资源奠定了经济基础。大学生是经济收入方面的弱势群体，对他们的后勤服务，一方面要考虑满足不同经济条件学生的多种需要；另一方面，必须在后勤服务中突出教育属性，使后勤服务和教育、管理有机结合起来。随着尊重知识、尊重人才氛围的逐步形成，随着高校人事分配制度改革的不断深化，教师已属于社会上中等或中等偏上收入者。他们在后勤方面的需求，已更多地呈现多样性态势。在市场经济条件下，不用担心教职工有经济实力而社会缺乏后勤服务，随着时间的推移，教职工也会习惯在全社会寻求后勤服务的对象。

再次，伴随着人事制度改革的深入，人才流动会进一步加大，在全社会范围内配置教职工的消费已成必须。吸引人才，留住人才，关键还是要通过市场机制，通过事业、感情等各种因素留住人才。

最后，市场经济体制逐步走向完善和成熟，为在全社会范围内配置教职工后勤消费生产资源提供了极大的可能性。“自有社会分工以来，交易是不同经济主体间相互交换物品及其他财物的互利方式[①]。”教职工消费需要社会提供，校外后勤生产资源也有为教职工服务的动力和积极性。社会上的第三产业不断发展壮大，他们积极争取教职工消费资源，力求通过竞争为教职工提供更为便捷的、大大优于高校的后勤服务，从而扩大消费市场。教职工后勤消费资源在全社会范围内，已成为一种稀缺资源，而不是剩余资源。

高校后勤服务最主要的市场就是大学生，“大学生作为高校市场的主要需求者、顾客群，其消费主体的地位越来越突出、重要[②]。”大学生是社会上的特殊群体，他们的目标趋向相对同一，集中学习和生活，年龄大致相当，经济消费呈“弱势”状态，这些是长期不变的。大学生内部经济水平的差异性，不能掩盖大学生整体上处于经济“弱势群体”的现实，这是大学生的消费能力特征。由于大学生消费行为的内外部环境发生了变化，大学生消费能力、消费水平的差异性逐渐加大，消费支出来源也出现多样化[③]。学习、自习和就寝时间的相对集中和一致性导致了大学生消费在时空上统一特征。透视高校大学生后勤消费，

①王中明．交易方式论[J]．浙江学刊，1999.6：78

②徐兰宾，曾光敏，邓习赣．从大学生的消费特点谈高校后勤市场的经营对策[J]．赣南师范学院学报，2002.5：52

③乔爱丽．大学生的消费心理与消费教育[J]．佳木斯大学社会科学报，2004.3：102

离不开审视国情。从理论上讲,大学生多是18周岁以上的成年人,应当对自己的行为负完全责任。然而,社会和家庭要求学校承担大学生健康成长的“无限”责任,只有把管理工作渗透到学生学习、工作和生活的每一个环节,才能总体上满足社会和家庭的期盼,这也体现了大学生的消费管理特征。

在新的社会时代里,大学生的消费需要注意以下两点:

第一,从大学生的心理特点来看,求新求异是他们的心理向往和现实追求。大学生消费的多样性,一方面受家庭收入水平和生活习惯的影响,因而在消费层次、消费的数量等方面表现出很大的差异;另一方面主要取决于大学生个人需求的多样化①。

第二,市场经济已成为我国的经济体制主流,它在价格上的反应即呈现事实上一定范围内的波动性。价格波动必然会在后勤消费领域反映出来。其中住宅价格的大幅攀升会在大学生住宿价格上有所反映,食品及副食品价格的上升会立即体现在大学生的餐饮消费中。

展望未来的大学生后勤消费规律,有两个方面的问题,应引起高校后勤管理者的高度关注。一是消费自主性逐步增强。无论是在消费水平和品种方面,还是在餐饮、住宿消费的地点选择方面,“大学生有着独特的消费意识和消费特点②”。二是消费扶持须成合力。高校必须通过减免贫困大学生的部分费用,鼓励大学生勤工助学,稳定大学生食堂的餐饮价格等手段加强对大学生消费扶持;政府必须对为大学生提供住宿和餐饮的服务业给予经济扶持;全社会都要为大学生的后勤消费提供形式多样的扶持。

在后勤服务的对象中,除了比重占绝大多数教师和学生以外,后勤部门应该充分发挥高等学校的公益性,在运营能力的富余下,在不影响高校办学的前提下,可以面向附近居民和社会上的企事业单位提供满足社会需求的后勤服务。而事实上,在苏州大学,已经出现社会上的企业员工中午到食堂“蹭饭”。因此,在不违反国家对高校后勤补贴政策的前提下,制定合理的对外服务的标准和框架,如前文所述,挖掘学校后勤的潜力,获得后勤对社会服务的利润,解决学校办学过程中资金短缺的现实。当然,把附近居民和社会上的企事业单位作为后勤服务的对象也不是没有选择的,“广撒渔网”是不可靠也是不负责任的,人员的筛选需要经过相应的门槛设定,必须通过学校有关部门如安保部门的身份审核等手续,这样才能确保校园的安全和稳定,确保整个高校后勤服务的整体容量。

---

①秦云,祝志杰．大学生消费心理及消费原则浅论[J]．华北电力大学学报,2001.2:93

②戚世钧．大学生消费观及其引导[J]．河南大学学报(社会科学版),2001.6:100

3. 服务目的的纯洁

高等院校尤其是多校区的综合性大学在人才培养方面充分发挥了自身优势,努力使学生培养成为基础扎实、视野宽阔、综合素质高的复合型人才。在高等院校的三大职能方面,人才培养是第一位的。其教育属性决定了高等院校的公益性,从属于高等院校的后勤服务,或者服务保障于高等院校的后勤工作,理应将育人作为其首要任务。高校后勤是指为高校教学、科研、管理及师生生活提供各种条件保障的有形产品和无形产品提供的生产经营活动及与之相适应的管理体制、运行机制的总称。高校后勤的根本职能是服务高校,维护校园稳定,提供后勤保障,这一根本职能决定了高校后勤的公益性。在后勤工作中,"三服务、三育人"是指:为教学服务、为科研服务、为广大师生服务,管理育人、服务育人、教书育人。但是后勤工作离开了经济价值就谈不上后勤,也就更谈不上后勤服务了。后勤保障引入现代企业化管理模式,遵循市场规律,按照经济规律和价值规律的方式进行运作,但其根本是服务于教育,遵循教育规律也是十分必要的。因此,必须寻求育人目标与经济效益的最佳结合点,强化顶层设计。

大学有了多个校区,给决策者提供了优化配置后勤资源的机会。通过消化、整合校内后勤队伍,会有许多后勤任务需要选择完成的方式。"应该说,高校后勤服务兼有教育与经济双重性,它应当同时遵循教育规律与经济规律,二者不可偏废①。"

显然,一味强调经济效益,全然不顾学校和师生员工的消费能力,是不妥当的。而且,大学生整体上属于消费的弱势群体,期盼通过他们的高消费后获取高额利润的想法是幼稚和行不通的。作为后勤管理者,应对此警惕,力戒此类现象的发生。更为重要的是,和大学生消费密切关联的服务类别,都有着极为重要的服务育人任务,必须在后勤管理的顶层设计时加以细细考虑。"战略规划过程的基本特征是对组织的内外环境进行经验性分析,描绘与环境和任务相称的未来前景,制定要达到前景所包含的主要因素的战略行动计划,并不断地更新②。"

以大学生公寓的物业管理为例。由于大学生公寓条件的不断改善,大学生的自主意识逐渐增强,他们的自修和自主安排的时间愈来愈多,他们更乐意在自己的宿舍内渡过时光。大学生是未来的希望和力量所在,他们是青年人中有知识、有智慧的群体,他们有着青年人的共同特性,也打上了当代社会的印记:

---

①许乐洋. 高校后勤社会化应该规避的误区[J]. 湖南民族职业学院学报,2006.2:64

②柳劲,朱健. 论多校区高校有效管理的途径[J]. 山西财经大学学报(高等教育版),2007.2:52

求新求异、敢于表达、乐意接受新生事物、有着求知的强烈欲望、情绪容易波动、甚至有时还会偏执。和他们朝夕相处的宿舍管理员和门卫的形象、服务态度、服务质量都会影响和感染大学生，学校的思想政治教育和管理，应该延伸到大学生公寓之中，大学的政治辅导员、教师，会有许多工作和公寓物业管理对接、互动。

综上所述，我们可以得出这样的结论，挑选大学生公寓物业管理队伍，不能把价格低廉作为唯一价值取向，应该在价格、服务质量、育人水平、和学校管理层面的沟通能力等诸方面，综合得分较高者胜出。

再来审视大学生餐饮的相关问题。随着高等教育大众化步伐的不断加快，随着高校普遍存在多个校区，大学生餐饮的点和量都在急剧增加。它和大学生公寓的物业管理特点并不相同。大学生缴纳了一定额度的公寓住宿费以后，物业管理队伍的确认和费用支出，是学校管理层面的工作。然而，大学生的餐饮消费，有着学校管理层面挑选餐饮队伍、大学生自主消费的特点。每一个餐饮队伍，都有为学生服务的机会，每一个学生，都有选择餐饮队伍的权利。在餐饮服务方面，如果处理得当，可以形成“市场”和“计划”的优点结合；如果处置失当，很有可能是“市场”和“计划”的缺点综合。

理想的餐饮管理方略是，餐饮服务的队伍既不能过多，也不能过少。如果过多，就很难产生规模效应，如果过少，则容易形成垄断弊端。由于市场上的原材料鱼龙混杂，大学生餐饮所需原料批量较大，食品安全必须从源头抓起，因此管理方统一实施大宗原料采购，是非常有必要的。相当多的大学生会在校内食堂就餐，他们又是经济上的弱势群体，因此，必须正确处理好确保基本伙食和丰富花式品种之间的关系。学校管理层一定要把大学生基本伙食的价格、质量，处于可掌控的范围之内，还必须让有条件的学生，在校园内有消费之处。

由此看来，大学生的伙食供应，每天、每顿都需要提供，涉及每一位大学，必须加强顶层设计，千方百计把市场的优势和计划的优点结合起来。这是一项错综复杂的工作，也是常抓常新的工作，多个校区餐饮点的管理协同、价格协调、服务协助，有许多问题待研究、待突破。

另有一个问题也值得探讨和研究。“大部分多校区高校的新建校区都地处偏远，位于城市郊区，这使得学生的学习、生活等各方面几乎全部依靠校区，也易使新建校区成为一座孤岛，即使出现问题也不能及时被发现①。”有些校区远离城市中心，教师的教学和科研往往需要来回奔波，到了夜晚，这些校区成了只有学生和服务员工的地方，显然这样的场景不利于学校的健康成长，也给教师

①吴海燕．多校区高校办学弊端分析与对策[J]．重庆科技学院学报(社会科学版)，2008.6：105

平添了工作的辛劳。如果一味从学校的经济效益出发,对此种现象可以少考虑一点。然而,为了学生的健康成长,为了保证教师的休息,必须在远离城市的校区建设教师休息的场所。

这里所说的教师休息场所,具有流动性、公益性特征。应提供良好的服务、舒适的环境、较好的办公条件,以吸引教师有更多的时间留在新校区,用较多的时间和学生交流、沟通、辅导,从一个侧面孕育新校区的教学、科研氛围。非常多的大学已有了多个校区,这是客观现实,后勤服务因此也面临着许多新课题。抓住时机,整合原有的校内服务资源,充分利用社会优质服务资源,寻求市场和计划的优势叠加,以"公益性投入和经济性运营"相结合的模式,为完成大学的主要职能而不断提供优质的后勤服务。

(三) 现代化的后勤服务

1. 现代服务业的基本概念

在改革开放初期,我国对第三产业发展给予了充分的重视。1985 年 4 月 5 日国务院办公厅转发了由国务院同意的国家统计局的《关于建立第三产业统计的报告》(国办发(1985)29 号),在报告中,将第三产业分为四个层次:第一层次是流通部门,包括交通运输业、邮电通讯业、商业饮食业、物资供销和仓储业;第二层次是为生产和生活服务的部门,包括金融业、保险业、公用事业、居民服务业、旅游业、咨询信息服务业和各类技术服务业等;第三个层次是为提高科学文化水平和居民素质服务的部门,包括教育、文化、广播电视事业,科研事业,生活福利事业等;第四个层次是为社会公共需要服务的部门,包括国家机关、社会团体以及军队和警察等。同时也将第三产业作如下定义:除第一【农业(包括林业、牧业、渔业等)】、第二【工业(包括采掘业、制造业,自来水、电力、蒸气、热水、煤气)和建筑业】产业以外的其他各业。文件根据第三产业行业多、范围广的特点,结合我国当前实际,将第三产业分为流通部门和服务部门等两大部门。1992 年 6 月 16 日,中共中央、国务院发布了关于加快发展第三产业的决定。江泽民同志在中共十四大的报告中指出:"第三产业的兴旺发达,是现代化经济的一个重要特征","要发挥国家、集体、个人三方面的积极性,加快第三产业的发展,使之在国民生产总值中的比重有明显提高"。1992 年 11 月 6 日~10 日,国务院还专门召开了全国加快第三产业发展工作会议。以上结合中国当时的国情对第三产业的论断及重视程度,精辟地阐明了人类社会经济发展和产业结构调整变动的客观走向,突出了第三产业在现代经济发展过程中的地位和作用。从第三产业的四个层次分类来看,高等教育本身就属于第三产业的第三个层次;其次,从高等学校的后勤保障和服务来看,高校的后勤服务涉及交通运输业比如校车、邮电通讯业比如校内邮局、商业饮食业比如食堂、物资供销仓储业比如教育超市、金融业比如校内银行、咨询信息服务业比如复印、网络使用等，涵盖了第三产业的第一层次的所有内容和第二层次的部门内容，而第一层次和第二层次又是为第三层次的特定的教书育人目的服务的。从服务对象上看可以分为三类：一是生产性服务业，比如交通运输、批发、信息运输、金融、租赁和商务服务、科研等，具有较高的人力资本和技术知识含量；二是生活消费性服务业，指零售、住宿餐饮、房产、文化体育、居家服务等，属劳动密集型与居民生活息息相关；三是公益性服务业，主要是卫生、教育、水利和公共管理组织等。进入21世纪以后，随着社会经济的发展和人民物质、精神需求的明显提高，逐步将现代第三产业的范畴扩充为现代服务业，但就其本质内容大体相当。

第三产业属于经济学的概念范畴，起源于西方经济学，早在17世纪末，Willian Petty就有关第三产业的一些思想进行了阐述，李斯特、马克思等经济学家从各种视角对第三产业进行过研究。Willian Petty曾被马克思誉为“英国政治经济学之父”，1690年，他发表了《政治算术》，也正是这本书，夯实了Willian Petty作为西方经济学界公认的第三产业理论的奠基人地位。这本书认为，工业的收益比农业多得多，而商业的收益又比工业多得多[①]。这就是通过收入差异来阐述产业之间转移理论的“配第定理”。英国经济学家A.G.B.Fisher在1935年的著作《安全与进步的冲突》中写到：鸟瞰世界经济史，可以发现人类的生产活动有三个发展阶段，三次产业的划分是与人类生产活动的历史发展顺序相一致的……第三阶段开始于二十世纪，大量的劳动力和资本不是继续流入初级生产和第二级生产中，而是不断地流入旅游、娱乐、政府和个人服务、文学艺术、科学教育等活动中[②]。在这本著作中，费雪还根据人的需求层次理论从满足人的基本生活需求、更高一步的需求和包括物质以外的精神需求等更高级别的需求作为第一、第二和第三产业的区分。费雪在第一产业和第二产业的基础上首推第三产业概念，符合了当时经济结构在第二次世界科技革命推动下发生了重大变化以及20世纪30年代初期经济危机的背景，这对经济社会的发展起到了巨大的作用。1940年，英国经济学家Colin Clank进一步发展了A.G.B.Fisher第三产业理论，并在Willian Petty的“配第定理”的基础上出版了《经济进步的条件》这本著作。在这本书中，Colin Clank大范围使用第三产业这一词汇，他将产业结构明确分为三类，第一部分以农业为主，第二部分以制造业为主，第三部分就是非物质生产部门和无形产业部门；此外，Colin Clank发展了A.G.B.Fisher理论，他更认同的是，第三产业的性质就是服务。因此在1957年再

①[英]威廉·配第．政治算术[M]．马妍，译．北京：商务印书馆，1978：19~20

②[英]费雪．安全与进步的冲突[M]．伦敦：伦敦麦克米伦公司，1935：25~28

版的《经济进步的条件》时，他呼吁用“服务性产业”替换“第三产业”。Colin Clank 运用三次产业分类法对世界主要发达国家产业结构变化过程做了详细的考察，得出的结论是：随着时间的推移和人均国民收入的不断提高，作为社会进步的结果是，在农业中就业的人数相对于制造业就业人数趋于下降。接着，制造业的就业人数也趋于下降。这就被著称为“卡拉克定理”：随着劳动力由第一产业向第二、第三产业转移，人均国民收入将不断的提高①。

在我国，虽然说现代服务业类同于现代第三产业，但是在概念的认识上，呈现出百家争鸣的态势。比如刘志彪等学者认为，“现代服务行业是从传统制造业的部分环节分化形成的，是伴随着现代化科学技术而发展起来的②。”邱立新、周田君等学者认为，“在工业化比较发达的阶段产生的，主要依托信息技术密集的服务业③。”谭忡池认为，“现代服务业是在工业化比较发达的阶段产生的，是指工业产品的大规模消费阶段以后出现快速增长的服务业。主要依托信息技术和现代化管理手段发展起来的、信息和知识相对密集的服务业，包括那些不生产商品和货物的产业，主要有信息、物流、金融、会计、咨询、法律服务等行业；与传统服务业相比，更突出了高科技含量与技术密集型的特点④。”这些学者强调现代服务业是依赖于现代高科技发展起来的，是在产品生产过程中，产品服务投入比例呈增长趋势，同时在销售服务的时候，所依赖于的产品硬件投入比例也呈正比；两者互成正比，移动通信、互联网、金融等服务必须仰仗价格高昂、技术高端的硬件“服务器”，而手机、计算机、3D 彩电又依赖于先进的软件科学。作为中间投入的制造业产品，一般不会出现在终端，而是服务和产品的完美结合。服务作为一种软性的生产资料正成批量地进入生产领域，引起制造业生产过程的软化，从而对效率和核心竞争力产生了重大影响。学者朱明春认为，真正意义上的现代服务业，“是指与现代技术变革、产业分工深化和经济社会发展相伴的信息服务、研发服务、人力资源服务、现代物流、市场营销等等……但主要方面是所谓为生产者服务的商务服务业⑤。”持有这种观点的人认为，制造业的产品须和服务的产品绑定一起，才能使消费者完全体验。使用者或者消费者所获取的不仅仅是有形的产品本身，应该是从购买产品、物流、使用培训、维修乃至报废和回收的全过程，是周期性的服务保证。其内涵从单一的实体延伸至产品终身的完全解决方案。通信和家电业就是为了提供延伸的服

①王述英．西方第三产业理论演变述评[J]．湖南社会科学，2003.5：86～87

②刘志彪，周勤．欧阳良钻．南京市发展现代服务产业的研究[J]．南京社会科学，2001.增刊.32～33

③邱立新，周田君．大力发展现代服务业，促进产业结构优化升级[J]．青岛科技大学学报（社会科学版），2005.3：60

④谭仲池，向力力．现代服务业研究[M]．北京：中国经济出版社，2007：5

⑤朱明春．关于我国服务业发展中的几个战略问题的思考（下）[J]．中国经贸导刊，2004.13：24

务而生产，计算机硬件和软件的操作系统是产品与技术服务共同销售。服务正在引导制造业部门的技术创新和产品更新换代，服务的需求与供给引导着制造业的技术改革和产品的研发方向，比如我们的手机正由接听电话向短信、彩信、互联网、摄像和视频对话等综合体的多媒体应用硬件而升级。因此，周晓艳、宗景才认为，"现代服务业是为了满足企业和其他社会组织商务活动(公务活动)的功能强化与职能外化的需要而发展起来的，是主要为企业和其他社会组织(公务活动)的商务活动降低成本、扩展功能、提升效率而提供服务的相关产业部门[①]。"学者常修泽认为，现代服务业不同于原有状态的传统服务业[②]。王良杰、石丽丽在《现代服务业概念界定》一文中表述，"现代服务业是现代化进程中新兴或者新崛起的服务业[③]。"这些学者偏重于现代服务业的消费性，通常以文化、体育等精神上的需求服务所衍生的产品的生产需求。比如电影、动漫、体育赛事等，这些产业周围构成了庞大的产业链，这个产业链给生产产品的制造业带来了巨大商机和丰厚利润。

《现代汉语词典》将"现代"解释为，"现在这个时代[④]"。将"服务行业"解释为，"为人服务，使人生活上得到方便的行业，如餐饮业、旅馆业、理发业、修理生活日用品的行业等[⑤]。"在我国，现代服务业的概念雏形始见于江泽民在1997年9月12日党的十五大会议上所作的《高举邓小平理论伟大旗帜，把建设有中国特色社会主义事业全面推向二十一世纪》的报告的第五部分《经济体制改革和经济发展战略》第五点《加强农业基础地位，调整和优化经济结构》篇章中。在该内容里面，着重强调了改造和提高传统产业，发展新兴产业和高技术产业……鼓励和引导第三产业加快发展。法定定义于2012年国家科技部发布《关于印发现代服务业科技发展十二五专项规划的通知》(国科发计〔2012〕70号)文件，在该文件中将现代服务业定义为："以现代科学技术特别是信息网络技术为主要支撑，建立在新的商业模式、服务方式和管理方法基础上的服务产业。它既包括随着技术发展而产生的新兴服务业态，也包括运用现代技术对传统服务业的改造和提升。"现代服务业是相对于传统服务业而言，是为了适应现代人和现代城市发展的需求，而产生和发展起来的具有高技术含量和高文化含量的服务业。曾任中国科学院副院长的胡启恒对现代服务业进行了诠释，她认为，根据按主要功能和对象分类、借鉴国际产业划分标准原则，将现代服务业分为四大类：第一是基础服务，包括通信服务和信息服务；第二是生产和市场服务，

---

①周晓艳，宗景才．山东省现代服务业的发展现状及对策[J]．华东经济管理，2006.10：13

②常修泽．论中国现代服务业发展中的创新[J]．理论与现代化，2005.4：8～27

③王良杰，石丽丽．现代服务业概念界定[J]．合作经济与科技，2010.2：31

④中国社会科学院语言研究所词典编辑室编[M]．现代汉语词典．北京：商务印书馆，2002.1367

⑤中国社会科学院语言研究所词典编辑室编[M]．现代汉语词典．北京：商务印书馆，2002.386

包括金融、物流、电子商务、农业支撑服务以及中介和咨询等专业服务;第三是个人消费服务,包括教育、医疗保健、住宿、餐饮、文化娱乐、旅游、房地产、商品销售等;第四是公共服务,包括政府的公共管理服务、基础教育、公共卫生、医疗以及公益性信息服务等①。

现代服务业具有以下时代特征:一是服务领域新,根据现代城市的发展速度和产业发展的新要求,创新服务理念,突破传统领域,在公共服务业、智力(知识)型服务业等方面形成了新的服务业。二是服务模式新,通过服务功能替换和服务模式更新而引起了新的服务态势。三是技术含量高、增值服务多;由高素质、高智力的人力资源进行的现代服务,给服务对象带来了高的情感体验和精神享受,从而导致文化品位高喝服务质量优的感受。四是集群性强。现代服务业在发展过程中的触角由平面转向立体,由个体服务转向行业服务,从而引起了行业集群和空间上的集群。

2. 多校区后勤服务的现代化

随着高等教育体制改革的不断深入,尤其是 1992 年原国家教委部署高等教育行政管理体制以来,以江苏扬州大学合并办学为起点,高校合并办学的浪潮在近 20 年间从未间断过;而随着高校合并所导致管理模式的显著变化就是高等学校从一个校区一所学校发展成为一所学校多个校区。在教育史上,全国范围内的大学合并对教育资源的共享,社会效益与经济效益的规模化等都有着极其重要的历史地位。

伴随着高校合并的潮流,社会经济的发展对传统的高校后勤服务也显现机遇、风险和挑战。高校合并成多校区的办学的阶段也正是我国经济从计划经济向市场经济发展的重要阶段。在这段发展过程中,高校办学多元化、特色化、大众化,人的需求多样化、高端化、精细化。

传统的高校后勤服务是为教学、科研和管理提供基本的后勤保障,如保洁、餐饮、安全保卫工作等等。单一校区的后勤服务是基于同一围墙内的管理,无论是管理方式、管理手段还是管理理念都是单一的,其服务的所及范围仅仅为围墙之内,受框架所限。着眼于多校区办学,随着社会经济、文化的不断进步,高校校园的生态化、网络化、社区化、城市化的水平不断提高,如仍然以传统的后勤服务观念来保障多校区的运转,必然使得高校办学效益不能发挥,必然会阻碍高校的教学与科研。高校合并办学是高等学校可持续发展的必然之路,那么如何保障高校合并后所导致的多校区办学的可持续发展,后勤服务的现代化是前提和基础。

---

①中国信息导报编辑部．胡启恒诠释我国现代服务业[J]．中国信息导报,2004.8:11~12

根据现代服务业的基本概念和特征，多校区的后勤服务保障应该是以现代科学技术特别是信息网络技术为主要支撑，在新的商业模式、服务方式和管理方法基础上的对学校的教学、科研和管理等方面上形成新服务产业。从服务的领域和模式上要体现新，服务的文化品位与质量要体现高，服务的空间和人群体现了高度集中。信息网络的广泛运用既为后勤服务提供了技术革新、观念转变的良好契机，同时也为后勤服务过程中如何依赖网络技术、掌握信息技术提出了新的挑战。在如今的校园里，手机等无线通讯工具和无线网络的规模使用使得信息的来源与发布不再依靠于平面媒体和中介，过去通过黑板报、通知栏的获得信息的渠道的唯一方式已经成为历史，即时发布信息、瞬间掌握信息让服务者与被服务者之间的交流不再是平面化，虚拟化、立体化、全方位化，交流也不再受时间和空间的限制。通过"人人网"及时发布学校后勤服务保障的有关内容；通过"防占座利器"—座位检索管理系统及时发布图书馆、教室的空余座位信息，学生就可以像在电影院一样，自由选择自己满意的座位，令高校管理者一直头痛不已的占座现象从此绝迹；通过 GPS 系统及时发布校内班车运营信息，使乘坐班车的师生合理规划好自己的路途时间等等网络信息技术的普及化凸显了后勤保障服务的人性化。

《国家中长期教育改革和发展规则纲要(2010~2020 年)》第十九章设立专门章节就加快教育信息化进程进行了阐述，强调了要充分利用优质资源和先进技术，创新运行机制和管理模式，整合现有资源，构建先进、高效、实用的数字化教育基础设施。高等学校尤其是多校区的高等学校在实现教育事业科学发展、可持续发展，必须重视现代信息技术在后勤服务中的应用，通过搭建后勤服务数字化、网络化的平台，实现后勤服务从依靠经验管理向技术管理的转变，实现后勤服务从传统人、事、物的管理向信息管理的转变。后勤数字化信息化的平台是后勤服务现代化的基础，其不仅仅是创新平台，也是构建后勤服务新体系的载体，更是后勤管理服务保障向现代科学管理阶段发展、后勤服务现代化的重要方面。

多校区的高等学校往往都会有一个新校区的建设，而在新校区选址或者建设的过程中，都会考虑到校区建设的生态化、社区化、园区化和网络化。校区网络化的建设促进了后勤服务保障的新体系"大后勤、大服务、大保障和大系统"的形成，通过数字化的模式和信息传递，极大地节约了多校区的办学成本，提高了办学效率，优化了办学资源。

在后勤数字化方面，"校园一卡通"工程可以说是先行者。在 20 世纪 90 年代中期，当时网络技术还不普及，当时为了方便食堂就餐的餐费结算工作，有的高校开始试行校园食堂就餐卡结算工作，从此拉开了"校园一卡通"工程的序幕。现在的校园一卡通涵盖了校园商户内的金融业务,可以就包括持卡人账户、商户账户、学校一卡通账户之间的清分清算工作和各种财务报表进行数据处理。通过计算机强大的处理能力,不仅仅应对的是账户信息的维护和管理,而且还包括学生档案信息,乃至部分高校在宿舍区域设置的门禁系统信息。随着网络技术和现代科技技术的发展,各高校领导层充分认识到后勤数字信息化的重要性和在教育信息化进程中的重要性,从学校决策层面推动了高校的后勤管理和服务保障的质量和效率的提升。率先在全国高校后勤系统提出"资源整合、数字后勤"理念的江南大学通过近几年工作的摸索和积累,在 2008 年的教育部和建设部召开的全国高校建设节约型学校的会议上,全新推出了"数字化能源监管体系"的一套后勤管理理念和模式。在节约型校园的建设过程中,江南大学以"数字化能源监管"作为"后勤数字信息化"的重要抓手和突破口。数字化能源监管系统是基于互联网技术的,综合电能计量管理系统、给水管网监测系统、校园职能照明远程管理系统、燃气计量监管系统。通过对用电和水远程计量率高达近 100% 的比例,实现了分层次的实时监控机制。通过对用水、电的指标执行程度的信息监控并进行公示,提高了教职员工和学生的节能减排意识。通过监控,还能及时知晓隐蔽工程中管网的泄露情况,及时查漏补缺能够挽回损失。节能监管系统的建设与运行,为多校区高校的办学实现了节能减排的基础。

安全保卫工作是否到位是多校区能否正常办学的保证,平安是维护校园稳定的基石,更是教师安心教学与科研、学生安心学习和实验的基本要求。在多校区后勤服务现代化的进程中,数字化平安校园系统呼之欲出。该系统是基于数字化校园网络,集消防监控、视频监控、交通管理、巡防报警、信息发布和指挥中心六位一体的数字化校园安防系统①。通过该系统对学校的所有出入口、重点场所和部分均实现了三维立体实时联动。同时该系统还能够参照高速公路立柱报警模式,实现了 24 小时全天候的应急报警,并通过立柱上的摄像设施,确定报警人的空间地理位置,及时出警、及时处置。智能化的车牌视频识别系统能够基于物联网技术实现车辆动态管理,确保校园交通秩序的安全。

校园地理信息 3D 系统能够使学校的师生、校友、准学生、社会人士及时了解校园实景和空间部位,增强社会各界尤其是高三毕业生在志愿意向填报时对学校的认同感和亲切感。新生报到系统、学生管理系统的无缝对接能够使校领导和职能部门、学院实现扁平化管理,合理调配学校资源,确保数据的一致性和工作的高效率、便捷化。设备管理系统能够确保国有资产合理配置和安全。公

---

①王强,汪凯. 创新实践,数字后勤——江南大学后勤信息化建设实践与探索[J]. 高校后勤研究,2012.1:97

寓管理系统与校园卡数据的交换以及门禁系统的运行,保证了公寓管理的安全和学生迟到晚归或不归等信息的及时掌控。餐饮系统的运用在食品采购上进行了成本控制。物业信息系统的运用使物业维修信息能够及时上传、知晓,物业人员能够合理统筹安排维修任务,降低了成本、提高了效率。

上述系统的投入运用,需要配备设计优质的后勤服务网站,该网站起着后勤服务的窗口作用。因此网站的功能结构、信息组织、导航系统、检索系统和用户界面都需要进行科学设计和精心制作。唯有精美、便捷、强大的网站综合应用,才能发挥各类系统的最佳使用,发挥其效益,使多校区后勤服务现代化的程度不断提升。

从现代服务业的发展要求来看,学校后勤服务已经由传统的"人流、物流"向"信息流"在转变。在以"教书育人"、"以人为本"的理念下,围绕"人才培养"这一高等学校中心任务,江南大学在后勤信息化建设方面具有典型的代表性。江南大学正以打造以"数字化、信息化、智能化、人性化"为特征,以"共享、互通"为手段,完成从"感知校园"到"信息化校园"向以"服务"为核心的"智慧校园"科学转型,体现了理念创新、制度创新,尤其在能源监管领域达到了国际先进水平。因此,非常值得我国多校区办学高校的顶层制度设计者在后勤服务和保障发展方面进行探索、学习、思考与借鉴。

现代化的科学技术装备需要掌握先进文化和科学技术的高层次人才,在后勤服务现代化的今天,人力资源的参差不齐影响并制约着后勤服务现代化的步伐。高校后勤人员普遍上年龄偏大、文化素质不高、技术骨干掌握新事物的能力不强、管理人员缺乏运用现代信息技术的能力等一系列问题。"社会化改革以及信息化建设下的高校后勤对职工素质提出了更高要求,传统管理体制下人力资源已经很难满足高校后勤信息化建设要求[①]。"为适应后勤服务现代化的发展要求,高校后勤人员的招聘要视同学校专业技术人才的要求,要将具有创新意识、基础扎实、技术精湛的专业人才吸收到后勤队伍中来;同时还要充分利用高校的人才资源和智力优势,通过专业教师加大对后勤工作队伍的信息技术培训和指导;可以根据后勤共组岗位的不同进行人员分流,使不同的人员满足不同的岗位需求。在条件许可和满足的前提下,将掌握和熟练运用办公系统和信息自动化系统的情况作为考核员工的一项依据,以此来激励后勤员工不断加强学习、提高自己信息技术应用能力,从而在"人"的因素方面不断满足后勤服务现代化的改革方向和要求。

多校区后勤服务现代化的进程中,随着网络信息技术的广泛应用,新的商

---

①宗晓武. 高校后勤信息化制约因素及对策建议[J]. 江苏科技信息,2012.3:41

业模式应运而生。传统高校后勤的商业模式为超市型、小卖部型，师生顾客群体通过在商铺内自由选择自己满意的商品，然后通过现金交易的方式完成商品的选购过程。而基于信息技术基础之上的新商业模式，在高校后勤服务中是校园电子商务，俗称“网购”。这种商业模式因为不受时间、空间、地理、信息透明和第三方支付等交易方式越来越被公众所接受，尤其是能够较快接受新事物的青年人，而高校的主要群体和后勤商业服务的主要对象就是青年学生。“校园电子商务是指校园广大师生以及相关商家以网络(互联网、手机网)为平台进行商品、信息、服务的交换。与企业电子商务相比较，校园电子商务除了具有跨时空、数字化、公开、透明等特征之外，其还具备优良的网络环境和高素质的用户、快速便捷的物流和良好的安全保证以及优越的二手交易市场环境等特征①。”快捷的局域网络，便捷安全的“一卡通”校园卡结算系统，安全可靠的信息资源传输系统，尤其是青年人对新事物的憧憬和追逐的向往使得校园电子商务在校园中的发展和普及带来了极大的方便。由于校园内部的老师和学生是相对固定的消费群体，居住区和办公区域比较集中，这就使得物流的成本相比较社会上的电子商务的物流配送更经济、更快捷。高校后勤教育超市的实体与虚体相结合的方式，诚信得到了保证；通过第三方支付或者校园一卡通的小额支付方式，使买家特别是学生对自身信用的爱护和珍惜，降低了校园电子商务交易的风险。虽然说校园电子商务中，消费群体相对稳定，但这个稳定仅仅是一段时期内，在每年毕业生离校和新生入校时期，多校区办学的高校都会面临着6000人左右(视招生规模数)的人员更迭。那么人员变动之后所带来的富余生活学习用品，如果没有相应的信息对称渠道，将会因资源不能重复使用而造成新生或者低年级同学购买新的物质，实际上既不环保也不经济。而通过校园电子商务平台，商家通过统计闲散物质、并进行实物照片注册，批量处理闲置物品，使有需要的同学通过网络的方式以最经济的手段获得自己所需，而抛弃闲散物质的同学不仅能获得一笔受益，而且节约了资源。

在校园电子商务中，学校用户或者消费者通过校园电子商务网站这个平台与商品的供应商和电子商务的供应商实现了物流与资金流的互动对接，而师生与网站、网站与商品供应商、电子商务的供应商之间则是信息流的交换。

除了商品买卖，餐饮经营模式的发展正随着多校区后勤现代化的步伐不断改革。在多校区的综合性大学里，由于在职硕士生、博士生的增多，传统低端的无收入学生就餐群体已经演变成高、中、低档等不同层次需求的就餐群体。由于多校区办学，有可能会出现学生上课或操作实验的校区与生活校区不一致的

①柳瑶，杜学文．高校校园电子商务构想[J]．电子商务，2010.7：76

现象。在80后、90后的大学生中,由于成长的环境是处于中国社会发展期,生活优裕、家长疼爱使得更多的同学不是关心温饱,而是关心口味;传统的“大锅饭”和单一、低频率的更换菜肴的品种已不能满足他们对餐饮服务的要求,他们或许需要的是日益多样化的、个性化的餐饮。要实现后勤服务的现代化,同时兼顾大规模的生产和个性化的要求,那么适时引入“大规模定制”理念不失为良好的选择。大规模定制是指“在大规模的基础上生产和销售定制产品并提供相应的服务,它是制造业和服务业的新范式,是透视企业竞争的新方法,它将识别并实现个性化客户的需求作为重点,同时不放弃效率、效力和低成本[①]。”在高校餐饮服务中,由于大规模的定制具备技能型人才、扁平化管理、综合集成等特征,所以适应了高校餐饮服务中所要求的低成本、适当利润和个性化与大众化并重的需求。要实现高校餐饮的大规模定制,需要对传统模式进行改革。首先是标准化生产,其次是核心产品即菜单的设计,第三是对生产的程序、工艺进行改造,最后是需要通过加强对生产、服务线人员的学习、培训,掌握大规模定制的信息共享技术、技能和先进的管理方法。

在大规模定制高校餐饮的模式中,信息流和实体流最为关键。信息流是将师生的订餐需求信息汇总并传输到餐饮制造间和原料供应商。实体流是供应商将原料运送至餐饮制造间,餐饮制造间按照标准化的要求进行加工,同时根据需求信息的异同生产出个性化的餐饮产品,最后通过包装、配送等方式将产品送达至师生手中。为了保证大规模定制餐饮在高校的良好运行,高校需要利用现代化的科学技术设计完善的订餐系统并且配套专业的网站。同时要建立大型数据库,通过订餐人数、餐饮产品的生产商以及配送人员之间的比例建立模型,在规模效应的基础上达到成本的最优化和满意度的最大化。通过大规模定制高校餐饮,有益地补充集体食堂用餐、菜品单一的弊端。当然,多校区后勤服务的现代化也不仅仅局限于以上几个方面,还包括公寓管理、通讯服务等等。

随着高校后勤现代化的步伐不断加大,后勤社会化的改革不断深入,高等教育大众化不断普及、办学的规模不断扩张,在以先进技术为支撑的现代服务业中,高校的教学、科研、管理部门和师生去后勤服务的要求越来越高。高校后勤服务计划体制必然向市场体制进行转型和转轨。在传统的后勤工作中,“管理”是核心,谁需要什么样的服务必须由学校按计划、等级进行配给;而在现代化的后勤工作中,以往上下不对等的关系演变成平等的民事主体关系,“服务”为本,通过服务的方式合理、平等地分配学校资源。而学校从传统的包办也逐渐转变角色成为后勤服务的监管方和第三方,从而摆脱了政企不分、校企不分

---

①黄晓达,刘永涛,司淑新. 基于大规模定制的高校餐饮经营新模式构想[J]. 当代经济,2008.6:47

的体例，通过“裁判员”的监管职能，在质量、价格、服务态度、服务绩效、服务水平等几个方面进行了互动的、立体的、多维的监控。引入现代企业管理制度，将竞争机制淘汰垄断体制；将多元参与代替二元参与，学校、后勤企业、学生、政府部门和民意代表共同参与后勤工作，确保民主、公开和公平；从而保证了多校区后勤服务现代化的进程中，每一位参与者、消费者和生产者的行为都是合法、有效、低能耗和社会效益最优化。

二、后勤资源配置的原则

我国传统社会中，高校后勤资源的配置主要采用计划配置的方式，后勤资源由校内资源提供，其根源带有很浓的时代色彩，一方面，学校处于计划经济的社会体制之中，作为社会的细胞，其资源靠计划配置是必然的；另一方面，那时的社会第三产业发育程度较低，不具备为大学提供后勤服务保障的基本能力，大学的后勤服务保障没有可靠的外部来源，只能靠自身保障。

随着我国社会由计划经济体制向社会主义市场经济体制的转轨，社会经济、生活等各个领域都发生了翻天覆地的变化。在这个浪潮中，社会第三产业逐步发育成熟，产业的专门化程度提高，产品科技含量及服务质量都有了很大提升，产品及服务在市场中所占的份额也逐渐扩大。大学校园中依然完全由校内资源提供的后勤服务越来越显现出弊端，也越来越感受到来自社会上优质高效的第三产业的压力和威胁，高校的后勤向社会开放、参与社会第三产业的竞争已是大势所趋。“市场经济是市民社会发展壮大的最强大的动力。作为一种通过偏好显示、转换、满足从而实现资源均衡配置的手段，市场具有外在扩张的天然倾向[①]。”20 世纪末，我国高校全面启动了后勤社会化改革。我们认为，我国大学的后勤社会化改革一方面是社会主义市场经济体制的要求，另一方面是高等教育大扩招带来的大学财政、资源等各方面渐趋不堪重负的“甩包袱”行为，因此，高校的后勤社会化改革具有一定的被动性和仓促性，缺乏成熟完善的理论的指导，在具体实践操作上带有一定的盲目性。综观我国大学的后勤改革现状，时至今日取得了颇为令人鼓舞的成效，但仍然存在不少的问题，有些还很棘手。然而，任何一个改革的过程都是脱胎换骨的过程，都是艰难的和痛苦的过程，重要的是我们要客观、理性地看待和分析问题，不能因为某一阶段个别问题的出现就对改革全盘否定。因此，我们认为，在我国社会第三产业高度发达、服务人员素质和服务质量达到一定高的水平、社会达到一定高的和谐程度的未

---

①曹沛霖．政府与市场[M]．浙江：浙江人民出版社，1986.156

来,我国大学后勤实现完全社会化是可能的,也是必然的。当然,将大学后勤资源的配置完全推向社会、依靠市场不可避免带来一些弊端,譬如,一些学校学生食堂餐饮服务全盘推向社会后出现的质次价高现象。故而,现阶段研究大学后勤资源的配置在采取社会化的同时,应当要有行之有效的监督制度。

经济学认为资源配置的中心问题是效益最优问题,高校后勤资源配置产生的效益包括经济效益和社会效益两个方面,因此在配置的过程中应坚持经济效益和社会效益的综合效益提升的原则,换言之,大学后勤资源优化配置的核心是寻求经济效益与社会效益的最佳结合点,在配置过程中既要考虑到经济效益的因素,又要考虑到大学的内在规律,如育人本质、大学特点等。最大限度地维护广大师生员工的利益,最大限度地维护学校的利益是资源配置最根本和最重要的。因而,在各类资源的优化配置过程中,要充分考虑后勤服务对象和后勤资源的特点,尤其应重视为大学生服务的后勤资源、为教职工服务的后勤资源、为学校服务的后勤资源各自所带有的明显的倾向性。

三、后勤资源配置的目标

(一) 效益最大化是后勤资源配置的目标

高校后勤资源配置的原则是追求经济效益和社会效益的综合效益,综合效益也就是其资源配置的目标。我们可以给综合效益这个十分抽象的目标设定一个判断的依据,以此作为我们探讨高校后勤资源配置问题的基准。

综合效益的最终目标包含了经济效益目标和社会效益目标,在经济效益目标中包含了价格合理、消费便捷、质量上乘等因素,在社会效益目标中包含了大学培养人才的比例、科研成果的量、社会影响力等因素。

若用 A 表示效益的各个影响因子,用 f 表示各影响因子的权重,m 表示经济效益影响因子的数量,n 表示社会效益影响因子的数量,则经济效益 M 和社会效益 N 的目标函数可分别表示为:

$$M = \sum A_m f_m$$

$$N = \sum A_n f_n$$

综合效益 I 目标函数为:

$$I = M + N = \sum A_i f_i (\text{其中}, i = m + n)$$

当效益的各影响因子如价格合理、质量上乘的需求得到更好的满足,培养人才、科研成果的量更高的时候,资源配置的综合效益更高。在一个具体的资源配置的方案中必须全面衡量各种效益及各种影响因子,并进行利弊权衡,按照综合效益的原则对资源进行配置,唯此才能实现资源的理想配置。在逐项配置具体的后勤资源的过程中,需要考虑的各因素的权重是不同的,在权重的衡量中,由于不能像自然界中木棒的长度、金属的重量、液体的密度一样用严格的数字来计量,因此对各因素权重的计量并不是绝对严格的,只能根据在特定环境中各因素的重要程度进行尽可能贴近实际情况的估量。譬如,在为大学生服务的后勤资源的配置中,赋予培养人才的权重要大一些,而在为教职工服务的后勤资源配置中,赋予价格合理的权重则要大一些。

(二) 社会化是优化后勤资源配置的措施

1. 社会化的本真涵义

"社会"一词,最早出现在孟元老的《东京梦华录 · 秋社》一文,"八月秋社……市学先生预敛驻生钱作社会,以致雇倩祗应、白席、歌唱之人。归时各携花篮、果实、食物、社糕而散。春社、重午、重九,亦是如此[①]。"意思是指集会、聚会。在《辞海》中,将社会一词解释为,"以一定的物质生产活动为基础而相互联系的人类共同体。人是社会的主体。劳动是人类社会生存和发展的前提。物质资料的生产时社会存在的基本条件。人们在生产中形成的一定生产力发展状况相适应的上层建筑。社会的发展是一个有规律的自然历史过程。生产力和生产关系、经济基础和上层建筑之间的矛盾,推动着社会发展是统一性和多样性的统一,曲折性和前进性的辩证统一[②]。"在《现代汉语词典》中将社会一词解释为,"指一定的经济基础和上层建筑构成的整体,也叫社会形态;泛指由于共同物质条件而互相联系起来的人群[③]。"在《辞海》中,"化"是指表示转变成某种性质或状态;如:绿化、现代化[④]。在这里,"化"其实是后缀,通常是加在名词或者形容词之后构成动词。社会是与自然是相对对立的概念,自然是不依人的意识为转移的客观存在。社会与自然是紧密联系的,人类生存和发展所必需的一切都直接或间接地来自自然。劳动是社会与自然对立统一的基础。劳动、物质资料的生产使自然界分化出唯一能同自己相抗争的特殊部分,即人类社会,造成了社会与自然的对立。劳动、物质资料的生产又是联结社会与自然的纽带或桥梁。人类通过劳动生产实现着社会和自然之间的物质、能量的相互交换,使对立面相互沟通、相互渗透,达到统一[⑤]。其实,对"社会化"一词,无论是

---

①[宋]孟元老. 东京梦华录[M]. 邓之诚,注. 中华书局,1982.214

②辞海编辑委员会. 辞海[M]. 上海:上海辞书出版社,1999.4488

③中国社会科学院语言研究所词典编辑室编. 现代汉语词典[M]. 北京:商务印书馆,2002.1115

④辞海编辑委员会. 辞海[M]. 上海:上海辞书出版社,1999.589

⑤互动在线. 社会与自然[EB/OL]. [2012-10-23] http://www.hudong.com/wiki/%E7%A4%BE%E4%BC%9A%E4%B8%8E%E8%87%AA%E7%84%B6? prd=citiao_right_xiangguancitiao

经济学的著作、还是《哲学大辞典》乃至《辞海》，都没有直接的概念定义。

在我们研究多校区高校运行成本优化时，将社会化的讨论局限于物质生产和经济生活的范围，而不是将个别人或者单独的个体的行为或表现理解成社会化。恩格斯曾说过："要是不把这些有限的生产资料从个人的生产资料变为社会化的，即只能由大批人共同使用的生产资料，就不能把它们变成强大的生产力……和生产资料一样，生产本身也从一系列的个人行动变成了一系列的社会行动，而产品也从个人的产品变成了社会的产品①。"这是指社会化的生产。那么从另外一个视角看，就是生产关系或者生产方式的社会化；包括：①生产要素的社会化和生产资料的占有方式、制度；②生产过程的社会化及其管理；③生产结果的社会化，也就是产品的消费或者消费品的使用和分配的社会化。被列宁称为杰出经济学家布哈林曾这样理解"社会化"的概念："社会化是把生产资料转入社会之手②。"通过对社会化概念的分析，马克思、恩格斯及其理论的追随者阐述了资本主义社会生产方式的起源、发展和走向灭亡的进程，同时初步假设了"社会化生产及其发达的基础上的直接社会化经济"是共产主义最终取代资本主义的结果。在马、恩论述中："社会化生产和资本主义占有之间的矛盾表现为无产阶级和资产阶级的对立③。""在危机中，社会化生产和资本主义占有之间的矛盾达到剧烈爆发的地步④。"

在人类历史的潮流中，从原始社会的自然人通过自给自足的方式满足自身生活的需要，到出现简单的商品生产和多余的商品，通过多余商品的交换而逐步出现了社会生产中的部门分工；工业大革命以后，随着资本主义商品经济的出现，社会生产按照工艺、技术等进行了分工，伴随着分工越来越集中，生产社会化的程度也越来越高。那么根据马克思、恩格斯的理论，社会化生产的高度发达最终导致了社会矛盾的爆发，那么社会主义最终是资本主义的逻辑取代物，既然社会化生产要求否定资本主义私人占有制，取而代之的当然是与社会化生产相应的社会化占有，以及一系列相应的："直接结合"、"直接计划"、"直接管理"、"直接分配"、"直接满足需要"等⑤。然而，由于历史认识的局限性，在实践中，我们也充分地认识到，社会主义市场经济是社会主义社会不可逾越的阶段，也就是说在社会主义初级阶段不具备"直接社会化"的条件，我们须从"间接社会化"发展到"直接社会化"，而目前我们经历正是间接的社会化生产方式即以公有制为主体，多种所有制方式共同发展的社会主义市场经济，通过

---

①［德］恩格斯．反杜林论［A］．马克思恩格斯全集（20卷）［M］．北京：人民出版社，1972.294

②［俄］布哈林．过渡时期经济学［M］．余大章等，译．上海：三联书店，1981.94

③［德］恩格斯．反杜林论［A］．马克思恩格斯全集（20卷）［M］．北京：人民出版社，1972.296

④［德］恩格斯．反杜林论［A］．马克思恩格斯全集（20卷）［M］．北京：人民出版社，1972.301

⑤孙可庸．论"社会化"——当代马克思主义哲学的使命（之四）［J］．改革与战略．1993.4：7

市场经济实现资源配置和生产要素的组合和分配。因此，"'社会化'看来也只能是一个历史的范畴，随着共产主义运动实践的发展，被不断赋予新的规定性①。"

从政治经济学的角度，我们再来审视"社会化"。列宁曾说："一旦资本主义使生产社会化，单独的工业部门的数目就增加起来……②"从当今的视角来看，数目的增多带来的是规模的扩大，但是，对"单独的工业部门"即企业，我们不能简单地用规模的大小和多少来评价其优劣。我们通常要求用最经济的方式产生最大的效益，那么何时才能达到以上要求呢？那就需要企业的生产能力与市场的需求之间达到平衡和匹配。在社会主义市场经济条件下，离开了社会化大生产就不能谈大规模生产，那也更谈不上规模经济。"'规模经济'是'大规模生产'在外在表现和概念属性。在现代社会经济条件下，任何企业，如果真的可以游离于社会化大规模生产之外，那么它的任何规模都不可能是经济的，换句话说，现代各种各类企业，都应以提高专业化分工水平，参与社会化大生产为真谛③。"

前文所述，"化"作为"社会"的后缀，使得原本"非社会"的状态改变成具有"社会"的性质或状态。其实，对"社会化"本身是不便定义的，例如英国《枫丹娜现代思潮辞典》中，"社会化"是指"在发展心理学中，诱导一个婴儿或儿童进入一个文化的价值观念、规则和操作方法的初级阶段"等④。在社会化的前阶段，非社会化具有哪些特征和属性，社会化与非社会化又是什么样的关系？下面，我们从哲学的角度来讨论"社会化"。

康德曾说过："人具有一种要使自己社会化的倾向，因为他要在这样的一种状态里才会感到自己不止于是人而已，也就是说才感到他的自身禀赋得到了发展。然后他也具有一种强大的、要求自己单独化的倾向；因为他同时也发觉自己有着非社会的本性，想要一味按自己的意思来摆布一切，并且因此之故就会处处都遇到阻力，正如他凭自己本身就可以了解的那样，在他那方面他自己也是倾向于成为别人的阻力的⑤。"马克思历史辩证唯物主义告诉我们，人之所谓是社会实践活动的主体，因为人能在社会实践的基础上有目的、有意识地认识世界，能够在这种认识能力的前提指导着自身改造世界，更为重要的是，人能主

①孙可庸．"直接社会化"与社会历史分期和产权变革当代马克思主义哲学的使命（之二）[J]．广西社会科学，1993.3：8

②[苏]列宁．什么是"人民之友"民主党人？[A]．列宁全集（1卷）[M]．北京：人民出版社，1984.145

③孙可庸．论"社会化"——当代马克思主义哲学的使命（之四）[J]．改革与战略，1993.4：38

④转引自：孙可庸．再论"社会化"——当代马克思主义哲学的使命（之八）[J]．广西社会科学，1994.2：56

⑤[德]康德．历史理性批判文集[M]．何兆武，译．北京：商务印书馆，1990.68

动地制造有利条件,促进事物的转化和发展,从而进行世界的创新。从这个角度来分析,社会化就是作为现实社会中的主体"人"在社会实践过程中,把自身意识中的主观内容转化、改变或者创造为社会内容的过程。马克思在《关于费尔巴哈的提纲》一文中批判费尔巴哈对人的本质的理解,他说:"人的本质不是单个人所固有的抽象物,在其现实性上,它是一切社会关系的总和[①]"。那么非社会化就是"指人们在社会实践活动中,要求脱离社会(的某些规范),逃避社会(的某些责任和义务),试图按自己的方式来摆布一切而不受(特定)种种规则束缚的倾向[②]。"从概念中,我们可以看出,社会化和非社会化,前者是融入社会,后者是脱离社会、固封自闭;前者是主观意识外化的表现,后者是主观意识自我消化的过程;前者是自我按照社会标准不断巩固的过程,后者是社会标准在自我意识中不断弱化的过程;前者是"人"作为社会一份子的过程,后者是"人"独立化的过程。人是自然人和社会人的有机统一,从自然属性来看,人的非社会化是其自然的本性所在;从人的从众性来看,人天性具有社会化的趋势。从社会的发展历史潮流来看,和平与发展是当今时代的主题,世界和平是促进发展的前提条件,各国的共同发展是保持世界和平的重要基础,两者相互依存,互为因果,相互促进又相互制约。只有维护世界和平,才能为世界经济的发展创造一个良好的国际环境,保证各国集中精力加快发展;没有和平就没有发展,没有发展也不可能有真正的和平。在和平中求发展,以发展促进和平,是人类社会走向美好未来的重要条件。在这个视角来看,是不是可以将社会化理解成和平,将非社会化理解成各国的发展呢?那么无论是从个体的"人"来理解还是从"社会形态"的发展来审视,我们将发现其实社会化与非社会化是相辅相成、相互作用的,两者之间是辩证统一的关系。

2. 后勤服务的社会化

在学术界,对社会化,鲜有学者专门研究。对社会化的研究发展于20世纪80年代中期,那时候我国正从社会主义计划经济向商品经济的过渡,对"社会化"的讨论,主要是所有制的关系和生产资料占有问题的角度,或者说由于在社会主义发展过程中相当一部分人就社会主义公有制的基本形式或具体的形式存在困惑。也正是从那个时候起,特别是1984年10月,中共中央十二届三中全会发表了《关于经济体制改革的决定》后,"社会化"一词逐步深入到生产要素分配、资源配置等各个方面。而后勤社会化的提法也正是从那个年代起,成为了高等教育后勤服务保障改革的一个新的方向和目标。

---

①[德]恩格斯. 马克思论费尔巴哈[A]. 马克思恩格斯选集(1卷)[M]. 北京:人民出版社,1995.60

②陈华兴,陈雁. 论社会化和非社会化的辩证统一[J]. 浙江社会科学,2000.5:86

1985 年 5 月 27 日中共中央《中共中央关于教育体制改革的决定》在第四部分最后一段明确提出："高等学校后勤服务工作的改革，对于保证教育改革的顺利进行，极为重要。改革的方向是实行社会化。学校所在地方的党政领导机关要把解决好这个问题的责任担当起来"。1993 年 2 月 13 日，中共中央、国务院发布《中国教育改革和发展纲要》（中发［1993］3 号）指出："学校的后勤工作，应通过改革逐步实现社会化。"1999 年 1 月，国务院批转教育部《面向 21 世纪教育振兴行动计划》提出：高校招生计划的扩大要与学校后勤工作社会化的进度挂钩；加速学校后勤工作社会化改革，精简分流富余人员；争取 3~5 年内，大部分地区实现后勤工作社会化。1999 年、2000 年和 2001 年，教育部分别在上海、武汉和西安召开全国高校后勤社会化改革工作会议，全面部署全国高校后勤社会化改革工作。《国家中长期教育改革和发展规划纲要（2010~2020 年）》在第十三章建立现代学校制度第四十节指出："推进高校后勤社会化改革。"可见，后勤服务的社会化是党和国家在制定教育方针、政策，确保教育功能实现的一项措施，也是高校后勤改革发展的必然要求和趋势。

后勤一词，原是军事用语，指后方对前方的一切供应工作①。后来延伸为单位提供物资设备和工作生活服务保障工作。在高校，后勤范围涉及面很广，财务、设备、物业、基建等等，囊括了为教学、科研和师生提供工作、生活保障的方方面面。高校后勤工作是高校工作的重要内容，是不可或缺的组成部分。后勤工作为学校提供了可靠物质保障，后勤工作对物质的有效利用提高了学校工作的效率，对后勤工作打造出优美的学校环境、营造了育人氛围，后勤工作的"窗口"优质、温馨服务对培养具有"中国灵魂 · 世界眼光"的新一代大学生提供了良好的积淀，后勤工作的稳定健康发展促进了全校教职工的工作积极性和创造性，保障了教师潜心学问、认真授课，学生专心学习，师生在学习、工作中没有后顾之忧。在建国以后直至改革开放初期，高等学校办"小社会"是普遍的现象，全体教职员工的衣食住行和子女教育全部依托自身单位，高等学校有着相当一部分的精力投入到与教学、科研和服务地方无关的工作中去。随着市场经济体制的确立，在社会主义改革开放的发展过程中，高校后勤"小社会"的现象与教育事业的科学发展的矛盾显著，沉重的后勤负担阻碍和制约了高等教育事业的发展，尤其是高等学校关起门来开办企业是与社会主义市场经济规律相悖的，实现高校后勤社会化是高等教育综合改革的重要内容之一，是实现高等教育事业又好又快发展的必由之路。1999 年 12 月 14 日，国务院办公厅转发了教育部、国家计委、财政部、建设部、人民银行、税务总局制定的《关于进一步加

①中国社会科学院语言研究所词典编辑室编．现代汉语词典［M］．北京：商务印书馆，2002.527

快高等学校后勤社会化改革的意见》,由此拉开了后勤社会化从理论探讨、试点改革到全面推进的后勤社会化改革的浪潮。

那什么是后勤社会化呢？有人认为后勤社会化就是后勤企业化,完全按照市场规律运营,后勤企业追求的是利润最大化。其实这是对后勤社会化的误解。在前面所述的《关于进一步加快高等学校后勤社会化改革的意见》指出,后勤社会化改革,要求既做到有利于学校和社会的稳定,有利于减轻学校的负担,又注意有利于后勤剥离学校后的生存和发展。1999 年 6 月 15 日,时任国务院总理朱镕基在第三次全国教育工作会议上提出:“要把后勤从学校剥离出来,实行后勤服务社会化,鼓励社会力量为学校提供后勤服务。”因此,改革必须从剥离开始,按照“三个有利于”的要求,根据教育规律和经济规律,从体制、人事、资产、资源、产权、后勤服务实体组织形式和后勤与学校的关系等几个方面入手,全盘考虑、逐步推进、综合改革。其实质是“打破政府对后勤服务领域的垄断,引入市场竞争机制,改变以往高校对后勤服务集中统一管理的低效率状况,实现公私部门的合作和优势互补,以提高其运营效率和服务质量,满足不断增长的服务需求①。”

关注后勤社会化改革的几个方面,其关键和实质是实现后勤服务和学校的“剥离”,将高校后勤服务纳入社会主义市场经济体制,建立政府主导、社会承担为主、高校选择的市场化后勤服务体系。首先,后勤社会化是在市场经济背景下现代化服务体系;其次,构成该体系的各层面与高校之间通过市场枢纽确立了稳定可靠的相互依赖关系和新型的市场关系;再次,社会化目标的实现,政府、社会、学校三者的关系是政府主导此项工作、社会为主承担后勤服务、高校选择队伍。政府、社会和学校三者之间的关系和作用是辩证统一的,政府以各种政策积极引导高校自身不经营后勤服务,使高校认清形势,真正从高等教育本质和长远性发展目标方面考虑,明确不直接经营后勤服务业的诸多好处。政府主导在这一方面的指向作用亦有利于高校后勤服务由社会承担。在市场体制的大背景下,高校自身不经营后勤服务,高校稳定而丰富的后勤市场必然有企业经营,市场调节的最终结果,是社会上优秀企业大量涌入高校,高校后勤服务逐步做到以社会承担为主。此外,政府以各种调控手段妥善解决后勤社会化过程中出现的各种矛盾,稳妥地安置原有后勤服务人员,这些举措为高校后勤服务以社会承担为主提供了基础性条件。幼儿园、中小学以及具有较强政府职能的教工住宅居民区、家贸市场管理等交由社会管理或由社会兴办②。

由于高等教育大众化的步伐不断加快,还由于多个大学合并组建成新的大

①张志军．高校后勤服务社会化的责任关系[J]．社会科学战线,2007.5:319

②彭怀祖．关于“剥离”的思考[J]．中国高校后勤研究,2000.5:30

学,多校区高校已成为大学地域形态的主流。多校区高校相对于一个校区的大学而言,服务资源的需求增加很多。一方面,大学生人数的增加,需要扩大各个种类的服务;另一方面,需要增加各校区之间服务工作量,以满足校区之间的沟通、交流以及联系。

服务工作量的增加,是仅仅给学校工作带来了压力,还是可以成为改革的契机和动力,对此必须有一个清醒和明确的认识。高校后勤改革,源起于高等教育量的急剧膨胀,导致原有的后勤体制和服务机制,已不能满足现代大学建设的制度要求,而且,大学生人数的连续多年的急剧攀升,服务设施和队伍呈现严重不足的格局。因此,高校后勤改革应运而生,促成了社会服务资源大范围、大幅度地为高校开展服务。

对高校的服务由校外企业提供,历来存有争议,质疑的理由主要是以下两个方面。一是高校的根本任务是育人,校外企业参与后勤服务,它们更多看重的是经济利益,常常会把育人的根本任务抛之脑后;二是后勤服务可以产生经济效益,为何要让校外企业获得这些效益呢?况且,校内原有的服务队伍人数多、水平和能力参差不齐,期盼他们在社会上竞争获取任务,是不现实的,还不如"肥水不流外人田",维持原有的服务格局,让更多的任务由校内服务队伍承担。

这个问题是后勤改革的关键问题。随着大学普遍设立多校区,后勤的任务迅速放大,是相应的迅速扩大校内服务队伍,让其在垄断的格局下完成后勤任务,还是利用市场经济逐渐走向成熟的大背景,利用校外服务资源日趋丰富的现实,在全社会用竞争的方式配置后勤资源,两者的处置和走势,会对高校后勤改革的全局起基础性作用。

无需讳言,高校应是全方位育人,需要各方合力才得以完成,后勤则是发挥服务育人、管理育人的功能。然而,对这个问题必须加以剖析,笼统、简单地以此为理由,排斥社会服务资源进入学校是不妥的。这是因为,一方面,应该对高校后勤消费资源加以分类剖析,为教职工和学校提供后勤服务,往往并不和育人直接挂钩,只有为学生提供后勤服务,有些确实和育人有某种关联。另一方面,随着市场经济体制的不断进步,社会上诸多服务企业,正在逐渐形成社会效益与经济效益并重提高的双重追求,企业以此作为其存在和发展的根基。综上两方面的因素考查,都要求我们不能一味的、简单地把社会服务企业排斥在外。

对大学的根本职能,和为完成这些职能所必需的配套服务之间的关系,必须有一个清醒和深刻的认识。市场经济的本质属性之一是分工经济和专业经济,我们可以清晰地看到,如同人的精力有一定限度一样,各个单位的资源和管理力量总是有限的,它不可能用于各个方面,又在各个方面取得佳绩。况且,在市场的竞争之中，往往是同行业的队伍，为着相同的利益诉求进行竞争，如果想在竞争中战胜其他队伍获取胜利，必须在资源的拥有和精力的投入上面，有超过其他队伍的能力。以上述观点作为基础，思考高校基本职能的实现途径，就可以发现，高校必须集中精力做好教学、科研、为社会服务等工作，为其保障的含后勤服务在内的诸多任务，有理由相信，通过竞争选择的社会企业，会做得更好。

市场经济体制下，我们的关注点以公平为前提，重点放在择优宣和和科学管理服务队伍上，从市场经济的规律出发，引入竞争机制，科学运用社会力量，抛弃落后思想、打破垄断意识。期盼简单地把所的后勤任务由校内后勤队伍垄断完成，就可以获取较高的经济回报，这是略显幼稚和天真的想法。效益良好是需要竞争作为前提和基础的，这一点对服务行业尤显重要。“竞争出效率，竞争出水平，竞争出满意度，竞争机制的运用大大提高了高校后勤服务保障的能力和水平①。”

在全社会大范围的、公开的竞争挑选后勤服务队伍，其前提是安置好校内服务队伍。随着时间的推移，已有相当多的校内服务队伍的员工退休，人员负担已较为减轻。多校区高校的普遍存在，后勤工作任务随之加重，如果加强顶层设计，把校内服务队伍整合优化，会腾出更多的后勤任务，交由社会队伍竞争完成。这是深化高校后勤改革的重要契机。

对大学的新校区而言，后勤服务是个空白，这是校内服务队伍进行整合的好时机。如果说，认可对和大学生生活直接关联的后勤服务，目前以校内服务队伍提供为佳；认可关联学校安全稳定的后勤服务，应由校内服务提供为妥。那么，就应该充分利用由一个校区拓展为多个校区的契机，把校内服务队伍优化组合好。这样做，有利于后勤队伍以老带新，强化传帮带，迅速地让新校区的后勤管理和服务走上正轨。而且，可以提前规划，“成片”地辟出空间，让竞争中优选出的社会队伍，为学校提供后勤服务。“要彻底打破行业垄断，破除以自我服务为主的封闭模式，强化服务业的市场机制和竞争机制②。”

刚刚谈到的是后勤社会化，后勤服务队伍的选择问题。在这个问题的前提下，我们不能忽视的是后勤工作人员的“人”的问题。由于历史的问题，目前高校后勤队伍中有相当一部分职工是来自于土地被政府征收建筑学校后的当地农民工、子女顶替接班和劳务派遣工。这些人员，文化程度不高、创新能力不强、专业技术掌握程度不够。后勤社会化离不开后勤的基本职能：“三服务”和“三育人”。而要切实履行好该职能，人是关键。在后勤社会化进程中，需要有

---

①周昌宝．高校后勤服务管理转型发展趋向[J]．江苏高教，2011.1：142

②李军．当代世界服务业发展的新趋势及我国的对策[J]．经济纵横，2003.4：34

一些措施来保障队伍的建设。比如,将后勤人才规划纳入学校整体人才培养方案中,核心岗位、关键岗位按照学校事业编制管理;加强对专业技术人员的培训,提高管理能力和专业技能;完善劳务派遣工的招聘、培训、管理和考核机制,使后勤职工有归属感和安全感,通过激励措施激发职工的工作热情和激情,比如择优秀员工转为事业编制的工勤岗位,通过凝聚人心、团结队伍、勾勒蓝图,推动后勤队伍的建设。

在人的问题解决之后,那么就是适应后勤社会化的改革的发展,建立现代企业制度。目前高校在实际实践中,有三种模式,第一是“小机关、大实体”,第二是“小机关、政府办实体”,第三是“小机关、无实体”(即实体是纯社会力量)。这里的“小机关”就是指学校的后勤管理行政部门。“实体”就是具体服务公司或者机构。无论是哪一种模式,各个高校都是根据自己的实际情况探索和实践,但将后勤从行政系统里“剥离”,进行结构重组,把校园资源从行政管理拥有者提升到市场法人资产经营,改变过去依靠学校投入的增长方式,树立具有教育特征的商业服务形态,按照现代企业制度,成立自主经营、自负盈亏、独立核算的实体。因此在保证国有资产增值、保值的前提的下,合法界定资产关系和股份投资比例。在实际经营中,完全按照《公司法》的规定进行业务开展。在人事关系上,按照“老人老办法、新人新办法”的方式,优化用工制度,确保能上能下,通过优化后勤队伍,按照 50 名学生配备 1 名后勤职工计算,全国可以减少 20 万的后勤职工编制,如果以 3 元每年的工资计算,全国就节约了 60 亿元。理顺经济关系和利益关系,使得后勤保障和服务不再依赖于行政手段而是依靠市场经济规律。在这一点,需要再次强调的,不管何种模式,后勤“三服务、三育人”(为教学服务、为科研服务、为广大师生服务,管理育人、服务育人、环境育人)的宗旨不能变,后勤社会化改革、建立现代企业制度、合理选择后勤队伍是为了教育事业的科学发展,是为了更好地教书育人和科学研究以及地方服务。绝不能因为市场化和成本控制,影响学校事业的发展。因此正确处理好稳定与发展、社会效益与经济效益、事业单位和独立法人、甲方和乙方、正式工和劳务派遣工等五个方面的关系尤为突出和重要。在实体按照现代企业制度的经营过程中,制度是保障和前提,是优化后勤资源配置和多校区办学节约运行的基础,否则就是纸上谈兵。

第一,合理制定后勤工作绩效评价标准。从师生满意度、校领导满意度、后勤职工满意度等几个方面来考核,通过考核进行基础服务和绩效劳务的核算和支付,当然,仅仅于此是不够的,还要考核国有资产是否保值和增值,生产是否安全、有无不稳定因素、企业发展前景规划是否明朗等等。

第二,合理制定后勤制动激励措施和人事分配制度。将待遇与实际职务岗位和实际贡献相联系，根据任务的复杂程度和工作量的多少以及科技含量的高低等因素进行人事分配，多劳多得、优劳优酬，公平竞争，能者上、庸者下。

第三，建立制约监督机制。通过甲方和乙方的契约管理方式，明确职责范围，使奖励、惩罚有据可循，改后勤服务的行政拨款为收取服务费用。

第四，强化实体成本核算和质量管理。按照“定额用能、超额自理、节能归己、节约奖励”的原则进行成本核算。机动运用会计方法，减少物价的变动引起的成本补偿不充分的局面。引进ISO质量认证体系，实现后勤实体的可持续发展。

第五，建立高效后勤特色企业文化，提高服务水平。将服务质量视为企业服务的生命线，贯穿于经营服务的全过程。加强企业文化建设和思想政治建设，提高高效后勤实体的文化品质，提升服务文化的含金量，让优秀的企业文化更好催化后勤实体的健康发展。

此外，高校还要更多地依托区域经济，将部分效益低的生活后勤内容逐步交由周边社区承办，利用社区优势为学校服务。通过优化多元经济成分，运用不同的公有制实现形式，充分利用熟悉教育规律的优势，使得后勤服务部分内容与社区服务融为一体。当然，我们不能简单地将“小机关”局限于后勤行政管理，实质上它更具有强大的调控功能。原因在于高校后勤市场不同于一般，它具有经济、教育和服务功能于一身。首先必须把好市场准入，对企业的资质、管理水平和服务意识加以引导管理，确保服务水平。其次，对于饮食服务业加强卫生防疫食品安全，确保师生身心健康。第三，保证监督企业规范运作，如前所述，通过契约管理，按照法律法规，保持货真价实，维护教职员工和学生利益；尤为重要的是，引导企业树立良好企业形象，塑造积极向上的企业文化，让广大学生在接受后勤服务的过程中体会现代企业运作的形象，其实这本身就是潜移默化的“环境体验育人”。

总之，大学有了多个校区，是整合校内后勤队伍，优化后勤资源配置的重要契机。后勤社会化虽然在有力地支撑了高校的发展，特别是扩招之后减轻了学校的负担，拉动了内需，在学校的房地产管理、餐饮住宿服务、物业和商品销售服务业等方面提高了服务保障质量，刺激了消费并解决了很多就业机会和岗位；但是，离后勤服务实体集约化、专业化和产业化的要求还有一定的差距。因此，必须提前规划、有条不紊地深化后勤改革；必须妥善处置各方利益的关系，认真做好后勤服务企业的现代化建设步伐和校内后勤队伍的选择工作，朝着整体提高后勤资源配置效率的方向，坚定不移地前进，让学校的发展无后顾之忧，让学校在发展中轻装上阵。

第二节 后勤资源服务的分类

研究任何一种复杂的事物或事件时首先对其作出合理的分类则是不可或缺的。研究多校区高校的后勤资源配置亦是如此，切不可眉毛胡子一把抓，首先应将多校区高校的后勤资源进行科学的、清晰的分类，以使具体的研究更加得心应手。

国内外专家、学者在对高校后勤资源进行分类时采取了不同的分类方法。有的以后勤的不同服务项目分类，亦有采用人力资源、物力资源等的分类。我们认为，基于后勤资源服务的对象不同，可以将其分为三个层面，即为学生、教职工、学校提供后勤资源服务三个层面。（如图 9.1）这种分类方法是科学的、合理的。因为，不同服务对象的需求是不同的，为了优化后勤服务资源，从这三个层面出发，满足多样化服务对象的各类需求，能最大化实现后勤资源配置的效益①。

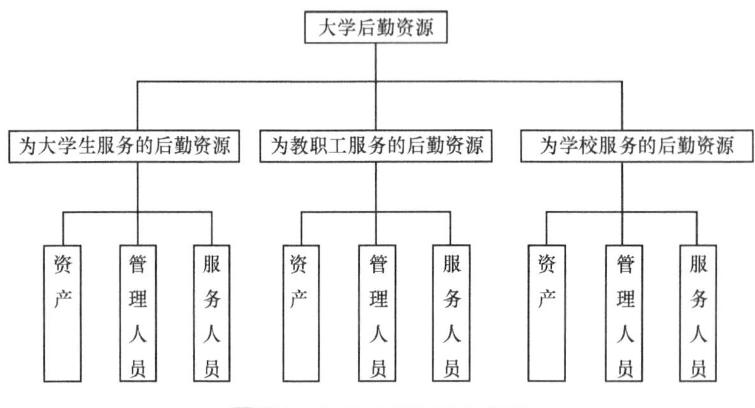

图 9.1 高校后勤资源的分类

一、后勤资源的三个层面

高校的后勤服务，无非是为高校中的人和物的后勤服务，人即包括大学生和教职工，物即是校园中一切与大学生和教职工的生活有关的公共设施和物品。依此分析，大学后勤服务的对象可分为大学生、教职工和学校三个层面，基

①后勤资源服务分为三个层面，但为教职工提供优质的后勤服务则更多地被认为是高校人力资源配置的问题，因此，本书将关于教职工后勤服务的问题后置于第十章，即“人力资源配置的最优化”

于此,高校后勤亦可分为三个层面:为大学生服务的后勤、为教职工服务的后勤、为学校服务的后勤。为了更明了地理解这种分类,做出以下表述:为大学生服务的后勤其服务直接指向大学生,如学生公寓住宿服务直接为学生提供服务;为教职工服务的后勤其服务直接指向教职工,如教工餐厅餐饮服务直接为教职工提供服务;为学校服务的后勤其服务则不直接指向人,而直接指向学校中的物品,如楼宇物业服务直接为相关房屋设施设备提供保养、维修等服务,间接保障大学生或教职工的生活。

大学后勤的资源相应分为三个层面:为大学生服务的后勤资源、为教职工服务的后勤资源、为学校服务的后勤资源。需要特别提出的是,在对这些资源分层面研究的过程中,难免出现某些资源被不同层面中的主体共享的情况,譬如,学生食堂可能不仅仅提供大学生的饮食,也会有少数教职工就餐,但是这种极少数的教职工进入大学生食堂就餐的情况并不构成对大学生餐饮服务资源管理的影响,视学生食堂仅为大学生服务并不影响研究结果。

二、后勤资源的三种类别

大学后勤资源的三个层面是基于其外部因素——后勤服务对象的分层。分析高校后勤资源如何配置,仅将其从服务对象的角度分为三个层面来分析是不可能分析清晰、到位的,在后勤资源的自身内部又包含了资产资源和人力资源的内容,且在人力资源内部又存在管理人员和服务人员之别。那种不分情况地将资产、管理人员和服务人员统统采用同一分配方式是不妥当的。因而,我们认为,在将大学后勤资源分为为大学生服务的后勤资源、为教职工服务的后勤资源、为学校服务的后勤资源三个层面的基础上,进而在其资源的内部作进一步详细分解将对研究非常有助,故将每一层面内部的后勤资源细化为资产、管理人员、服务人员三种类别。在具体的资源配置研究中应将后勤资源的三种类别分开考虑,会使研究更加高效和具有操作性。

第三节　多校区高校为大学生服务的后勤资源配置

多校区高校中为大学生服务的后勤资源配置是其后勤资源配置的重点和难点。是重点的原因在于,大学生在学校中人数最多、受关注最多、需要保护最多,不仅是学校的重点呵护对象,而且是全社会瞩目的焦点,为其服务的后勤资源配置合理与否直接影响到大学生的生活、学习能否正常进行,人身、财产安全能否得到有效保障,学业能否顺利完成,一旦后勤服务保障出现差错或疏漏可能导致利益受损的学生人数较多,甚至引发社会的动荡。是难点的原因在于,大学生作为对大学后勤服务的消费主体,具有其自身较大的特点,与社会普通服务的消费主体存在较大的差异,在对提供其服务的后勤资源的配置中需要考虑的边界条件较多。

一、多校区高校大学生后勤消费的特点

大学生是一个庞大的消费群体,人数众多,年龄大致相当,相对稳固,自身没有经济来源或仅有很少的经济来源,透视这些可以发现大学生对大学后勤服务的消费是具有一些特点的,这些特点在相当长的时期内不会改变或消失。

(一) 消费水平特点

第一,大学生的消费水平参差不齐。目前我国大学生的消费主要由其家庭来承担,消费水平在很大程度上受家庭经济状况的影响。随着我国社会经济的发展,计划经济体制向社会主义市场经济体制的转变,社会越来越显现出多元化的特征,各个家庭的收入来源、经济条件也出现了越来越明显的差异,这直接导致了大学生消费水平的参差不齐。

目前,虽然大多数高校已为大学生提供了勤工助学的岗位,大学生也拥有了更多到校外实习、兼职工作的机会,但繁重的学习任务和"万般皆下品,唯有读书高"的传统思想决定了大学生不可能在这些工作上耗费太多的时间和精力,劳动强度也不可能太大。在这样的情况下,相应的报酬也就不可能很多,对大学生的消费能力和水平不足以产生逆转性的影响。

第二,大学生在整体上属于后勤服务消费的"弱势群体"。虽然,我国大学生的消费水平参差不齐,消费能力各有差异,但这并不能掩盖大学生群体作为后勤服务消费弱势群体的本质。换言之,与社会上对服务的消费差异比起来,大学生对后勤服务的消费差异明显小得多,消费的整体能力处于较低的水平。

虽说家庭的经济条件很大程度上决定了大学生的消费水平,但受中华民族几千年勤俭节约美德的影响以及对子女良好品质培育的需要,中国的父母大多会计划性供给孩子生活费用,不可能纵容其无节制消费,因此,大学生在校园中一掷千金的行为还是极少见的。

此外,大学校园是刻苦学习、潜心研究、追求真理的重要阵地,充满着浓郁的文化气息、积极向上的文化氛围,学子们竞相比拼的是谁更成绩优秀、综合素质突出,推崇的是品学兼优、德才兼备,故而在后勤服务的消费方面更加理性和平实,追求的是基本生活的保障、价廉物美,少了社会上对服务的功利性消费及

相互攀比和炫耀。

（二）消费选择特点

社会多元化的发展带来了价值多元化、消费多元化，大学生对后勤服务消费的品种、地点等方面的选择多样化要求也越来越高。

大学生正处于朝气蓬勃、充满好奇的年纪，从其心理特点来看，不墨守成规、不甘于平淡，求新求异是他们的心理倾向。一日三餐固定品种使他们感到索然无味，需要更多变换的花色才能满足味蕾。

市场经济不断深化、思想不断活跃的今天，大学生的自主性也逐渐加强，他们希望支配自己的生活，如自主选择和哪些同学住同一间宿舍，自主选择在学生食堂就餐还是去校外更有特色的港式餐厅。

（三）消费时空特点

大学生对高校后勤的消费具有时间和空间特殊性，这是其与社会上普通服务消费最重要的区别之一。饮食和住宿是大学生生活中最基础、最重要的两项内容，解决好饮食和住宿问题大学生的生活、学习才有保障，良好的教学秩序才有保障。

每天繁重的课业任务决定了大学生只能在校园内或校园周边住宿、吃饭，而不可能住在离学校很远的地方，或者总是需要花费几个小时到很远的餐厅去吃饭，如果每天大量的时间被这些日常生活琐事占用、浪费，大学生是很难顺利完成学业的。

大学生每天有统一的学习时间决定了其就餐时间的相近甚至相同。在公寓住宿决定了其就寝时间的统一，才能相互之间不影响正常的作息，保证集体生活的良好秩序。

（四）消费管理特点

从某种意义上来讲高校为大学生服务的后勤从属于社会服务业，它和社会上的一般服务活动最大的不同就是地域和服务对象的不同。但正是由于后勤服务对象的特殊性致使其管理与社会一般服务消费的管理大相径庭。

第一，高校后勤消费的管理为大学生负责。从理论上说，大学生多是年满18岁的成年人，应当完全为自己的行为负责，对高校后勤服务的消费行为也有能力为自己负责。但是我国的国情却决定了大学在一定程度上对大学生负责的现实。在父母的眼中，大学生即使已成年也是孩子，需要呵护，需要照顾的孩子，加之我国大学生的自主能力和独立性较弱也是客观实在，故而大学生在学校中生活、学习，学校就要承担起其健康成长的责任。社会由千千万万个家庭组成,千千万万个家庭的共同意愿和要求形成了社会的呼声,虽然这些要求可能确有一些有失偏颇,但这就是现实的社会背景,学校只有顺应民声才能维持学校和社会的稳定,否则将会受到谴责甚至更加严重的后果。

另一方面,大学生集中住宿、同步餐饮的特点使学校后勤服务的供应者可以批量、定期地获取后勤消费对象,而不用过分担忧因服务质量不佳等而影响经营效益,这使大学生的利益更容易受到损害,因此需要学校在配置为大学生服务的后勤资源时对大学生群体加以特别的保护。

为了保障大学生的生活、学习,为了承担起大学生健康成长的责任,高校管理者应当高度重视大学的管理工作,丝毫不可懈怠,将管理工作渗透到大学生生活、学习的方方面面,贯彻“一切为了学生,为了学生的一切,为了一切学生”的宗旨。高校服务的管理更是如此,坚决杜绝食物中毒、公寓火灾等恶性重大事故的发生,确保学生的生命财产安全,唯此方可让社会放心,家长放心。

第二,大学生的后勤消费需要政府、学校的扶持。高校培养出人才不仅仅对大学生个人及其家庭产生直接或间接的影响和收益,更是对整个社会、整个国家的贡献,这些高层次人才将会成为社会的发展的主力,因此,国家政府、学校有理由有义务对经济上处于弱势的大学生的后勤服务消费给予一定的扶持。

综观每一个国家每一段历史时期,都有政府对高等教育支持的举措,而要做好符合我国国情的对大学生后勤消费的扶持还需要政府和学校的深入合作。

二、多校区高校为大学生服务的后勤资源配置方式

在科学配置多校区高校为大学生服务的后勤资源过程中,应充分考虑到大学生自身的特点、相关后勤服务的特点以及多校区办学的特殊性。

对为大学生服务的后勤资源的配置有着各种路径,但综观世界各国的配置方式都有一个共性:利用市场规律配置大学生后勤资源的同时,针对大学生处于经济弱势群体的特征给予相应的政府扶持。因为,每一个政府的核心使命,包括五项基本责任:“①确定法律基础;②保持一个未被破坏的政策环境,包括保持宏观经济的稳定;③投资于基本的社会服务和社会基础设施;④保护弱势群体;⑤保护环境[①]。”在配置中要牢牢抓住经济效益与社会效益结合的原则,既要看到市场配置带来的经济效益,又要充分认识到学生公寓住宿服务、学生

---

①杨再平. 重新思考政府:一个世界性的课题——评世界银行 1997 年世界发展报告《变革世界中的政府》[J]. 国际经济评,1998.1:61

食堂餐饮服务的教育属性,在后勤服务中贯彻育人的理念。综合运用市场经济的优势与计划管理的特点,将两者的长处结合起来,尽可能弱化市场经济的不足和计划管理的僵化,力求达到经济效益和社会效益的综合效益最优。秉承学校加强后勤管理的力度、后勤服务的参与度的原则,有保护、有引导地配置为大学生服务的后勤资源,切实解决好为大学生服务的后勤资源在多校区办学格局下优化配置的问题。

多校区高校为大学生提供的后勤服务包含了所有多校区高校为保障大学生的生活提供的后勤服务,住宿服务和餐饮服务是其中最基础、最重要的内容,除此之外为大学生提供的服务还包括交通、商业销售、书报、文印、金融、通讯、咨询等。在对后勤资源的配置中各种后勤服务的特点和功能是制约其资源配置的关键因素之一。

(一) 住宿服务资源配置

现阶段,我国多校区高校学生的住宿以学生公寓住宿为主,在校外租房的现象极为个别。一是因为我国对大学生住宿统一由学校安排的规定,二是出于对租房开支的考虑,三是缘于校外住宿的安全隐患和给每天的学校学习带来的不便。尤其在一些地处偏远的新建校区,周边社区建设和配套设施相对不完善,校外住宿更加缺乏条件。

1. 公寓住宿服务研究

学生公寓住宿服务的内容包括新生入住、学生调宿、退宿、假期留宿,以及函授生、进修生或其他学生的临时性住宿等。提供的住宿服务兼具两方面功能:一是保障大学生住宿需求的基本功能;二是育人的特殊功能。学生公寓住宿服务的基本任务是做好学生住宿的分配、安排和管理等工作,确保学生在校学习期间有一个舒适的生活、学习环境,为学生顺利完成学业提供基础保障;育人的功能体现在公寓的管理人员和服务人员在日常的管理和服务中对大学生产生潜移默化的影响。管理人员和服务人员是“不上讲台的老师”,通过自身良好的行为举止与高尚的思想道德品质,在日常生活中对大学生进行“润物细无声”的教育和引导,培养大学生良好的生活、卫生习惯,提高大学生的思想道德修养,一定程度上对大学生的健康成长产生正面影响。

在对学生公寓住宿服务的研究中有必要把握好其与公寓物业服务的区分,有利于对学生公寓提供的两种不同服务的后勤资源的合理配置。物业服务一般是指建筑物建成使用后,房地产企业对建筑物本身及其附属设施的保养、维修以及环境卫生等相关服务,不难看出,物业服务是对物的服务,虽在物业服务中也要贯彻“以人为本”,但“以人为本”是在对物的服务中体现;而住宿服务是直接为学生的后勤服务,大学生群体的特殊性和我国高等教育的现状要求在服务中须坚持育人原则。

大学生公寓住宿服务和社会上普通的住宿服务有着很大的区别,只有把握了多校区高校中为大学生提供的住宿服务的特点,才能科学地对后勤服务资源进行配置。我们认为,大学生公寓住宿服务具有以下特点。

第一,服务对象的相似性。大学生公寓住宿服务的对象是符合公寓使用条件的大学生,即符合学校规定的入住公寓条件的大学生,一般包括在校本科生、研究生以及集中学习的进修生、函授生等,只有这些学生才有公寓的入住和使用权。公寓使用资格的限制决定了在公寓住宿的大学生大都是年龄相差无几的年轻人,由于成长的时代背景、社会背景相似或相同,这些学生可能表现出思想意识、行为方式等方面的一定程度的相似性或一致性。这种相似性或一致性使在某个时间某座公寓发生的问题也可能在另一时间段另一座公寓发生,这为学生公寓的管理和服务提供了一定的依据。

第二,服务时间的周期性。通常情况下,按照学校的教学计划,每年都会有寒假和暑假,在寒假和暑假期间要安排学生离校,公寓的住宿服务在这段时间处于“淡季”,可以合理安排利用这段时间进行一些整顿等。

第三,服务的育人属性。大学生公寓是学生生活、学习的重要场所,住宿服务须遵循“三服务、两育人(为教学、科研、社会服务服务,管理育人、服务育人)”的原则。基于其育人的属性,不仅要求管理人员和服务人员有较高的素养,而且有定期或不定期组织大学生课外文化活动的要求,如宿舍内务评比、书画摄影展等活动。如果按照社会普通住宿服务的要求,显然这些不属于服务的内容,但是,后勤服务对象的特殊性使学生公寓住宿服务必须具备这样的功能,否则其服务就无法满足培养大学生的要求。这也对住宿服务的管理人员和服务人员提出了较高的要求。

2. 公寓住宿服务资源的配置

公寓住宿是大学生生活保障最基本的内容之一,与学生的利害关系重大,解决好学生的住宿问题,保障好学生的住宿服务,合理配置学生住宿服务资源是多校区高校后勤资源配置中的一项重要内容,地位举足轻重。因此,应当从多校区高校学生公寓住宿服务三种类别的资源——资产资源、管理人员、服务人员分开考虑,分别配置。

第一,多校区高校学生公寓住宿服务的资产资源应毫不动摇地坚持由校内后勤资源提供。公寓服务的资产资源以地产和房产为最主要,而公寓建设又具有占地面积大、投资大、回收周期长、迁移性难等特点,公寓的设计结构具有特定性和指向性特征,因此这就决定了其产权只有牢牢掌握在学校手中,确立学校在学生公寓投资建设中的绝对主体地位才能减少后患。否则,若盲目引进个人投资的校外后勤资源在校园内建设学生公寓,将给学校的发展和大学生的利益带来一些问题,首先,公寓设计的特殊性使其用途不易变更,加之公寓的不可迁移性特征,将会使其成为校园建设调整和发展的障碍,其次,一旦投资者拥有了公寓的产权,其追求利润最大化的本质和后勤服务对象大学生群体靠计划而非竞争获得,大大增加了大学生利益受损的风险。在学生公寓建筑及各项设施设备配置中社会效益占据主要地位,学校可以采用各个校区统一招标的方式吸取社会优秀资源建设各校区的公寓建筑和设施设备。学校要对各个校区的土地进行科学规划和使用,最大限度的利用来建设公寓等生活建筑和设施,统一调整配置房产资源,做到利用效率最大化才能保证校区规模最大化。

第二,多校区高校学生公寓住宿服务的管理人员应由校内提供。由于在公寓住宿的广大学生具有自身许多特点,且我国大学生独立性、自理能力和控制能力相对不高的现实,社会、家庭对学校较高的期望值,要求学校对大学生健康成长负有"完全"责任。因此,作为大学生生活、学习的重要场所,公寓住宿服务既要切实保障大学生的生活、学习,保证其人身、财产安全,又要担负起大学生身心健康发展,对其进行思想道德教育、行为教育等的责任。为此,有些学校配备了公寓专职学生辅导员,与大学生共同生活,以更及时地了解学生的思想动态和生活需求,并指导和组织开展多彩的公寓文化活动,使管理更出成效,笔者认为这种模式是值得借鉴和提倡的。在公寓管理人员的配置中,培养人才、保护学生的权重明显大于经济效益,确立学校对学生公寓的管理控制权尤为重要,以保证公寓服务拥有一支高素质的管理人员队伍,更好地实现公寓服务"管理育人"的职能。

第三,多校区高校学生公寓住宿服务的服务人员主要由校内提供。社会经济的发展、生活水平的提高使学生公寓的设施设备不断完善,尤其在一些新建的校区中,公寓条件有了很大改善,闭路电视、网络、热水器、供暖等设施完备先进,越来越多的学生可以在宿舍中进行学习、上网等活动,这也使学生在公寓中活动的时间大大增加,公寓后勤服务人员与学生的接触与交流也大大增加,后勤服务的优劣与大学生的切身利益息息相关,更突显了提高公寓服务的水平与质量的迫切性与重要性。且公寓不仅作为大学生的生活空间,亦作为大学生的文化空间和教育空间而存在,这就要求其服务不仅要注重提高大学生的生活质量,更应重视大学生的思想政治教育,提高大学生的道德素质水平,贯彻"服务育人"的理念。正因如此,公寓住宿的服务人员配置以校内为主,科学利用校内服务资源,战略选择校外服务资源。

在多校区高校对管理人员与服务人员人力资源的配置中,应充分考虑到由合并而来的大学中原有各校后勤管理人员和服务人员的适应性，他们来自于不同的学校，原有学校的管理模式、服务方式、校园文化、办学理念等各不相同，管理和服务的水平也是参差不齐的，加之大学合并后对管理和服务人员而言，不仅加大了任务量，管理和服务的要求大大提升、难度增加，而且还存在着更多的对新环境的适应问题。因此，在多校区高校对管理和服务人员的重组配置中应充分考虑到各人的特点和能力，安排合适、合理的岗位，以充分调动工作积极性和提高管理与服务质量。

综上所述，在大学生公寓住宿服务中，社会效益显著高于经济效益的权重，成为优先考虑的目标，现阶段及未来相当长的时间内，我国多校区高校学生公寓住宿服务资源的配置需牢牢把握资产资源及管理人员由校内提供，学校确立对公寓产权的绝对所有权和公寓住宿服务的管理控制权，服务人员主要由校内提供的原则。

（二）餐饮服务资源配置

餐饮服务是多校区高校为大学生服务的基本内容，俗话说，“高校稳定看餐饮”，可见餐饮服务的保障对于高校稳定与发展的重要意义。目前我国多校区高校学生餐饮服务主要由学校学生食堂提供。

随着市场经济的深化，社会第三产业的不断发展，学生在餐饮服务方面自主选择的空间也逐步扩大，他们可以选择在学校食堂就餐，也可以选择到校园周边的餐厅去换换口味，即便如此，我们也应看到，大学生最主要的饮食场所仍然是学生食堂，因为在绝大多数的情况下，由于每天繁重的学习和课业学生不可能总是愿意花费较多的时间舍近求远到校外去就餐，校外社会餐饮服务只能作为大学生餐饮服务的补充而存在。尤其在一些多校区高校的新建校区中，校园周边餐厅少，校外就餐的条件更加欠缺。

1. 食堂餐饮服务研究

为多校区高校学生服务的食堂餐饮具有特殊的性质，决定了它不可能像社会上普通餐饮服务那样完全商品化，高校餐饮服务主体和服务对象大学生之间也不能简单地视为自由买卖关系，学生的经济特点要求大学为学生提供的餐饮服务带有一定的福利性质。

多校区高校学生食堂餐饮服务兼具两方面功能：一是饮食基本功能，保障大学生饮食安全、健康的功能，通过提供营养丰富、结构合理的饭菜为大学生的身体发育和健康成长提供最基础的保证；二是育人功能，餐饮服务人员以热情、真诚的服务态度和崇高的职业精神影响广大学生，以自己的模范行为来教育学生讲究卫生、爱惜粮食、尊重劳动。

多校区高校学生食堂餐饮服务具有以下特点。

一是服务对象的特殊性。多校区高校学生食堂餐饮服务的对象是在校大学生,他们有别于社会上一般餐饮服务对象,对他们的服务既要考虑到大学生群体的经济条件以及处于生长发育关键时期的特点,又要考虑到育人的功能。

二是服务时间的固定性。多校区高校学生食堂餐饮为大学生服务决定了服务时间的相对集中性和固定性,学生食堂应充分考虑到时间特点做好服务的安排工作,以保证在就餐高峰时间段为学生提供热量充足、供应充足的饭菜。

三是服务的多样性和多层次性。大学生对后勤消费的选择具有多样性,且整体上经济水平参差不齐,这就要求大学生食堂既要照顾到餐饮服务的消费主体对品种丰富的要求,又要能满足不同经济层次大学生的不同要求。

2. 食堂餐饮服务资源的配置

民以食为天,多校区高校中求学的学生亦是如此。合理配置多校区高校学生食堂餐饮服务的资源对学生的基本生活保障及学校的发展至关重要。在配置食堂餐饮服务的资源的研究中,将对多校区高校学生食堂的资产资源、管理人员、服务人员分别探讨。

第一,多校区高校学生食堂餐饮服务的资产资源应由校内资源提供。学生食堂餐饮服务的质量与广大学生的切身利益密切相关,一旦餐饮服务出现了问题则学校必然会出现混乱,因此对餐饮服务的管理丝毫不可马虎。如若将其资产资源交由市场配置将会给学校对餐饮服务的管理带来很大的不便和困难,为保障学校餐饮服务的秩序井然,保障学校的稳定和发展,必须确立学校对学生食堂的所有权。各个校区统筹在社会范围内寻找优质合作伙伴建设质量高的食堂建筑和先进的餐饮设备,对食堂的房产资源等各个校区要以提高使用效率为目标进行科学、合理的统一调配。

第二,多校区高校学生食堂餐饮服务的管理人员应由校内资源提供。大学生正处于长身体的关键时期,一日三餐的营养搭配、食品卫生安全是重中之重,且大学生普遍没有经济来源,整体消费水平较低的特点又要求饭菜必须价格合理,最好有适当的饮食补贴和经济扶持。这些都对学校的餐饮服务的管理提出了较高的要求,市场经济追求利润最大化的本质使其更多地追求经济效益而很少顾及社会效益的实现,不可能做到对以上各方面的充分考虑,所以餐饮服务的管理控制权必须坚持由学校掌握不动摇,这是基本原则。

在多校区高校中,更应强调资源的统筹配置,在管理中采取适当的措施以尽量提高效益,如在后勤管理中,各个校区的学生食堂的大宗货物,如粮、油、副食品、家常蔬菜等,宜施行统一采购。统一采购便于加大学校对餐饮各方面卫生、安全等的管理、控制和监督力度,同时由于形成批量又可以有效降低成本,进而控制饭菜价格，使大学生能真正享受到物美价廉的饭菜，且一定程度上避免了采购中违纪现象的发生。只有学校牢牢把握了餐饮服务的管理权才能从有效进行统筹管理。

第三，多校区高校学生食堂餐饮服务的服务人员应由市场配置，学校加强管理和监督。学生食堂提供的服务不仅要质高，而且要价廉，要让大学生得到实惠。质优价廉必然要求高效的服务，高效的后勤服务则要避免垄断，打破垄断就要采取校内、校外优秀的餐饮服务业通过公开、公平、公正竞争的方式争取学生餐饮的经营权，值得强调的是，允许校外优秀的餐饮企业进入学校，并不是弱化学校在学生食堂餐饮服务中的作用，反之，必须大力加强学校对学生食堂餐饮服务的管理，才能真正保证大学生的实惠和利益，保证经济效益和社会效益的实现。我们的关注点应该在公平、择优选择后勤服务队伍及科学管理后勤服务队伍方面，而不是一味排斥社会力量，以垄断作前提。校内后勤服务人力资源的成本高于校外服务人力资源，单体承包是食堂服务一种很好的经营形式，吸引社会优秀的服务资源进入大学校园参与公平、公正地竞争，消费者用货币进行投票选择优质且低价的服务，实践证明可以减少浪费，是行之有效的方式。南通大学在学生食堂餐饮服务中通过公开竞标，竞争经营权，并加强和规范学校的管理与监督，取得了良好的效果，不仅使学校在服务人力资源的支出上大大节约，且基本做到了饭菜的质优价廉，广大学生普遍反映良好。

（三）交通服务资源配置

多校区高校的交通服务主要包括随多校区高校的产生而产生的校区间的交通服务和社会交通服务中为大学生提供服务的部分，其中校区间的交通服务主要由多校区高校的校车来提供。

随着社会的发展和经济的进步，人们的物质文化生活越来越丰富，越来越呈现多元化特征，人们的社会交往日渐增多，大学生旅游、实践、实习、购物等也对交通服务的需求越来越多。交通服务是大学生出行的重要保障，大学生的交通服务主要由社会公共交通工具来承担，且由于校车行车路线的固定性使得大学生出行对校车交通服务的需求量不高、需求时间上不具有特征，因此对为大学生提供的交通服务资源的配置应更多地考虑依靠社会交通服务资源的配置。

然而，为大学生服务的社会公共交通服务资源的配置应由政府、交通服务部门、学校形成合力。多校区高校学生使用社会公共交通工具出行存在着一定的特征，如下课时间、节假日对交通服务需求很大，其他时段则需求较小，这无论对于作为服务对象的广大学生，还是对于提供服务的公共交通部门来说，都是一个不小的困扰。一方面，广大学生在出行高峰时感到乘车困难，公共交通服务不能满足需求；另一方面，在学生出行较少的时段，公共交通服务部门又有对效益低下，入不敷出的担忧。这种矛盾在一些地处偏僻的新建校区尤为突出，因校区周边人口密度较小，交通服务设施相对不完备，公交线路少，甚至于有些公交线路的开设仅仅是因为一个大学校区的存在，因此，很容易出现出行高峰期公交线路少导致的运输能力不足，而学生出行量小时又使公交车出现“空载”现象，造成浪费。无论对于接受服务的大学生，还是对于公交服务部门，这都是非常低效的，是大家都不愿意看到的。这个问题要解决就需要政府、公交服务部门、学校形成合力。譬如，针对上述矛盾显著的校区，可以在增加公交线路的基础上，采用不同时段不同班次安排公交工具的方法解决难题。政府出面协调，公交服务部门对公交车班次作出调整，必要时增加线路，在大学生的出行高峰时段如下课、节假日期间适当增加公交车班次，提高发车密度，在出行量较小的时段如上课、寒暑假期间减少班次，降低发车密度，以保证既满足广大学生对交通服务的需求，又使交通服务部门的经济利益得到保证。只有政府、交通服务部门、学校齐心协力，才能形成政府、交通服务部门、学校、学生共赢的局面。

（四）其他服务资源配置

多校区高校为大学生服务的商业销售、文印、书报、通讯、通信等后勤服务亦是大学生日常生活的保障，这些后勤资源学校一般不具备，也没有条件提供，且这类资源在提供大学生的后勤服务时和社会上的同类别服务没有较大差异，其资源应交由市场配置，充分发挥社会上成熟第三产业的优势，发挥市场经济的竞争优势，以提供给大学生更质优价廉的服务。学校充分发挥统筹各个校区的职能，做好协调和监督，以最大限度地保证广大学生的安全和利益。特别是在地处偏远、周边服务业发展滞后的新建校区，学校更应根据现实情况发挥自身的能动作用。

商业销售、文印、书报等方面，也是广大学生日常生活中接触最多的后勤消费领域。学校应明确后勤资源必须采取公开、公平、公正的竞争方式配置，引入更多优秀和成熟的社会后勤服务力量，使广大学生有更多的选择空间，能享受到最佳的服务和最真的实惠。

通讯、通信等亦是大学生日常生活中离不开的，作为现代服务业的重要内容，这些服务的发展对现代社会生活产生了广泛的影响，带来了人们生活、学习、工作节奏的加快、交往增多、交流增加等等。现代服务业的特征是数字化、电子化程度较高，丰富、迅捷、复杂、多变等，这些服务想要完全靠校内力量来满足几乎是天方夜谭。科学引入社会服务资源保障广大学生的日常生活，对于学校而言,是如何提供一个更加公平、公正的竞争平台,以使广大学生得到更多质优价廉的服务,确保其服务消费的利益最大化。

综上所述,在多校区高校为大学生服务的后勤资源配置中应注意后勤的市场属性与教育属性的统一,公寓住宿服务和食堂餐饮服务的资产资源和管理人员应由校内资源提供,以保证学校的稳定和发展,以及充分发挥服务的育人功能,公寓住宿服务的服务人员即普通工作人员因与学生的接触和交流日益频繁,为使大学生受到更好的生活影响,提高修养,亦应主要由校内后勤资源提供,可少量引进社会住宿服务的优质资源,而食堂餐饮服务的服务人员可以由社会优秀的服务业提供,以发挥市场的竞争优势,提高效益,但同时学校应加强后勤管理和监管的力度和服务的参与度。必须强调学校在各个校区为大学生服务的后勤资源配置中发挥统筹和协调作用,以利用规模效益吸引更优质的资源或产生更高的效益,科学利用校内资源,战略选择校外资源。

第四节　多校区高校为学校服务的后勤资源配置

多校区高校为学校服务的后勤资源是为学校集体服务的资源。为学校提供的后勤服务与为大学生提供的后勤服务有较大的区别。为学校提供的后勤服务虽然不直接为大学生或教职工服务,却是大学生在学校生活中不可或缺的,它通过对学校各种公用设施设备等的保障间接保证了广大师生员工的正常生活、学习和工作。“配置学校后勤消费资源,必须坚持效率优先的原则,高校后勤服务的关键岗位要有精干的队伍管理好、控制好,一般岗位应加速市场化进程①。”

一、多校区高校为学校服务的后勤资源特点

(一)学校付费、名目繁多

多校区高校为学校的后勤服务是为学校集体的后勤服务,由学校自身付费,即由学校管理者把握的集体消费,区别与为大学生、教职工的后勤服务由接受服务的个体消费者付费。这个特质使学校对后勤服务的消费不会像为大学生、教职工的服务一样因个人喜好、经济条件的不同众口难调,从更深入的层次说,学校对后勤服务的消费既不可能以价格低为标准而使教学、科研、社会服务

①彭怀祖,唐德善. 高校后勤消费资源的分层[J]. 黑龙江高教研究,2003.6:67

功能的实现无法保障，也不能一味追求高品位、高质量、高标准而使学校财政入不敷出，所以学校对后勤服务的消费更注重追求高性价比，既不超出学校的财务预算又使学校各项工作的运行得到保障。

多校区高校为学校服务的后勤资源类别较多，如环境卫生、绿化养护、动力供应、楼宇物业等等，基本上涵盖了社会第三产业的常规项目。多校区高校为学校服务的后勤资源的特点是与多校区高校的特点紧密联系在一起的。多校区高校一般占地面积较大、学生和教职工数量众多，并且承担着极为繁重的教学、科研等任务，为了保障各项工作的正常运转，教学、科研的顺利进行，以及校园的安全和稳定，必然要有齐备的后勤服务资源，否则稍有疏漏就会出现服务不到位的现象，甚而引发恶果，因而后勤服务保障工作千头万绪、名目繁多就不足为奇了。

（二）专业性强、任务量小

多校区高校为学校提供的后勤服务分工较强、专业性特点突出，如绿化养护、门卫安保、水电维修等后勤服务保障工作都需要由经过特殊学习和训练的专业人员来承担。

多校区高校为学校服务的后勤资源尽管类别较多，各种类别的任务的量却相对较小，这里所说的较小是相对于社会上同类别服务的专门机构而言的，虽然在多校区高校中，其庞大的学校规模已远超过了单一校区的规模，所需要的后勤服务量也比单一校区更多，但其后勤服务量仍然只占社会同类服务业的很小的比例。例如，学校所需的交通服务的任务量与社会专业交通服务部门的交通任务量相比要小很多，差距很大。

（三）重要程度差异性

多校区高校对学校的后勤服务保障工作繁杂而重要，为学校服务的后勤资源类目繁多，虽然每一项后勤服务保障活动在大学中都必不可少，但各种服务在其重要的程度上还是存在一定差异性的。承认为学校服务的后勤资源重要程度上的差异性并不是否认某些后勤服务资源存在的必要性，换言之，多校区高校为学校提供的每一项后勤服务工作都是必需的、不可缺少的，但并不是每一项工作都事关安危，就如同人体的每一个器官都必不可少却不是每一个器官出现问题都事关生命，其重要程度是可以而且应该分为各个层面的。譬如，校园的清洁卫生后勤服务工作诚然是不能懈怠的，它为广大师生员工拥有整洁和优美的校园环境做出了不朽的贡献，但是和供电保障比起来，它的重要性和紧要性程度显然要低一些，因为一旦供电出现故障，学校正常的教学、科研或其他工作都将直接受到影响，带来的不良反应是强烈的，甚至可能导致学校非常大的损失。

(四) 多校区间重复性

为学校提供的后勤服务内容在多校区高校的各个校区间具有重复性，如每个校区都有环卫清洁、物业维修、动力供应的需要，这就需要学校的管理人员统筹规划，协调好各个校区间的资源关系，采取适当措施避免不必要的浪费，譬如，一些大宗物品的采购可以视具体情况实行多个校区统一采购，以节约成本和开支，提高效益。

二、多校区高校为学校服务的后勤资源配置方式

多校区高校中为学校服务的后勤资源特点决定了其资源的优化配置方式。后勤服务资源类别较多、任务量较小的特点决定了后勤服务若全部由校内资源提供的困难性和低效性，名目繁多、专业性强的后勤服务项目需要配备大量不同的专业设施设备和专业技术人员，较小的任务量使其难以产生理想的规模效益，然而现阶段我国仍然存在着多校区高校的后勤服务完全由校内后勤资源提供的低效的配置方式，这恰恰是计划经济体制下大学办“社会”的残留。优化多校区高校为大学服务的后勤资源配置，提高学校后勤服务消费的性价比，减轻学校财政负担，进而提高办学效益越显重要与紧迫。多校区高校在努力采取各种措施提高资源配置效率的同时，也应提倡勤俭办学、节能增效，创办节约型多校区高校。

一般而言，多校区高校为学校提供的后勤服务内容有四个方面，即校园环境服务，楼宇物业服务，水、电、气等供应服务，以及直接为教学、科研等工作提供的服务。

(一) 校园环境服务资源配置

多校区高校中校园环境方面的后勤服务主要包括环卫保洁、绿化养护、垃圾清运等，带有专业性特征，服务的分工较强，如果采用全社会竞争的方式配置这些后勤服务资源，是会取得很好的效果的。目前社会第三产业已发展得比较成熟和健全，市场分工经济、专业经济的优势不仅有利于保证服务水平，而且公平、公开、公正的竞争带来了服务的高性价比。因此，为学校提供服务的资产资源、管理人员或工作人员都完全可交与市场去配置。在后勤资源的配置中可以采用多个校区统一招标、竞价的方式寻求社会第三产业合作伙伴，既有利于产

生一定的规模效益吸引社会力量进校提供服务，又可以减少各个校区之间资源的重复设置。在一些大宗物资的采购中应尽量施行各个校区统一计划和采购，以节约学校的总体开支。

垃圾清运是校园环境服务的重要组成部分，其工作效果对校园校貌和环境质量产生直接的影响。目前多校区高校对垃圾的清运基本采用两种方式，一是由校内后勤队伍清理垃圾后将其运放到每个校区内或附近的垃圾中转站，再由环卫部门进行清运；二是各个校区的环卫垃圾直接由环卫部门的专用运输车辆从校园内收储，确保垃圾的日出日清。从近期看，前一种方式可以为学校节省一些资金，但以长远的眼光来看，后一种方式则可以确保各个校园的环境卫生，避免二次污染。多校区高校的生活垃圾数量非常大，如若由学校自身承担垃圾的清运，不仅要在每一个校区建设垃圾中转站、配备垃圾清运队伍和垃圾清运工具，还要支付垃圾倾倒费用，而且垃圾中转站是校园内滋生蚊、蝇、虫的场所。所以，多校区高校垃圾的清运应社会化，发挥失常分工经济的优势，由城市环境卫生部门承担，以确保垃圾日出日清，确保广大师生员工拥有一个良好的校园环境。南通大学在各个校区实行垃圾清运社会化后，每天市环卫部门的垃圾清运车定时进校将垃圾桶中的垃圾清运出去，不仅使校园环境更加优化，而且节约了大量的开支，仅此一项每年就为学校节约各种费用 10 多万元。

社会第三产业对多校区高校的环卫保洁、绿化养护等后勤服务的本质属性、工作内容、服务原则、利益回报等不一定全面了解，因此，学校在公开、公平、公正地在全社会寻求后勤服务资源之初，就应该把上述相关内容和利弊分析如实告知对方，做到信息对称、公开透明。由于现阶段我国社会第三产业还不完全成熟，还存在着这样或那样的不足和欠缺，所以多校区高校的管理者在管理的过程中，不能遇到一些问题就怀疑社会第三产业的能力不足、动机不良，更不能因此而片面地对社会第三产业全盘否定，认为还是校内自办后勤管理方便、省心，随意扩大校内后勤队伍。而是要本着学校与社会第三产业互动、互利、互惠的原则，明确双方各自的权利与义务，将当前利益与长远发展结合起来，做到执行有力。

（二）楼宇物业服务资源配置

许多人将物业维修、门卫安保等楼宇物业服务称作学校后勤服务保障工作的“晴雨表”，因为这些后勤服务工作是学校保障服务工作的窗口，与大学生及教职工的学习、工作、生活联系紧密，大学生及教职工对其服务质量的好坏反应灵敏、强烈。物业服务的专业性较强，工作量相对较小，利用校内后勤资源显然不可能收到很好的效益，垄断配置只会造成人浮于事的现象，所以，楼宇物业服务资源的配置应利用市场机制，通过竞争引入校外的优质资源，同时，鉴于其与广大师生员工利益关系紧密，故而学校要发挥好监督和管理职能，在资产资源和服务人员由市场配置的基础上，管理人员队伍由学校牢牢把握。

对于多校区高校楼宇物业的维修改造队伍，学校可以通过各个校区统一招标、竞价等方式来确定，并在科学论证、严格审核的基础上确定方案。由于楼宇物业服务的对象是学校，所以管理者的作用就更加凸显，必须时时处处从学校的全局出发，切实维护学校的根本利益，保证学校的利益最大化。这个利益最大化并不是期盼社会第三产业对多校区高校后勤服务的无私支持，而是多校区高校后勤服务资源在社会性和开放性前提下，公平、公开竞争和优化配置的结果，是社会第三产业与大学后勤资源配置的良性互动、互惠，社会第三产业参与其中，即可达到优化多校区高校后勤资源的目的，也可以从中获取合理的利益。

（三）水、电、气供应服务资源配置

水、电、气等的供应，设备保养和维护是学校各项工作正常运行，大学生和教职工学习、工作、生活的重要保障，一旦这些后勤工作出现差错或疏漏，后果不堪设想，甚至给学校带来巨大的损失。例如，锅炉的养护工作一旦出现问题，反应处理不及时，产生的可能就是灾难性的事故。因此，虽然这些后勤保障服务需要的工作人员并不多，但是由于对学校的稳定和安全意义重大，后勤工作的质量至关重要，是在资源配置中必须首先考虑的因素，以确保服务到位、反应迅速。在这些后勤服务要求方面校内后勤资源明显优于校外后勤资源，首先，校内后勤资源一般有一定的处理经验及必要的应急预案，这是校外后勤资源所无法比拟的优势；其次，校内后勤资源的服务质量高于校外后勤资源的质量，这是由校内后勤资源的非功利性决定的。因此，学校的水、电、气等供应、维护等岗位及管理工作需要由学校掌握，相关资产资源、管理人员、服务人员均应由校内资源提供，且应该在每个相距较远的校区都配备一定的资源和人员，以确保能够反应迅速、及时。

（四）直接提供教学、科研服务后勤资源配置

多校区高校中直接为学校教学、科研等工作提供的后勤服务涵盖面较宽泛，例如采购、运输等服务，这些后勤服务一般工作量不大，较琐碎，且具有一定的时效性，宜利用市场机制竞争配置这些后勤资源，且各个校区应统一进行资源的分配和协调，不仅可以产生一定的规模效益，还可以减少重复配置，以降低学校的人力、财力、物力等负担，提高效益。

多校区高校后勤资源优化配置的目标是实现以相对低廉的服务成本获取

更加优质的后勤服务，建立符合国情、校情、适应多校区高校特点与发展需要、富有活力和可持续发展的社会化的新型后勤保障体系，发展学校后勤产业，减轻学校的财政负担，提高整体办学效益，保障多校区高校的发展和稳定。在多校区高校的后勤服务中，逐步形成市场多元化、经营多样化、服务现代化、管理企业化、运作市场化的后勤保障体系。总之，多校区高校后勤服务应充分发挥市场经济的竞争优势和特点，让学校得到质优价廉的服务。质优价廉，不仅是生产者立足、生存发展的必由之路，也是消费者所追求的终极目标路①。

综上所述，配置多校区高校为学校服务的后勤资源时，应重点考虑那些于学校的安全稳定极其重要的后勤保障服务，如水、电、气等的供应，这些资源应确保资产资源、管理人员、服务人员均由校内资源提供，学校牢牢掌握这些事关大局的管理服务岗位和人员，又如与广大师生员工生活、工作、学习密切相关的楼宇物业服务要加强学校对其的管理和监督力度。除此之外为学校服务的后勤资源都应该推向社会，采用公平竞争方式由校外优秀后勤资源提供，以期获得更高质量的专业服务和更优质的性价比。多校区高校的各个校区中为学校服务的后勤资源的应统筹配置，提高资源配置的效率。

①徐小洲，王家平．卓越与效益[M]．杭州：浙江教育出版社，2007.105

第十章

人力资源配置的优化

后勤资源在多校区大学和在单一校区大学中配置的本质是相同的，因为大学的本质是相同的，大学后勤服务的主体和对象的范围也是相同的。只是当一所大学存在两个或更多个校区的时候带来了一些需要特别关注的新问题，如校区间资源的协调分配、新型后勤服务资源的产生等。本研究认为，多校区大学后勤资源的配置存在以下几个区别于单一校区大学后勤资源配置的特点，在研究中应特别关注。

多校区办学使大学的学科门类、专业种类急剧增多，不管是由于合并而产生的学科的积聚，抑或是因为扩建新校区而增添的新学科，多校区大学学科门类的增多都使得其学科向更加综合的趋势发展，学科资源的丰富和融合为新的学科生长点的产生创造了良好的机会，许多交叉学科、边缘学科在多校区大学的形成和发展中生长起来。

多校区办学后大学的办学效益往往较之规模较小的单一校区办学时期有很大的提升，甚至办学层次也随之提升。办学能力和大学竞争力的提高对人才资源产生了更强的吸引力，尤其是对高层次人才的吸引，一方面满足了多校区大学不断持续发展的动力和人才需求，另一方面又因人才资源的丰富和优秀进一步推动了学校的发展，形成可喜的良性循环。

第一节　多校区高校人力资源配置的主体与客体

在分析多校区高等学校人力资源配置的主体与客体之前，首先厘清关于主体与客体的具体含义。对主体和客体概念的规定性不仅是个理论问题，也是一个实践问题。在1845年的《关于费尔巴哈提纲》和《德意志意识形态》中，马克思把作为主体的人社会化了，把从事社会实践活动的现实的人作为主体。因此，只有社会的人才能成为主体，同主体相对的并与主体发生联系的客观世界便是客体。主体和客体各自存在的形式繁杂多样，由此决定着主客体之间形成不同的关系网络和价值形态。

主体的存在形式,大至全人类即整个人类,作为历史的创造者是主体;小为个别人,即为社会提供的物质和精神条件下相对独立从事实践活动的个人,有主动性。客体是相对于主体指的是客观事物或外部世界,它是主体认识的对象,同主体活动有功能联系和被具体指向的东西。主体根据自己的实践能力及生存的需要,把有目的的活动指向现实中不同的领域和不同的层次,把他们变为改造的对象。客体总的来说可以分为自然客体、社会客体以及物质形式,物质载体表现出来的精神客体。当人与自然界发生联系时,自然界是客体;在社会生活中,人本身是一种特殊的客体,前者互为客体,后者自身为客体。

多校区高校是指具有一个独立法人地位,又至少有两个在地理位置上不相连的大学。近年来,随着我国高等教育的发展,院校合并组建综合性大学逐渐发展起来,并显示了蓬勃的生命力,但在多校区高等学校人力资源配置活动中,由谁来配置,即人力资源配置的主体;配置什么,即人力资源配置的客体,这两个命题至关重要①。多校区高校人力资源配置主体所拥有的配置权决定着人力资源的流向,作为配置客体的人力资源,不同于物力资源,其在配置过程具有能动性和积极性,反应自身需求。关于多校区高校人力资源配置的主体与客体的分析,对于确立新组建的多校区高校人力资源配置中的主体地位,最优化实现配置主、客体的价值意义深远。

一、多校区高校人力资源配置的主体

高校由多校区组建而成后,其人力资源管理的复杂性、艰巨性,都较单一校区办学难度大很多。合并或拓展新校区之后的多校区高校不可避免地出现了空间布局分散、教师规模庞大、专业门类众多的问题,同时,内部管理体制、机制上也亟待重组、改革、整合。多校区高校人力资源配置的主体可以从三个方面阐释,一是高校是人力资源配置的主体。在高等教育体制不断改革创新的过程中,政府对高校人力资源的配置权逐渐向高校本身转移,高校的人力资源配置主体地位逐渐凸显和确立;二是人力资源配置的主体地位主要体现在多校区高校内部的配置权格局上;三是体现在多校区高校人力资源配置主体的职能定位上。

---

①袁东．高等学校人力资源配置机制与优化[M]．北京:经济科学出版社,2009.53

(一) 高等学校人力资源的演进

我国高等学校的人力资源配置演进过程中，经历了配置主体由政府到高校的转变过程。高等学校的人力资源配置自主权逐步扩大。《关于深化高等学校人事制度改革实施意见》中指出："通过规范政府及其职能部门，高等学校主管部门与高等学校的职责权限，理顺政事关系，下放管理权限，落实高等学校办学自主权，为高等学校的改革和发展创造良好的社会环境；逐步建立符合高等学校特点的学校自主用人，人员自主择业、政府依法监督、配套措施完善的人事管理新体制，进一步健全高等学校内部的竞争机制和激励机制，转换人事管理的运行机制，搞活用人制度和分配制度。"这一规定在政策层面上明确了高等学校的办学自主权，确立了其在人力资源配置中的主体地位。

多校区办学作为现代高校发展的重要形式，除了具有高等教育的共性，还存在着"散"、"杂"、"大"、"全"的特点，即校区分散、情况复杂、规模庞大、学科齐全。多校区高校人力资源配置过程中，受到多方面的约束，因此主体地位面临困境。

首先是人力资源规模和经费受政府约束。高校实现多校区办学后，办学规模急剧扩大，相应的经费需求量增大，急剧扩张的办学规模势必需要壮大的师资队伍；而政府通过人员编制总额控制人力资源的规模。政府为减少财政支出，压缩师资规模，合并后的高校则想争取编制，扩大政府经费的供给，因此，存在两者博弈的局面，受政府制约，学校只能在编制范围内对有限的人力资源进行配置。其次，多校区高校专业设置受政府约束。目前，高校新增的学科、专业往往都是社会急需专业或是比较新兴前沿的学科，如新闻、法学、计算机软件等，高校的专业设置应是根据社会需求自愿设置，但在实际操作中，只有极少数一流大学具有专业设置的自主权，多数高校在设置专业时需要经过政府批准，统一的规定往往限制了人力资源的合理有效配置。再次，多校区高校教师的职务聘任受政府约束。人才是高等学校学科建设的主要载体，他们的学术水平直接关系到一所大学办学水平的高低，可以说他们是大学的中流砥柱、核心竞争力，多校区高校兴办新学科尤其需要他们的力量，形成人才集聚效应。高校尽管具有教师的聘任权，但教师职务序列、内部比例结构及数量仍受到限制。

多校区高校人力资源配置主体地位若无法得到充分发挥，不但会限制其配置权的实现，而且会降低人力资源的配置效率。这就需要政府适应配置主体的转变需要，推进相关配套政策的改革，同时，高校也应从自身出发，在体制、机制上健全、完善，走与时俱进的发展之路。

（二）多校区高等学校内部配置权格局

多校区高校人力资源的配置受到分校区地理空间、历史沿革以及智能定位等多种因素的影响，人力资源呈现这样的特点：一是集权制，注重“以条为主”的管理模式。其特点在于校级行政管理机构集中于某一校区（主校区），各校区设置管理办公室，实行总校区控制一套管理机构集中管理的运行机制，主校区集中进行人力资源配置，统一制定全校的人力资源战略、政策、制度和流程等，其他校区独立用人自主权，由上级主管部门统一领导，并对日常事务进行管理。二是分权制，注重“以块为主”的管理模式，其特点在于各校区相对独立完整，都拥有相对配套齐全的管理机构，在较大范围内拥有办学自主权，学校人事部门制定统一的人力资源政策和管理制度，对全校的人事进行协调，整体规划师资队伍等，不进行具体人事、收入分配等方面的调配和控制。分校区可以自主引进人才和设置岗位，在符合主校区政策的前提下，根据本校区的实际情况制定相应的人才战略和有关政策①。

1979 年伯顿·克拉克在《学术权力》中提出了“学术权力”的概念。他认为，从高等教育管理的最上层（中央政府）到最底层（系、院），各个层次的决策机构及群体所享有的权利就是学术权力，包括个人权力、专业权力、院校权力、政府权力等②。在我国高等教育研究进程中，引入了“行政权力”一说③，简单来说是指大学在处理与大学教学、研究、课程及进修直接相关的行政事务时所享有的自治权。

在多校区高等学校人力资源配置中，学术权力和行政权力虽是两种权力，但却同属一套机构，一切事务最终都要由行政系统贯彻执行。在我国学校管理体制中，普遍存在学校上层权力过宽过大，中下层权力过窄过小的现状，权力结构层次分布不均衡，势必影响人力资源配置的效率，也会限制科研队伍的积极性、创造性。因此，多校区高校人力资源配置进程中，在内部配置权的问题上，应根据学科建设特点和校区分布特点统一规划、科学配置、规范管理、资源共享，及时增强各校区的活力，适当合理下放学科专业及相关事务管理权，优化人力资源配置，降低成本，提升效率。

---

①霍生平，苏学愚，刘楼．多校区高校人力资源管理问题初探[J]．湖南经济管理干部学院学报，2006.5：178

②[美]伯顿．克拉克等．学术权力——七国高等教育管理体制比较[M]．王承绪等译．杭州：浙江教育出版社，1986.172～183

③董保城．教育法与学术自由[M]．台湾：月旦出版社股份有限公司，1997.143

(三) 人力资源配置主体的职能

现代人事管理的根本目的,是充分调动人的积极性和创造性,提高工作效率,多校区高等学校人力资源配置不是简单的人事安排,人事部门也不是唯一行使人力资源配置主体职能的机构,人力资源配置活动也非纯粹的行政过程,而是由不同利益群体共同参与,实现学校发展目标需要。在人力资源配置主体职能履行过程中,人事部门处于组织、协调和执行的决定地位,人力资源配置主体概括起来主要有下列特点:一是准确定位学校的类型与发展目标,确立学校专业岗位的设置数量、层次、任职资格,在此基础上制定学校人力资源发展总量与结构规划。二是分析学校人力资源的总体水平、分布层次,确定人力资源对岗位配置的需求。三是制定岗位的待遇标准和绩效考核方式、指标,建立相应的奖惩制度。四是建立人力资源配置效率的考评机制①。

履行人力资源配置主体的职能,一定要充分考虑各校区的办学历史、职能定位、管理效率等多方面因素的综合影响,必须遵循"一个大学"理念,遵循有利于学科、学校发展的原则,随着校区的融合程度、学科的发展水平适时调整,从而使多校区高校人力资源配置的主体地位进一步巩固。

二、多校区高校人力资源配置的客体

不同于物力资源,高等学校人力资源配置的客体是具有创造性和能动性的人,这在一定程度上决定了人力资源配置过程的复杂性。清华大学前校长梅贻琦先生曾这样阐释大学的办学理念:"所谓大学者,非谓有大楼之谓也,有大师之谓也"。伴随着高校人事制度的深入改革,管理者愈加重视对教师群体的配置,作为大学主体的教师,充分调动起积极性、创造性和主动性,高校的内聚力和生命力才得以凝聚和迸发。

(一) 人力资源配置客体的特点

高校人力资源的分析,是资源优化配置的前提和基础,究其缘由在于高校人力资源是一种特殊的资源,具有以下四种特性:一是人力资源的知识性。高校的人力资源,尤其是教学科研人员,其价值的体现主要依赖知识的积累和创造,知识的更新速度和人力资源的知识凝聚程度是测定人力资源价值的参照系,他们是人类文化艺术宝贵遗产的传承者,又担负着继承、传播和开拓人类科

---

①袁东. 高等学校人力资源配置机制与优化[M]. 北京:经济科学出版社,2009.59

学技术发展的责任,通过培养人才、科学研究以及社会服务等方式推动社会经济发展和人类不断进步,他们的学历和学位也成了市场信号之一。二是人力资源的创造性。由知识层次较高组成的知识分子群体是高校人力资源的核心,高层次的精神追求和高强度的工作热情占据主导地位,知识分子有着较强的尊重和创造成就的需要。社会对其劳动成果的肯定和认可是一种强大的精神动力,并且能够促进科研人员不断提高教学、科研水平,精神上的满足催生了他们巨大、持久、稳定的进取精神。三是人力资源的共享性。何谓共享?"特指人的知识和技能以及体力可以多家共有和重复使用①。"高校人力资源共享在当今社会已逐渐成为普遍现象。这就对高校人力资源配置中提出新的要求,要制定现实的政策,采取适合的措施敦促教学科研人员正确处理好本职和兼职的关系。同时,高校也要共享社会人力资源,聘请著名企业家或社会名人到高校兼职,从而改善人力资源结构,提升高校的综合实力和人才竞争力。四是人力资源的流动性。社会主义市场经济条件下,人才流动是市场对人力资源配置优化的必然现象,受经济利益、生存环境和社会地位等利益机制的驱动,人才流动和自主择业、双向选择的就业引导推动了社会人力资源的整合。高校面临着稳定科研队伍、防止人才流失的重要难题,需要制定相应政策,在市场资源调节下既要保持高校队伍的稳定,又要大量人才引进。

(二) 人力资源配置客体的激励措施

在多校区高校管理工作中,如何运用合理的措施,最大限度发挥客体的积极性、主动性和创造性,是管理中的核心问题和关键环节。

一是立足于为广大教职工谋福利,通过积极的政策措施,努力提高教职工的各种待遇、福利,缩小编制外人员和编制内人员之间的差距感。建立完整、合理的工资制度,规范和提高养老保险、医疗保险、生育保险、住房公积金制度和水平。

二是让教学科研人员共享学校的软、硬件资源,对学校的重要信息、决策有知晓权、发言权,保持畅通的信息沟通渠道,及时反馈、解决反映的问题,提高快速解决问题的反应能力②。

三是积极构建多校区之间的合作、竞争机制,促进分校区人力资源管理由分校封闭管理转为跨校主动合作,定期开展科研交流活动,组建教学科研团队,加强联系、支持,达到多校区资源共享、优化配置。

---

①吉林跃克．高校人力资源配置的系统分析[J]．西南民族学院学报(哲学社会科学版),1998.1:108

②胡蓉．多校区大学人力资源管理探析——以华南师范大学海南校区为例[J]．中国电力教育,2008.22:169

第二节 多校区高校人力资源配置的机制

一、人力资源的引进机制

高校实现规模扩张后,办学规模、招生规模扩大,新型学科专业不断增加,导致高校人才需求量猛增。当前高校新增学科和专业设置以社会需求和学科前沿为纽带,增设社会急需和新兴专业,例如海事管理、车辆工程、港口工程等。社会供需不平衡,高校缺乏师资,人力资源的引进首先满足教学工作的基本要求,缓解规模扩大后师资不足、素质不高的窘境。高校人才招聘和教师选拔,成为师资队伍建设的重中之重。

面对新形势、新挑战,高校多校区办学应创新人才引进思路,引才与育才同步,聚才和用才齐进,重点建设高层次人才和重点培养创新团队,加强培训与考核,综合提升教师水平和人才队伍整体素质。大力优化人力资源引进机制,一要"筑巢引凤",吸引社会优秀人才大力加盟;二要优化自身环境。优待引进人才,提升岗位待遇,创造个人发展空间,创造良好的政策环境,从而吸引和培养更多的人才。

(一)建立人才引进机制

新校区创建初期,校园教学生活配套设施、教学科研条件、人文氛围等环境平台相对欠缺,制约着高层次人才引进。这就需要学校进行开放式人才引进规划战略,制定高校中长期战略发展规划,多校区高校更要加大学校发展的宣传力度,借助大众传媒、人才交流等多种形式积极推销自己。对高层次引进人才给予相应的优惠政策,加大科研启动经费、解决配偶工作问题、给予安家费等,增强其归属感;简化接收流程,提高引进效率,增强引进的成功率。另外,聘用兼职教师也是缓解人才紧张的主要渠道之一,除聘用外校专职教师和各专业领域的专家外,还可以返聘退休教师、兼聘在读博士。兼职队伍的优势明显,既有学科专业领域的前沿推动科研创新,又有丰富的教学实践能力,同时兼职教师不受编制、区域的限制,在很多方面更能适应学校教学、科研的相关需求。通过聘用兼职教师还能加强校际交流、学科沟通,加强学校与社会、行业发展等前沿链接,推动学校的教学科研改革与发展。

(二)建立人才使用机制

合并高校后人力资源的使用制度要科学规范,应综合考虑人力资源应有的价值量和转化的资本量，改变以往“要用的留不下、多余的出不去”的现象，完善高校人才流转机制，争取创造教师内部流动机会，在考量个人才能和学校岗位需求的前提下，进行人才的有效利用，防止人才外流。积极推动用人制度改革，重点转换用人机制，实行岗位管理与人才聘用相结合的用人制度，明确岗位职责、转变工作思路，实现由身份管理向岗位管理的转变，试行合同用人与固定用人并行，以期调动广大教职工的工作积极性和创造性。

合并后的高校是一个整体，因此多校区高校要以“一个大学”为目标，支持各分校人力资源的共享、互补，鼓励跨校区之间开展学术交流、组建学术团队、增进校区联系，在知识交流、科研合作和重组互补中实现多学科的交叉、渗透和融合，发掘新的学科生长点，取得新的学科成果。构建校区间的合作、交流机制，优化人力、物力资源的配置，充分发挥人才的优势，做到人尽其才、才尽其用，促进分校人力资源管理由分校封闭管理转变为跨分校主动合作。学科、课程相近或雷同时，难免会出现人才争夺的局面，其结果必然是强势校区聚集较多的人才，弱势校区则人才严重外流。因此，有必要建立人力资源空间协调机制，引导各分校凭借各自优势资源开发差异化学科，形成人力资源需求的异质化，人力资源均衡分流各校区，不同类型的人才和学术组织能够分布在最适宜其成长和发挥作用的校区，教师、学生与学科专业在空间上能够以对称比例分布，避免出现各校区间师资空间布局失衡的状态。

（三）建立人才培养机制

随着知识经济的到来，人才竞争是竞争的核心，高级知识者是维持学校生存和发展的重要资源，因此对教职工的培养实际上是对学校未来的投资。通过培养储备人才，能够进一步开发人力资源潜力、培养学校竞争力。首抓骨干教师队伍建设是师资队伍建设的关键，配置一定数量的骨干教师一方面能够发挥其专业特长提高教学水平、提升教学质量；另一方面以骨干队伍为带头人积极带动、引导和组织年轻教师更快地提升水平，从而提高全校教师的综合素质，整体上大幅提高教学质量。多校区高校要更新用人观念，做到“不为所有，但为所用”，充分重视和规范对校内教师的培训，不断提高教师的工作素质和业务技能，重点培养青年骨干教师的管理能力、领导能力和组织能力，加大对师资培养的投入力度，全面落实人才培养工程，择优选拔和重点培养青年骨干教师和学科带头人；通过开展岗前培训、社会实践、教研交流、攻读学位，尝试开展国内外进修等多形式、宽渠道的师资培养方式。加强校内学术交流和合作研究机制，推进多学科、多领域之间的交叉研究。

（四）建立人才激励机制

美国哈佛大学学者研究发现，员工潜能的激发跟适宜的激励环境相关，当缺乏激励时，员工的潜力就可能发挥不出来，甚至起相反的作用；当适宜激励时，就能充分激发出强大的创造性和主动性。多校区高校在人才引进、培养、使用过程中，一是要积极采取激励措施，充分调动教职工的积极性，增加教职工的归属感、认同感、责任感和集体荣誉感，创造良好的激励机制。在物质上，合理调整薪酬、增加岗位津贴，提升广大教职工的工作积极性；为高素质人才的事业发展提供良好的平台和条件，多出科研成果。在精神上，让教职工结合专业特长立足本职工作岗位，激发起强烈的事业心和成就动机，发挥所长并能在专业领域有所建树，提升其学术地位，促进学校的科研水平不断提升。在感情上，充分尊重和理解教职工的个人习性，关心和体贴教职工的基本生活，在某些方面进行适宜的感情慰问，使得教职工对学校存有感激之心与忠诚之义。二是要完善和落实聘用机制的转正和提升途径，消除聘用人员因身份差异而引起的安全危机，建立归属感。按照“公开、公平、公正”的原则，择优聘用，通过人事代理的方式签订聘用合同，并制定严格的考核标准进行管理。对于在所聘岗位上有突出贡献、取得相应的学历学位或高级职称的人员，经考核合格，可转入固定编制。

（五）建立人才可持续发展机制

人才是发展之本，合并后的多校区高校，要明确办学理念、制定发展战略，注重完善工作细节，珍惜人才、留住人才。在人才培养、激励、约束和使用中，应建立健全人才管理约束和考核机制，规划人才培养可持续发展机制。以美好的未来吸引人才，以人性化的制度约束人才，以健全的制度规范管理，以真挚的情感温暖人心，以丰富的校园文化丰富生活。优化人力资源结构，合理调整教师、科研人员、管理人员的机构比例；优化人才培养，制定合理的人才培养提升计划。教师队伍要提升学历，加强学位攻读，通过进修学习、访问交流等途径提升素养；管理干部队伍，加强培训、提高学历不断提升管理能力；服务和保障队伍，加强文化理论知识的学习，进行专业的服务培训，提高业务技能水平和专业技术水准，全方位、多角度建立人才可持续发展机制。

多校区高校在发展、壮大过程中，应该充分认识到多校区办学人力资源管理的复杂性和艰巨性，要在不断的实践与探索中建立和健全人力资源开发、培养、引进、使用以及流动的人才可持续发展长效机制。结合学校历史、立足当下，着眼于学校长期发展规划与目标，保留自身发展的特色与优势，培育学校核心竞争力,从而推动学科发展,提高大学的整体竞争力。

二、人力资源的保障机制

高校应根据自身定位、未来发展和教育规律,整合文化差异和人力资源,积极引导广大教职工投入新校区的建设与发展,全面构建新的校园文化。多校区高校校园文化建设在多校区高校建设中占据着核心和灵魂的地位。它是新校区物质建设和文化建设的重要保障,也有利于引导师生积极参与有利于大学发展的活动。多校区高校校园文化建设在大学建设中有着不同寻常的作用,良好的校园文化氛围能增强大学师生的归属感、认同感和凝聚力,而引导师生积极参与大学各项建设,有利于增强师生的主人翁意识和责任感,从而接受多校区办学的这样一种模式。只有教职工自觉的接受这样一种多校区建设的文化,才能节约新校区选址建校的成本,达到资源的最优化,也使在校师生无论从行为方式还是思想意识上都能逐步适应多校区高校的日常生活、学习和工作。在多校区合并之前,教职工都处在属于自己区域的文化氛围当中,他们的办学理念、校园文化、价值规范等方面都有自身深深的烙印。例如南通大学,至今其合并的时间不算长,但是却有悠久的办学历史。它是由南通医学院、南通工学院和南通师范学院三校合并组成。这三所学校都是各具特色的,并且拥有符合自身发展的校训,通过相互融合协调,最终将"祈通中西,力求精进"作为南通大学校训。"祈通中西,力求精进"这八个字取自张謇先生为南通学院医科、纺织科所题训词"祈通中西,以宏慈善"和"忠实不欺,力求精进"。因此"祈通中西,力求精进"这八字校训全面的彰显了学校悠久的办学历史和优秀文化的传承,更能反映出合并后综合性的南通大学的鲜明特色,反映出了新大学的办学理念和价值追求。这样共同校园文化的形成,也有利于学校的规划和定位,对人力资源进行整合,引导教职工认同新的组织目标,形成与新组织目标相适应的价值标准,促进新的组织和校园文化的建设。因为"任何一个组织都是资源与能力的独特组合,这些资源和能力是组织战略的基础,也是效益的重要来源,当这种资源和能力是有价值的、稀缺的、难以捉摸的、不可替代的时候,它才有可能成为竞争优势,并成为推动组织发展的核心竞争力①。"所以人力资源的保障成为新校区发展的重要保障,也是节约新校区成本的重要方式之一。

(一)住房保障

高等教育的发展是科教兴国的重中之重,青年教师是高等教育发展的生力

①转引自:刘义荣. 多校区高校人力资源优化配置的理念、原则与目标[J]. 黑龙江高教研究,2009.8:19

军。随着高等教育的飞速发展,新校区的不断扩建,学校规模的不断扩大,学校的未来离不开青年教师的加盟,这就需要大批引进青年教师加入到学校的发展中。“他们的住房存在较大的缺口,住房安置已成为吸引人才的突出问题。因此,如何解决好青年教师的住房问题成为当前稳定教师对外办好高等教育的重要条件之一①。”

1998 年,国务院颁布了《关于进一步深化城镇住房制度改革加快住房建设的通知》,开始停止了对住房的事务分配,实行住房分配货币化。各地高校积极响应号召,按照当地的消费水平、人们生活状况,实行了住房制度的改革,尽量弥补广大青年教师的住房条件,极大程度上改善青年教职工的住房条件。但是,近年来,随着生活水平的不断提高,教师收入的不断提高,全国性的房价迅猛飞升,就南通而言中等偏上城市,房价业已突破万元大关。青年教师基本都是刚完成学业的博士生或者硕士生,很多都是来自外地的人才引进,少部分才是本地人,收入偏低,刚走上工作岗位基本无积蓄,住房公积金以及政府和学校的补贴基数相对较低,房价与收入水平差距太大,想在当地拥有一套属于自己的住房是较为困难的。因此,对于这些有较强学识水平的青年教师来说,需安居之所而不可得,学校亦无周转过渡房提供。青年教师无力购房,却又因不属于政府和社会界定并认可的贫困阶层,无法购买廉价房和经济适用房,处在社会的中间层,十分尴尬,住房得不到保障。另外,许多青年教师已经到了成家的年龄,住房的问题也成为他们的当务之急,同时又要扶养年迈的父母,对日益增长的房价更是无力负担。

现在的高校,也积极采用各种方式缓解青年教师的住房压力②:

(1) 提供单身宿舍:单身宿舍大多有学生宿舍改造而成,建筑面积一般 15 平方米左右,供 1~2 名单身教师居住,结婚后搬出。

(2) 提供过渡住房:对于引进人才或已婚教师,学校拿出部分存量住房暂借其作为过渡房使用,等待个人购买住房后搬出。

(3) 提供住房补贴:学校提供少量的住房补贴款,供青年教师租住社会住房,补贴款的额度大约是租房租金的 20%~50%。

以上这些方法普遍在各校区间存在,但是治标不治本。所谓安居才能乐业,因此解决好青年教师的住房问题,为其提供完善的住房保障,有利于新校区的建设及学科的发展,有力于促进学校教学质量的提高和办学效率的提升,也有利于促进教师及学生的共同发展,为多校区的和谐可持续发展提供有力保障。同时,青年教师住房保障问题也是现在亟待解决的问题。笔者在此提出如

---

①郭峰. 高校青年教师住房的现状及对策[J]. 高校后勤研究,2011.2:18

②郭峰. 高校青年教师住房的现状及对策[J]. 高校后勤研究,2011.2:18

下几个方式,可供参考。

1. 理念的坚持

坚持以人为本的理念去谋划高校青年教师的住房改革的思路。随着社会的不断发展,新校区的不断建设,多校区的规模开始形成,青年教师开始成为高校办学的主体,如何为他们提供营造一个相对稳定舒适的居住环境,实现安居乐业,是学校吸引人才和安定人心的重要措施,是维持学校可持续发展的重要保障。坚实以人为本的理念去谋划高校青年教职工住房改革的思路,创建青年教职工的住房保障,关键在于学校领导和住房管理部门的同志对新进青年教职工的关系,对他们的住房困难在留意,认真对待青年教职工的住房问题。"利用高校的微调功能,努力寻找'房币'的支点,既要符合国家的大政方针,又能体现公平合理的原则,同时也不突破学校自身的承受能力,让绝大多数教工感到比较满意、心情比较舒畅,为建设和谐校园奠定基础[①]。"同时,也可以有高校或者政府相关部门出面,与周边的房地产商进行协商,以高校优良的资源作为依托,促使房地产商对高校青年学生进行一定的房价优惠,优先保障学校青年教师的住房,为高校青年教师广开方便之门。降低可享受优惠人员的门槛,切实让广大的青年教师享受到购房的优惠条件。同时,房地产商可以以高校优秀的环境资源,强大的人才资源,以及丰厚的物质资源(例如体育馆、篮球场、图书馆等)向社会上的购房者提供舒适高档次的生活条件,从而吸取更多的房客,提高自身的房价,获得利益。这样,一举两得。

2. 实体房屋补助

积极取得地方政府的支持,建设青年教职工住宅,为广大的无法购买房产的教师建造更多的廉租房。近几年,随着校区的不断合并及新校区的不断建设。

高校的办学规模和办学质量有所提高,为稳定教师队伍,需改善教职工的居住条件,特别是为青年教师提供扎实的住房保障,为其提供扎实的住房保障,解除其住房问题的后顾之忧,所谓安居才能乐业,促进其更好的工作。所以各高校应抓住机遇,利用校区合并的有利时机,加大校舍建设和教职工住宅建设同步。这些住宅的房地产权归各高校所有,而以较低的价格租给无力购房的青年教职员工。同时,可利用原有校园资源,改造旧学生公寓,为青年教职员工提供短期周转房。随着经济的飞速发展和国家宏观调控的政策实施,高校已基本停止自行建设教职工住房,为解决青年教师的住房问题,建设青年教师公寓租给无力买房的青年教职工,等待教师有一定购房能力的时

---

①檀坤华．关于完善高校教工住房保障体系的探讨[J]．高校后勤研究,2010.3:80

候再行搬出，然后将周转房交还给学校，由学校再发配给其他需要的青年教师进行循环利用。

3. 资金补助

提高青年教师待遇，高校与政府共同协商共同解决青年教职工的住房保障问题。政府、高校相关部门抽出一部分资金对高校青年教师发放购房补助款。青年教师随着年龄的不断增长，伴随着的是不断增长的房价和不断提高的物价，他们的积蓄并没有与房价和物价成正比例增长，所以拥有的储蓄不多，工资增长水平也比较缓慢。同时，青年教师又面临着结婚生子、赡养父母等多重压力，许多青年教师即使不吃不喝也无法仅凭工资收入直接购买商品房。另外，近年来，全国房价的普遍大幅上涨，给青年教师的生活带来很大的冲击，众多高校已没有闲置的土地、同时也没有权利为教师兴建住房，青年教师只能被迫加入到购房大军中，父母的毕生积蓄、亲朋好友的多方支持才勉强首付，向父母亲戚借钱之外，还必须向银行进行贷款，然后进行分期付款，成为一辈子的“房奴”。这样的情况不利于青年教师的健康发展，不利于促使他们积极投身到校园文化氛围的建设当中，也不利于吸引高素质人才投身高等教育事业。除资金补助外，高校还须加强与当地政府的联系与沟通，取得政府支持，向青年教师提供适量的经适房和廉租房，以解燃眉之急，暂时缓解青年教师的住房压力，为他们提供扎实的后勤保障。只有充分解决青年教师住房困难，有的高校给引进博士发放安家费和购房补贴，极大地缓解了青年教师的购房压力，才能更好地吸引人才，让更多有志青年为高校的建设服务。

4. 改革社会化

不管是高校还是政府的扶持，都必须坚持走高校教工住房改革社会化的道路。“所谓社会化就是指高校房源充分利用之后，必须发挥社会住房的保障作用，并且逐步将教工住房问题交给社会，最终高校从中脱身出来。具体而言，高校房改房出售之后，这些房源时间上已经社会化，若干年后，高校房改房里住的很多都不是学校职工，成了社会民房。另一部分过渡周转房，只能起到过渡作用，周转房里的教工，最终也要到社会上去购买住房[①]。”综上所述，高校青年教职工住房社会化是改革的必由之路。但是在改革社会化的道路之中，也要注重公平公开公正的原则。高校青年教职工的住房矛盾，既有社会性住房矛盾的共性，又有其特殊性，因此就必须用科学发展的角度来思考解决问题。在我国，关于青年教职工的住房保障的政策规定比较滞后，尚存诸多的模糊地带，因此更需要靠各单位各部门来明晰并且完善。所以，

①檀坤华．关于完善高校教工住房保障体系的探讨[J]．高校后勤研究，2010.3：80

面对出现的或者没有出现的矛盾,必须引起重视,以防矛盾的堆积,从而引发出更严重的矛盾,引发出新的社会分配不公。所以必须要未雨绸缪,提前思考,有则改之,无则加勉,积极完善政策,出台政策,在公平公开公正的原则下指导新校区青年教职工的住房保障问题,坚持以人为本、科学发展,努力完善高校教职工的住房保障体系。

(二)科研保障

面对知识经济的浪潮,在创新型国家和推进国家创新体系建设的进程中,大学作为知识传播、知识创新和培养创新人才的重要基地,大学科学研究功能发挥的程度即科学研究的水平和成效,成为衡量一所大学办学水平的重要指标①。

大学作为社会教育和科研的主体,在国家实施科教兴国的战略中起到了非比寻常的作用,是促进社会经济创新及发展的重要保障,这是由大学的性质和当代社会发展的要求所共同决定的,也是不容改变的。究其原因在于一方面科研知识是在科技发展、技术完备、人才齐全以及基础设施完善的情况下形成,而科研的生命在于创新,因此为了促进我国经济社会的发展,科研创新是必备的。而大学在科学研究的过程中,有强大的人才基础和丰富的设施保障,在创作新知识、新方法、新理论、新发明等方面的优势也是其他组织无法相比的;另一方面,就国家的创新能力科研能力来说,基础在于人才,而人才最聚集的地方便是各高校。充分利用好各高校中人才资源,将对国家的科研做出巨大的贡献。正是这样的情况,全国甚至全球的高校越来越重视高等教育,越来越重视大学在经济社会中的地位和提升和作用的发挥,越来越重视大学的科研水平。对于中国这样一个发展中的国家来说,要发展经济、赶超发达国家,发展高等教育事业,提高大学的知识创新能力,探索大学与其他社会部门的协调发展、很好的融入国际社会,就显得科研的创新是十分重要。

近年来随着我国高校招生规模的不断扩大,多校区的合并以及新校区的建设已经成为了一种不可阻挡的趋势,因此新校区的组建开支也越来越大,即使这样,大多数的学校也号召大批青年教师充实到高校教学和科研工作的第一线,使得教师队伍的年龄结构和学历结构得到很好的调整,广大青年教师已经成为科研发展的中坚力量。但没有充分考虑和保障青年教师的后续发展,特别是在科研保障上严重滞后,高校须正视科研保障滞后问题的严重性,在坚持做好岗前培训和常规业务培训的基础上,加大科研保障,促进青年教师的科研热

---

①戴玉纯. 基于战略的大学绩效管理[M]. 合肥:中国科学技术大学出版社,2007.157

情，推动高校科研工作的发展。

1. 高校青年教师科研创新能力提升的影响因素

(1) 培养力度不够，科研保障不足：近年来，高校加大人才引进力度，特别是对青年人才的引进，但引进之后培训机会少，后期培养不足，保障力度不够，很多教师将大量的精力投入到了科研，但是却没有得到应得的报酬，所得酬劳甚至不如专心教学的老师，导致越来越多的青年教师不愿意致力于科研，这样也就直接导致整体科研水平得不到提升，青年教师的科研能力和创新能力得不到提升。

(2) 知识结构不够完善，学缘结构不够广延：高校人才引进专业方向要求对口，教师来源渠道比较集中，"近亲繁殖"现象普遍存在。根据系统培养科班出身的教育思路，本硕博以及博士后基本在同一学科专业背景下，按照"垂直教育体系"模式培养人才，更有甚者，本硕博基本在一所学校、同一导师名下，毕业后留校工作。这种现象导致青年教师的专业视野狭小，学缘结构狭隘，科研创新能力就很局限①。

(3) 团队得不到保障，孤军奋战：目前，高校科研组织工作还很薄弱，科研组织工作不力，没有学科带头人，这就导致科研人员研究思路单一，缺乏整体概念和长期规划，跨学科研究困难。这直接导致了很多青年教师找不到队伍，处于无家可归的状态，而那些有能力的科研教师却因为沟通不够做了很多无用功。这就导致了很多研究生毕业后选择留在原来导师身边，确保科研的指导和学术研究方向，拥有现成科研设备及科研条件。而一旦选择离开，就意味着白手起家，从试管到大型仪器都要用自己的双手去争取。出现这些现象的根本原因也是科研保障的力度不够。

(4) 管理体制不健全：高校管理部门在人才培养创新上，锦上添花者多，雪中送炭者少；往往急功近利，寻求短期效益，寄希望于著名的专家学者身上。这就导致管理部门的工作重心和主要精力很少会着眼于长期规划和重点培养青年教师的科研创新工作上，短视效应不利于高校人才的梯队建设以及长期绩效。另一方面，高校的"奖金发放"功利化引导以及"职称评定"量化考核机制，使得青年教师"为生存计"急功近利，选择容易出成果的科研，科研成果往往低级重复、科研水平停滞不前②。

2. 高校青年教师科研创新能力的提升措施

(1) 加强自身道德修养，努力培养科研独立创新意识：面对生活的种种

---

①刘计荣，杨潮．试论高校青年教师培养体系的构建[J]．教育发展研究，2008.4：115

②贺海波，石孟琼．试论高校青年教师科研创新能力的培养[J]．中国中医药现代远程教育，2010.10：7

诱惑,青年教师必须坚定自己的立场,即使没有丰厚的科研物质保障,但是也一定在光怪陆离的社会中坚持自己的原则,做最真实的自己。要为人师表,以自己良好的思想和高尚的道德风尚去影响和培养学生;在科研方面,不管条件多么苛刻,要耐得住寂寞,恪守学术道德和学术规范;同时,要不断提高自己的创新能力,在全面认识自己的情况下,把科研创新作为自己奋斗的目标,要敢于打破陈旧的观念,树立创新意识;另外,还应该有终身学习的理念,不断学习不断进步,这是科学研究发展的前提。个人意识的增强,在人力资源的配置中起到了关键性的作用,同时,个人意识的提高,也有利于新校区建设成本的节约。

(2)学习交叉学科知识,提升科研创新能力:学习交叉学科知识,有助于提升高校青年的教师科研能力①。21世纪是以多领域的知识融合和多学科的技术交叉为特征的新知识经济时代,不同学科间的交叉与融合将更加紧密、广泛。高等教育更加要求高校特别是综合性大学应有效利用学科门类齐全、综合性突出的优势条件,积极组织青年教师进修跨学科、跨领域的学习,拓宽知识视野,拓展科研思路,打破思维定势和观念单一的传统固有,推动知识技术的创新。"浙江大学率先在国内高校启动了'青年教师交叉学习培养计划',在全校范围内形成一种多学科交叉和交流的学术氛围,进一步推动不同学科间教师开展科研合作,提高协助攻关的能力,促进学术创新和交叉性研究成果的涌现②。"通过这种交叉学习有利于青年教师开展不同学科间的交流对话,推动学科间的思维碰撞,拓宽青年教师的科研渠道,促进学科间的知识创新与技术创新,对培养综合性创新人才有着重要的推进作用,同时也是对科研创新的一种保障。

(3)构建资源共享的平台,完善并提高科研设备保障,加强科研队伍的建设:良好科研环境是科研成功的保障,也是提高广大青年教师科研水平的土壤。青年教师是高校科研的中坚力量,青年教师科研能力的提高直接推动学校科研水平的提升。所以,高校必须坚定不移地创造良好的科研环境,搭建科研资源共享平台;让所有教职工队学校的重要信息、政策有知晓权、发言权、建议权甚至是决策权为教师的,保持信息沟通渠道的畅通,从而对科学研究提供厚实的保障。另外,通过团队的建设,提高团队的创新能力,培养青年教师的科学研究的热情和积极性,通过有经验的老教师带领、指导的方式,加速发展青年教师的

---

①贺海波,石孟琼. 试论高校青年教师可以创新能力的培养[J]. 中国中医药现代远程教育,2010.10:8

②浙江大学. 浙江大学青年教师交叉学习培养计划实施办法[EB/OL].(2005-12-31)[2012-10-23]http://www.cpa.zju.edu.cn/intranet/show.aspx? id=262&cid=173

科研能力，为青年教师的科研提供扎实的保障。对于科研人员的保障来说，要"整合资源，加强人力资源管理和建设，逐步实现劳动密集型团体想技术占主导支撑作用的生产力型团体的转变①。"人的问题始终是决定和影响科研发展的重要因素。努力提高科研人员的各种待遇。福利，建立万事、合理的工资、补偿制度，规范和提高养老保险、意料保险、住房公积金制度和水平，以此来提高科研人员的积极性。

(4) 加强科研成果的保障，实现两个转变：首先，对科研成果的评定从以项目来源单位的等级为主要参考依据向科研成果本身重要性及影响力方面转变；其次，在科研成果对社会价值方面的评价从快速产生经济效益为主向从产生长远性的经济、社会效益等方面综合考虑转变。创造出这样和谐的科研环境，建立一个完善的管理机制，从而鼓励青年教师敢于创新、积极进取，研究出有长远经济利益价值的成果。这样的模式的形成，也有利与国际接轨，积极有力的派选出科研带头人与国际科研团队进行交流，进一步提高青年教师的学缘结构和融入国际化进程的速度。同时，这也为他们的科研成果提供的很好的保障，确保他们从事的科研活动能顺利地展开，保障和改善他们的科研条件和生活条件，为广大科研工作者提供一个公正而又充满竞争的科研环境。

(5) 实现校区良性合作：校区间的合作已经成为现在一个重要的趋势，用几个校区的合作，新校区的建设这样的方式来扩大学校的影响力，提高学校的综合实力已经成为高校发展的一个重要趋势。构建校区间人力资源的合作的模式依然成为多校区发展的一个必然趋势，也有利于节约多校区建设的成本。

但是，没有任何一种管理模式是普遍适用于每一个高校的，因此各高校必须按照自己的办学特色和实际情况，在不断的实践中找准关键环节，因校制宜，根据自己的实际情况去创立最适合也最有利于科研发展的保障和政策。

三、人力资源的发展机制

(一) 人力资源配置机制的加强

我国高校自大规模扩招以来，高等教育的规模扩展迅速，随之相应的教学设施和学生宿舍等教学资源也日趋紧张起来。为了缓解教学资源日益突出的供求矛盾，各个高校纷纷采取新建新校区、合并和重组院校等方式在一定程度

①王文焕．在多校区办学模式下后勤如何实现管理延伸[J]．高校后勤研究，2011.2：17

上缓解了教学资源紧张的尖锐矛盾。但是,一个矛盾解决,同时有带来了新的矛盾的产生即高校人力资源及其人力资源的管理问题也成为高校办学之中越来越重要和突出的问题。

制度化管理理念有待加强。有些高校对人力资源的管理缺乏制度性,其表现在制度的科学性、整体性和完整性需要进一步的加强,而且制度的执行力度也不够,因而出现讲人情以及官本位思想不良现象。以至在于高校人力资源制度化管理方面表现出空洞的行政形式主义,严重的背离了"以人为本"科学发展的观念。学校与教职工之间,行政管理人员与被管理者之间出现了明显的分层、分级以及管理缺位现象,没有建立现代化的人力资源管理制度,按照传统管理方法的痼疾依然严重,使得高校人力资源管理缺乏灵活性、主动性和协调性。因而,鉴于以上哲学问题,高校自身应该抓住新校区和高校合并重组的机会推进现代化的高校人力资源管理制度的建设,使其高校人力资源管理更加科学化、制度化和人性化。

信息化管理程度有待加强。规模扩张后的高校,人力资源管理的信息化是数字化校园建设的基础性建设。高校应该提高人力资源管理信息化的认识,把高校人力资源管理信息化建设,改变其传统高校人力资源管理方面的不足,如人事管理、工资管理及其档案管理等诸多方面存在的问题,借助现代科学技术,尤其是信息化网络技术进行高校人力资源管理的升级,避免重复性劳动、工作效率低下等弊端。

人力资源配置不合理。由于新校区的建立,高校兼并和重组使得教师队伍结构不科学,出现两头小、中间大这种情况,即副高多,正高少这样的情况,而且教师专业分布不均衡,具有前沿性和交叉学科的老师严重不足,再加上新兴校区出现了人力资源管理混乱,后勤服务人员冗杂等现象。所以,为了建立现代高校人力资源管理系统,我们应该优化管理结构,尤其是学历结构、岗位结构、年龄结构和学科结构等,使其协调和均衡发展,提升高校人力资源管理整体水平,提高高校总体科研竞争力。

(二)人力资源发展机制的指导思想

首先是立足于校情实际,重新布局人力资源管理的构成,通过研究,分析和制定出高校发展战略,并结合高校人力资源管理的变化,制定出符合高校发展需要的各类专科性人才的比例,从而促进高校人力资源的改革和发展。

其次是改变和优化核心教学和科研人员的配置。在当今高校人员流通性异常巨大的今天,高校的人力资源管理一定要从自身的条件出发抓住骨干和重点人才,并且从高校自身发展的内在需求出发,灵活配置,因校制宜,发挥骨干价值。

再次是着眼于效益,寻求满足运行投入的最小化。高校人力资源运行投入必须使得教学、科研等任务协调匹配,促使人力资源配备尽量满足各类岗位设置的需要,真正做到人尽其才、物尽其用。特别是用充分利用关键人才,力求功效发挥最大化。与此同时,进行各类人才的组合优化,协调、合作,发挥人才资源的群体优势,达到人才效应的最大化。

最后是充分考虑市场因素对人力资源配置的影响。面对市场经济的快速发展,高校的内部结构和发展模式也随之改变,相应的人力资源需求也发生了相应的变化。一般来说,高校规模的扩张,使得人才资源相对紧张,需求度增加。同时,高校人才储备丰富、人力资源自主化创造性强,高校内涵式扩大再生产的优化再生方式能对现有人才资源进行开发,也能实现既定目标,那么,市场的影响将会微弱得多。因此,"高校人力资源配置的行政机制要和市场机制融合起来,相辅相成、相得益彰①。"

(三)人力资源发展机制的原则

基于以上人力资源发展机制发展的分析,高校人力资源配置应遵循整体性原则、动态性原则以及可行性原则②。

整体性原则,又称全局性原则,人力资源的配置需要整体考虑高等教育以及社会发展环境对多校区高校的全局考虑,综合分析外部资源和内部资源辩证统一关系,对高校人力资源进行全局性的优化配置与整体部署。高校人力资源的合理配置从小的方面说影响高校自身的发展,从大的说关系到高等教育乃至整个社会的发展水平,因而,在配置人力资源时要综合考虑,不仅要注意到高校自身人才发展的需要,更要考虑能否为整个社会提供高素质人才。不但要优先考虑高校人才资源的内部层次分布,更要考虑社会和高校的外部发展对层次结构的综合影响。

动态性原则。事物是发展的事物,一直处于不断发展变化的状态,动态性原则指的是高校内部人才资源层次结构要随着外部环境的变化而不断调整。高校人才资源配置是一个动态的过程,并非最终的结果。因而,其应该是开发式的,要随着环境的变化适时调整,从而适应社会发展的要求。只有如此,高校人力资源才能吐故纳新,吸收新鲜血液,保证具备良好的功能。

---

①霍生平,贺正楚. 多校区大学师资空间流动管理系统探析[J]. 新疆大学学报(哲学人文社会科学版),2008.2:38

②吉克跃林. 高校人力资源配置的系统分析[J]. 西南民族学院学报(哲学社会科学版),1998.1:108~109

可行性原则。高校人力资源配置的规划战略不是高校管理层个人主观的产物,而是根据学校发展的总体目标和前景规划,通过对高校人力资源现状的定性、定量、定时分析后做出的科学预测。为了实现人力资源优化配置这一规划目标,科学预测必须对高校人力资源配置的约束条件和影响因素等进行充分的论证后再实施。只有科学、合理的人力资源配置规划才能达到规划目标。因此,因此,规划的制定必须具有可行性。

(四) 优化人力资源发展机制

首先,形成制度化管理常态。多校区高校在人才引进、薪酬待遇、学科建设带头人培养等方面建立制度,制度常规化、管理规范化是确保高校人力资源管理健康运行的有力保障。高校人事主管部门在才人引进、后期培养方面做好服务,工作调配与人才使用上要建立和完善相应的选拔任用、考核评价机制,特别是激励监督上要尊重人性,出台相应的支持性发展政策,而非限制性发展政策,鼓励教职工发扬个性、努力创新;制度执行严格,限制人情关、金钱关和权力关,创造公平、公正、公开、和谐的制度环境。

其次,树立人本化管理理念。多校区合并建设初期,往往会出现经费紧张、管理不到位、配套设施不齐全等方面的压力和困境,再加上住房、交通以及子女入学等社会现实问题,使得青年教师对学校缺乏同一性和归属感。由此,我们在人力资源管理工作上要充分体现“以人为本”的理念,以教职工的真正需求为出发点,注重改进工作方式方法、构建文明和谐的校园人际关系、加强物质和精神激励、建立健全营造有利于教职工成长和发挥才能的有效机制与活跃氛围。在平衡量化评判与劳动付出上寻求适度;制定薪酬奖励政策,完善休假制度,为教职工工作与生活创造有利的条件。

最后,采取灵活性配置方式。人力资源的优化配置需要考虑人才队伍的稳定特别是骨干人才与拔尖人才的稳定,但要灵活考虑人事制度改革的发展趋势,劳动合同方式与人事编制行政依附关系相结合,而不是将所需人才全部纳入高校人事编制之中,完全依靠个人与组织的人事依附行政关系,可以采取多种方式灵活配置人力资源。人力资源的配置方式要具有较强的灵活性,强调多样化,可以采用兼职、委托、人事代理、共同合作等多种方式、手段,根据学校教学任务、工作量,适当的委托外部人员完成工作。

多校区高校人力资源优化配置是一个“持久战”,人力资源环境、学校的层次类型、人才的流动都是一个动态的发展的变化的过程,实现人力资源配置的优化,关键在于不断寻求适合学校发展的配置思路和方式。

第三节　高校人力资源配置 DEA 效率评价

一、研究目标和研究对象的确定

高校人力资源配置效率评价是高校人力资源绩效评价体系的重要组成成分,通过高校人力资源配置效率评价可以测量和分析高校人力资源投入产出之间的关系。衡量高校人力资源配置效率的指标是多方面的,既要考虑定量指标又要考虑定性指标、既要考虑产出又要考虑投入、既包括人的因素又包括物的因素等等。这就从客观上要求我们去运用多指标综合评价的方法对高校人力资源配置效率进行评价。针对高校人力资源的价值估算较为困难,未来发展不可估计等特点,同时考虑到数据调研和获取的便利,本节尝试采用 DEA 方法,以南通大学 21 个学院作为人力资源配置研究对象,进行效率评价实证分析①。各学院具有相同的环境、相同的输入输出和相同的任务,因此完全符合"同类性"原则。通过应用 DEA 模型对高校各学院人力资源配置效率进行评价,从而为更好地进行高校人力资源配置的"质"的优化奠定评价基础,也为今后改进高校人力资源绩效水平策略的阐述提供充实有力的依据。

二、输入和输出指标的选取

本着遵循输入向量和输出向量的选择要服务、服从于评价目的,同时能够较全面反映评价目的,并充分考虑 DMU 之间的一致性,评价指标不宜过多等原则,结合高校的办学特点,本节从优秀人才、职工规模、研发经费、人力资源定位指数等四方面选取投入指标:X_1—高级职称教师人数;X_2—专职教师人数;X_3—投入经费(万元);X_4—专业设置个数。从学术水平、科研质量、培养人才数量及质量等方面选取产出指标:Y_1—学生人数;Y_2—科研论文;Y_3—学生就业率(%)。经过一定的调研,采集到南通大学 21 个学院 2009 年度的统计数据如表 10.1 所示②:

①王建宏. 高等院校院系综合绩效评价的实证研究[J]. 中国高等教育评估,2011.3:62

②王建宏,李红霞,郭跃华. 基于 DEA 和 SFA 的高等院校院系相对有效性评价[C]. 第十二届中国管理科学学术年会论文集,2010.7

表 10.1 各学院 2009 年度统计数据

DMU_j	X_1	X_2	X_3	X_4	Y_1	Y_2	Y_3
DMU1	44	88	70	3	1385	1050	67.61
DMU2	47	145	200	6	1470	500	58.77
DMU3	29	68	70	3	477	615	45.26
DMU4	10	55	65	7	1978	200	52.01
DMU5	11	25	60	3	989	200	74.04
DMU6	32	74	60	6	965	800	46.32
DMU7	35	105	60	5	1401	600	76.06
DMU8	28	93	500	6	1844	300	59.88
DMU9	17	39	200	2	622	98	75.56
DMU10	29	50	600	2	1300	300	87.99
DMU11	17	39	600	6	1267	200	69.00
DMU12	24	60	600	2	1100	300	69.04
DMU13	22	88	400	5	1100	250	80.69
DMU14	16	50	400	3	1000	100	98.97
DMU15	18	54	500	3	850	100	98.21
DMU16	153	253	500	9	3820	800	77.49
DMU17	8	53	200	4	800	95	70.00
DMU18	30	81	20	1	400	50	96.92
DMU19	39	88	20	2	500	540	56.41
DMU20	18	62	65	3	1200	200	80.69
DMU21	5	41	100	5	658	135	75.26

注：DMU1：文学院，DMU2：理学院，DMU3：法政学院，DMU4：商学院，DMU5：公共管理学院，DMU6：教育科学学院，DMU7：外国语学院，DMU8：化学化工学院，DMU9：生命科学学院，DMU10：机械工程学院，DMU11：电子信息学院，DMU12：电气工程学院，DMU13：计算机科学与技术学院，DMU14：建筑工程学院，DMU15：纺织服装学院，DMU16：医学院，DMU17：公共卫生学院，DMU18：护理学院，DMU19：体育科学学院，DMU20：美术与设计学院，DMU21：地理科学学院

三、高校人力资源效率评价 DEA 模型的选择

第五章介绍的 DEA 模型中，无论是在固定规模报酬模式下评估总体效率的 C^2R 模型，还是在变动规模报酬模式下评估纯技术效率的 BC^2 模型，亦或是规模报酬非增 NIRS 模型，都有产出导向的 D 模型和其对偶模型投入导向的 P 模型两种表达形式。第五章在研究高校规模有效性评价中，我们采取投入导向和产出导向的双向策略。由于 D 模型较 P 模型更易于判断有效性，本节选取 D

模型。而在 D 模型中又有以产出为导向和以投入为导向的模型。考虑到高校在人力资源配置中,经费来源和人员编制都有一定限制,一般来说也比较稳定,在相对固定的投入基础上产出最大化。我们更关心的是在现有条件下,人力资源配置的效率如何以及是否能进一步提高人力资源利用率,因此,采取产出导向的 D 模型进行分析,得到各 DMU 的技术效率、纯技术效率和规模效率,为提供不同改进效率、优化配置解决方法提供参考依据。

四、DEA 效率评价

下面主要利用 DEAP version 2.1 进行 DEA 效率评估。通过 DEA 效率评估的结果,可以知道各个学院人力资源配置的相对总体效率、纯技术效率和规模效率,效率分析结果如表 10.2 所示。

表 10.2 C^2R、BC^2 和 NIRS 模型评价学院人力资源配置效率值

DMU	总体效率	参考集合 DMU	纯技术率	规模效率	规模报酬
DMU1	1	DMU1	1	1	-
DMU2	0.578	DMU1、DMU4、DMU14、DMU20	0.583	0.993	drs
DMU3	0.668	DMU1	0.668	1	irs
DMU4	1	DMU4	1	1	-
DMU5	1	DMU5	1	1	-
DMU6	0.806	DMU1、DMU7	0.932	0.865	-
DMU7	1	DMU7	1	1	drs
DMU8	0.886	DMU4	1	0.886	drs
DMU9	1	DMU9	1	1	-
DMU10	1	DMU10	1	1	-
DMU11	1	DMU11	1	1	drs
DMU12	0.953	DMU1	1	0.953	irs
DMU13	0.982	DMU4	1	0.982	drs
DMU14	1	DMU14	1	1	-
DMU15	0.96	DMU9、DMU14	0.96	1	drs
DMU16	0.675	DMU1	1	0.675	drs
DMU17	0.868	DMU4、DMU20、DMU21	0.954	0.91	irs
DMU18	1	DMU18	1	1	-
DMU19	1	DMU19	1	1	-
DMU20	1	DMU20	1	1	-
DMU21	1	DMU21	1	1	-

注:irs,-,drs,分别表示规模收益递增、不变、递减

（一）总体效率分析

由表 10.2 显示，相对总体效率为 1 的学院有文学院、商学院、公共管理学院、外国语学院、生命科学学院、机械工程学院、电子信息学院、建筑工程学院、护理学院、体育科学学院、美术与设计学院、地理科学学院，占所有评估学院的 57.14%，这 12 个学院是其中最有效的 DMU，即其整体运作上处于最佳的状况，那么这 12 个学院不仅作为评价其他学院的参考对象，而且作为其他 DEA 非有效学院改进的参考对象。一个 DMU 出现在其他 DMU 的参考集合中的次数越多，说明该 DMU 相对有效性的稳健性越强。C^2R 模型不能区分相对有效的 DMU，所以可以根据被参考次数来进一步区分 DEA 总体有效的 21 个学院的效率表现。从表 10.2 可知，文学院作为参考单元出现过 6 次，商学院作为参考单元出现过 5 次，外国语学院、生命科学学院和地理科学学院作为参考单元各出现过 2 次，建筑工程学院和美术与设计学院作为参考单元出现过 3 次，而其他总体效率为 1 的学院作为参考单元都只出现过一次，这说明文学院的效率是最高的。在所有学院中总体效率低于 0.9 的共有 6 个，占所有评估学院的 28.57%，这说明还有约 1/4 的学院投入资源没有充分利用，没有使产出达到最大。

（二）纯技术效率分析

BC^2 模型所求出的纯技术效率是假定规模报酬不同的情况下所算出的，即在一定的投入组合下，所得到的产出效率。为了衡量规模效率，需要将固定规模报酬假设为变动规模报酬，也就是将总体效率分解为纯技术效率和规模效率。其中纯技术效率衡量学院的投入要素是否能达到产出最大化，其值越高表示投入资源使用越有效率。表 10.2 显示，纯技术效率为 1 的学院共有 16 个，除了上面总体效率为 1 的 12 个学院，还有化学化工学院、电气工程学院、计算机科学与技术学院、医学院。这说明了这 16 个学院投入资源是最有效的，无浪费现象。所有学院纯技术效率的平均值为 0.957，这说明这 21 个学院总体上来说约有 4.3% 的投入没有有效地达到最适的产出量。

（三）规模效率分析

通过整体效率与技术效率的比值可求出规模效率，规模效率越接近 1，表示规模大小越合适，也就越接近最适规模。如规模效率 = 1，则表示该 DMU 处于固定规模报酬的状态；如规模效率<1，则表示该 DMU 处于规模报酬递增或者递减的规模无效率状态。通过表 10.2 可知，规模有效的学院有 14 个。而有

的学院虽然纯技术效率为 1,但规模效益<1,说明其产出和投入无法成正比例增加,因此其总体效率相对无效只是由规模无效引起的。规模效率小于 0.9 的学校只有 3 所,其中最小的是医学院只有 0.675,其他 18 个学院的规模效率都大于 0.9,处于比较高的水平。总体上来看被评价的 21 个学院的规模效率平均值为 0.965,因此规模效率对总体的影响相对于纯技术效率来说较少。

(四) 规模报酬分析

在对于规模非有效的学院调整规模时,必须要了解其调整方向,即学院现有规模是过大还是过小。表 10.2 可以看出规模报酬有效的 14 个学院投入一单位生产要素,可以产生一单位的产出,达到最佳生产规模。理学院、化学化工学院、计算机科学与技术学院、纺织服装学院、医学院这些学院处于规模报酬递减阶段,即其整体规模过大,应该减少投入量调整规模大小。而法政学院、电气工程学院、公共卫生学院处于规模报酬递增阶段,应该扩充规模增加投入量以生产更多的产出来提高学院的总体效率。面对目前高等教育资源紧缺的情况,对于规模报酬递增的学院不能任意增加其投入要素,反之更应该对现有资源的利用现状进行分析,设法充分利用现有资源提高其产出,从而达到更优的状态。

(五) DEA 松弛变量分析

对处于非 DEA 有效的学院提供改善的方向与建议,在应用上应该将松弛变量与效率值相结合进行分析。即通过投入产出各项的松弛变量分析了解投入与产出各项有多少改善的空间,显示出各学院目前人力资源的使用情况,同时可以得出各学院需要改善的幅度。

表 10.3 非 DEA 有效学院人力资源投入产出指标的调整量

DMU	投入冗余额				产出不足额		
	X_1	X_2	X_3	X_4	Y_1	Y_2	Y_3
DMU2	19	89	101.8	2	–	247	16.46
DMU3	20	40	52.7	2	58	–	11.32
DMU6	4	5	41.3	3	–	–	25.79
DMU8	3	27	27.3	1	–	–	5.322
DMU12	4	12	150.4	–	–	52	20.32
DMU13	7	42	206.1	1	–	–	–
DMU15	1	3	114.9	1	125	4	–
DMU16	45	67	78.9	2	–	231	11.56
DMU17	–	20	120	–	24	73	4.650

由表10.3可以看出9个非有效学院DEA按规模报酬分类可以分为三类。DMU3、DMU12和DMU17规模效益处于递增阶段,有良好的发展潜力。从投入指标看,高级职称教师、专职教师、投入经费、专业数存在投入冗余,但冗余额相对较小;DMU2、DMU8、DMU13、DMU15、DMU16规模效益处于递减阶段,从投入指标来看,高级职称教师、专职教师、投入经费、专业数存在冗余,且冗余额都比较大。这些院系相对非有效的主要原因在于教师资源和投入经费没有得到有效的利用。这些院系在投入资源不变的情况下,如果各投入要素得到合理的配置,在规模效益上尚有很大的发展潜力。所以这些学院目前主要的任务应该是统筹规划,优化配置各种人力投入资源;而DMU6处于规模效益不变的阶段,它需要在适当的调整投入的同时,也要提高产出额。综上,对于非DEA有效的学院而言,在调整过程中应该结合投入调整和产出调整,从易于调整的投入产出变量入手,同时在调整优化的过程中,学院管理层需要利用短期目标和长期目标相结合的原则,循序渐进逐步调整。这样才能使学院在技术有效的基础上达到规模效率最佳状态。

结　语

高校运行成本指的就是高校建设、生存、发展所耗费的货币表现。它包括两大部分,一是建设成本,二是狭义的运行成本。前者指的是高校各项资本性支出,主要包括校区土地的购买、新增教学楼、宿舍楼等房屋的建设费用;后者则指的是高校周而复始所需要的费用,主要用于保证正常的教学科研活动的经常性支出。

多校区高校建设成本的优化,要求在校区选址上进行科学合理的宏观谋划,在综合考量高校自身发展与区域性地服务的纽带性效益上寻找资源配备最优化。根据城市发展规律与高校多校区发展需要,校区选址上集中与分散二者之间进行优化抉择,将经济性、科学性、环保性、基础设施完善性以及符合城市发展规划要求等五个方面作为优化抉择的量化原则;综合考虑土地成本、服务保障、自然环境、校区间距离、人文环境等因素对校区选址优化的量化类别;运用层次分析法作为新校区优化选择的评价方法,构造判断矩阵及确定准则层面的权重,以期实现校区选址的最优。多校区建设是高校运行成本考察的重要环节,在建筑风格上保持适用与雅致的特性,在校区文化的传承与创新上多下工夫,各校区距离保持与行政中心位置的适宜;并校后校区调整在宏观上要有利于高校自身的可持续发展及在区域性社会服务功能上发挥应有的作用,微观上各校区位置是否适中、交通是否便利以及生态环境绿色校园建设等具体因素对校区建设与发展的影响。

多校区高校狭义运行成本的优化,要求提高办学规模效益,优化管理方式、优化校区学科分布、优化实验教学仪器设备、优化后勤服务资源配置及人力资源配置。优化管理方式,就是要有科学创新的管理理念、管理组织结构、管理模式以及管理方法与技术。多校区学科分布的优化设计,基于层次分析法,综合考虑校区功能定位、学科融合、资源利用效率、历史传统、地理位置的优化分布的准则,构造判断矩阵及确定准则层面的权重。优化实验教学仪器设备,运用招标形式实现购置上的最优化,完善招标制度、科学评估、强化监督机制、保证招标质量;运用效用量化实现分布上的最优化,统筹兼顾学科分布、学生类别、社会服务等影响因素;运用效率最优实现使用上的优化,加强管理队伍建设、强化购置论证、设立专项运行维护经费或专项基金、构建资源共享机制,提高仪器设备使用效益。优化后勤服务的资源配置,结合现代服务业的特点,积极实现后勤服务社会化、现代化。优化人力资源配置,人才是高等教育发展的重要保障,人力资源的优化配置有利于整体教学、科研水平,需要坚持“以人为本”的理念,建立人才引进、使用、培养、激励、可持续发展长效机制,加强在住房、科研等方面的保障,优化人力资源发展机制、构建人力资源配置指标体系、DEA 效率评价模型,实现多校区高校运行人力成本的优化。

综上,多校区高校运行成本优化借助数学建模与图表分析的技术手段,借鉴合并高校的实际案例分析,结合南通大学的合并发展实际,系统梳理尝试探讨多校区高校运行成本优化的综合因素,宏观把握与微观分析相结合,寻找多校区高校发展规律与特点,在具体的工作实践中进行有效的检验与论证。科学理论的分析与运用,来源于实践更在于指导实践。学科的交叉性与知识性的广延性,行文过程中曾求教于许多相关专业的学者、专家,其他领域知识的汲取如饮甘露、受益匪浅,有益于作者拓展思维、开阔眼界。在多校区高校或者合并高校的长期研究中,运行成本的优化是高等教育资源优化的重要组成部分,对于我们高等教育的研究从学理性研究转向综合实用性研究是一种重要的路径尝试。国家逐渐加大对高等教育的投入,多校区高校运行应把握机遇、未雨绸缪,借助有利时机,优化自身发展,实现运行成本的最优化。

主要参考资料

毕方水.高校培养成本的还原因素分析[J].中国市场,2005(11)

别荣海.多校区大学管理的突出问题及对策探讨[J].信阳师范学院学报(哲学社会学科版),2005(4)

伯顿·克拉克等.学术权力——七国高等教育管理体制比较[M].王承绪译.杭州:浙江教育出版社,1986

伯顿·克拉克.高等教育新论——多学科的研究[M].王承绪译.杭州:浙江教育出版社,1988

布哈林.过渡时期经济学[M].余大章译.上海:三联书店,1981

曹沛霖.政府与市场[M].杭州:浙江人民出版社,1986

晁华荣.大学多校区管理优化研究[D].上海:复旦大学,2010

陈华兴,陈雁.论社会化和非社会化的辩证统一[J].浙江社会科学,2000(5)

陈敏.浅谈高校后勤会务管理[J].高校后勤研究.2012(2)

陈韧翔.高校人力资源配置效率指标及评价研究[D].长沙:中南大学,2008

陈晓兰,吴妙娴.高校新校区建设物质文化层面的思考[J].广东广播电视大学学服,2007(2)

陈运超,沈红.浅论多校区大学管理[J].清华大学教育研究,2001(2)

程瑶,章冬斌.2020 年前适龄人口变化与高等教育规模发展研究[J].开放教育研究,2008(4)

戴玉纯.基于战略的大学绩效管理[M].合肥:中国科学技术大学出版社,2007

丁小浩.中国高等院校规模的实证研究[M].北京:教育科学出版社,2000

董保城.教育法与学术自由[M].台北:月旦出版社股份有限公司,1997

杜云龙.科学学视野中的大学学科建设[D].兰州:兰州大学,2009

樊勇明,杜莉.公共经济学[M].上海:复旦大学出版社,2001

范先佐.教育经济学[M].北京:中国人民大学出版社,2012

盖浙生.教育经济学[M].北京:三民书局,1982

高俊敏,袁荣焕,刘元元.加强高校实验仪器设备管理,提高实验设备利用效率[J].实验技术与管理,2008(9)

高树军,缪克明.浅议高校新校区的特点与运行管理[J].南京工业大学学报(社会科学版),2008(2)

顾海英.浅议高校运行成本分类[J].财会通讯·理财,2008(2)

郭峰.高校青年教师住房的现状及对策[J].高校后勤研究,2011(2)

韩静,钱圣杰.提高大型仪器设备使用效率的探析[J].实验室研究与探索,2007(2)

何碰成.论高校多校区后勤服务保障模式创新——以华侨大学为实例[J].高校后勤研究,2011(4)

何耀华.高校教育成本内涵探究[J].福建警察学院学报,2008(4)

贺海波,石孟琼.试论高校青年教师科研创新能力的培养[J].中国中医药现代远程教育,2010(10)

胡芳.论高校仪器设备招标与监督工作[J].中国现代教育设备,2008(10)

胡蓉.多校区大学人力资源管理探析——以华南师范大学海南校区为例[J].中国电力教育,2008(22)

黄晓达,刘永涛,司淑新.基于大规模定制的高校餐饮经营新模式构想[J].当代经济,2008(6)

黄耀丽,尹传高,雷厉.地方高校实验室体制及专业实验室建设的探讨[J].实验室研究与探索,2005(10)

黄正.大型科学仪器设备共享管理的立法架构[J].科技管理研究,2010(11)

霍生平,贺正楚.多校区大学师资空间流动管理系统探析[J].新疆大学学报(哲学人文社会科学版),2008(2)

吉林跃克.高校人力资源配置的系统分析[J].西南民族学院学报(哲学社会科学版),1998(1)

江澄.浅析高校新校区选址主要影响因素[J].山西建筑,2006(4)

蒋国斌,朱丽珺.高校大型仪器设备开放共享平台建设探析[J].长江大学学报(社会科学版),2011(10)

康德.历史理性批判文集[M].何兆武,译.北京:商务印书馆,1990
孔寒冰.高等学校学术结构重建的动因[M].浙江:浙江人学出版社,2001
赖丹,应益华.资产置换:高校实现跨越式发展的有效途径[J].江西教育科研,2007(4)
黎明,黄金曦.论高校多校区运行成本的降低[J].重庆工学院学报,2007(8)
李凤木.高校校园建筑风格与建筑文化的思考[J].低温建筑艺术,2012(8)
李军.当代世界服务业发展的新趋势及我国的对策[J].经济纵横.2003(4)
李伦亮.高校新校区规划建设的现实矛盾[J].当代建设,2003(6)
李士伟.巨型制造:中国高校的另类风景[J].教育与职业,2007(4)
李振键.提高高等学校贵重仪器设备使用效益的探索[J].实验技术与管理,2003(5)
列宁全集(1卷)[M].北京:人民出版社,1984
林钢,武雷等.高等教育成本研究[M].北京:中国人民大学出版社,2008
林荣日.教育经济学[M].上海:复旦大学出版社,2008
林娅.科学发展观的根本方法是统筹兼顾[J].思想理论教育导刊,2008(3)
刘计荣,杨潮.试论高校青年教师培养体系的构建[J].教育发展研究,2008(4)
刘献君.建设教学服务型大学——兼论高等学校分类[J].教育研究,2007(7)
刘亚荣.我国高等学校办学效率评价分析[J].教育与经济,2001(4)
刘义荣.对多校区高校新校区保障与服务情况的调研[J].中国电力教育,2008(22)
刘在洲.试论高校校园选址的原则[J]湖北社会科学,2006(6)
刘智运.推进合并高校深度融合的对策研究[J].交通高教研究,2004(2)
刘仲林.现代交叉科学[M].浙江:浙江教育出版社,1998
柳劲,朱健.论多校区高校有效管理的途径[J].山西财经大学学报(高等教育版),2007(2)
柳瑶,杜学文.高校校园电子商务构想[J].电子商务,2010(7)
陆宝忠.高校仪器设备管理存在的问题与解决措施[J].财会通讯(理财版),2007(6)
陆志峰,王建宏.基于DEA的江苏高等院校规模有效性分析[J].数学的实践与认识,2012(19)
露丝.本尼迪克特.文化模式[M].王炜译.上海:生活·读书·新知三联书店,1988
马继刚.多校区高校人才培养布局探析[J].中国大学教学,2007(12)
马克思恩格斯全集(20卷)[M].北京:人民出版社,1972
马克思恩格斯全集(25卷)[M].北京:人民出版社,1974
马克思恩格斯全集(26卷)[M].北京:人民出版社,1979
毛亚庆.论市场竞争下的大学发展战略[J].北京师范大学学报(社会科学版),2004(2)
闵维方.高等教育运行机制研究[M].北京:人民教育出版社,2002
倪志安.马克思主义哲学方法论研究[M].北京:人民出版社,2007
聂立安.高等教育财政投入的效率与公平分析[D].合肥:安徽大学,2011
牛彦绍.高校运行成本内涵及构成[J].财会通讯·理财版,2007(9)
庞青山.大学学科结构与学科制度研究[D].上海:华东师范大学,2004
彭怀祖,唐德善.高校后勤消费资源的分层[J].黑龙江高教研究,2003(6)
彭怀祖,王建宏.高等教育与社会经济协调发展评价[J].江苏高教,2012(1)
彭怀祖,王建宏.在校大学生数量预测研究[J].数学的实践与认识,2012(18)
彭怀祖.高校服务保障的竞争研究[J].高校后勤研究,2008(6)
彭怀祖.高校后勤资源配置研究[M].北京:现代教育出版社,2007
彭怀祖.高校新校区选址优化研究[J].教育与经济,2010(1)
彭怀祖.关于"剥离"的思考[J].中国高校后勤研究,2000(5)

彭怀祖.基于 Logistic 增长曲线模型的大学在校学生数量发展预测[J].教育与经济,2011(3)
戚世钧.大学生消费观及其引导[J].河南大学学报(社会科学版),2001(6)
乔爱丽.大学生的消费心理与消费教育[J].佳木斯大学社会科学学报,2004(3)
秦云,祝志杰.大学生消费心理及消费原则浅论[J].华北电力大学学报,2001(2)
邱立新,周田君.大力发展现代服务业,促进产业结构优化升级[J].青岛科技大学学报(社会科学版),2005(3)
阮莉立.高校在多校区办学条件下的学科建设[J].重庆工学院学报,2006(6)
萨缪尔森.经济学[M].高鸿业,译.北京:商务印书馆,1979
邵争艳.中国区域高等教育资源优化配置评价与对策研究[D].哈尔滨:哈尔滨工程大学,2006
沈红,沈曦等.多校区管理的理论与实践[M].武汉:华中科技大学出版社,2009
沈有禄.沈阳师范大学"资产置换"所产生的效益及启示[J].辽宁教育行政学院学报,2003(11)
施建军.谈多校区办学模式下的主校区建设[J].中国高等教育,2003(12)7
孙可庸."直接社会化"与社会历史分期和产权变革当代马克思主义哲学的使命(之二)[J].广西社会科学,1993(3)
孙可庸.论"社会化"——当代马克思主义哲学的使命(之四)[J].改革与战略.1993(4)
谭荣波."源"与"流":学科、专业及其关系的辨析[J].教育发展研究,2002(11)
谭仲池,向力力.现代服务业研究[M].北京:中国经济出版社,2007
檀坤华.关于完善高校教工住房保障体系的探讨[J].高校后勤研究,2010(3)
涂苏龙.高校贵重科学仪器设备共享机制探究[D].沈阳:东北大学,2008
万峰.高校多校区专业布局研究[J].高等农业教育,2009(11)
汪小洋.传统气脉人文胜景南京师范大学校园景观特色[J].园林,2011(5)
汪晓村等.论高校学科专业设置的理念与机制[M].北京:科学出版社,2008
王保和.浅谈高校新校区的成本控制[J].财会通讯(理论版),2008(12)
王保星.威斯康星观念的诞生及对美国高等教育的影响[J].河北师范大学学报(教育科学版),2000(1)
王椿元.混合产品成本补偿研究[D].沈阳:东北财经大学,2003
王建宏,李红霞,郭跃华.基于 DEA 和 SFA 的高等院校院系相对有效性评价[C].第十二届中国管理科学学术年会论文集,2010
王建宏.高等院校院系综合绩效评价的实证研究[J].中国高等教育评估,2011(3)
王栾井.高等学校学科群发展机制的研究[J].学位与研究生教育,1998(2)
王强,汪凯.创新实践,数字后勤——江南大学后勤信息化建设实践与探索[J].高校后勤研究,2012(1)
王庆林.高校合并后的实验室建设与改革[J].实验技术与管理,2001(3)
王善迈.教育投入与产出研究[M].石家庄:河北教育出版社,1996
王述英.西方第三产业理论演变述评[J].湖南社会科学,2003(5)
王文焕.在多校区办学模式下后勤如何实现管理延伸[J].高校后勤研究,2011(2)
王小力,赵军武,杨帅,龙跃.树立资源共享理念,推进仪器设备开放服务系统建设[J].实验技术与管理,2006(10)
王玉昆.教育生产成本函数[J].中小学管理,1998(6)
王中明.交易方式论[J].浙江学刊,1999(6)
威廉·配第.政治算术[M].马妍译.北京:商务印书馆,1978
魏权龄.数据包络分析[M].北京:科学出版社,2004
吴海燕.多校区高校办学弊端分析与对策[J].重庆科技学院学报(社会科学版),2008(6)
吴丽丽.基于数据包络分析(DEA)的高等院校规模有效性分析[D].上海:同济大学,2006
夏洪流,周刚,曹群等.国内外知名高校的学科结构与布局分析[J].学位与研究生教育,2000(1)

谢学清.高校教育成本探析[J].经济师,2008(3)
谢友才,胡汉辉.我国研究生教育的效率分析[J].高等教育研究,2005(11)
谢志芳.至德要道[M].上海:上海三联书店,2007
徐健,汪旭晖.我国区域高等教育的效率评价[J].高等工程教育研究,2009(4)
徐兰宾,曾光敏,邓习赣.从大学生的消费特点谈高校后勤市场的经营对策[J].赣南师范学院学报,2002(5)
徐庆国.高校多校区管理存在问题与对策[J].中国国情国力,2009(11)
徐小洲,王家平.卓越与效益[M].杭州:浙江教育出版社,2007
许乐洋.高校后勤社会化应该规避的误区[J].湖南民族职业学院学报,2006(2)
薛彩芳.高校设备政府采购中几种评标方法的运用[J].中国政府采购,2007(6)
杨葆坤等.教育经济学新论[M].南京:江苏教育出版社,1995
杨杰,唐建民.大学新校区建设项目选址综合评价指标体系分析[J].山东省青年管理干部学院学报,2005(4)
杨胜德,朱甜甜.浅谈高校后勤管理模式的优化[J].经济师,2007(3)
杨天平.学科概念的沿演与指谓[J].大学教育科学,2004(1)
杨再平.重新思考政府:一个世界性的课题——评世界银行1997年世界发展报告《变革世界中的政府》[J].国际经济评,1998(1)
姚炜,王洪法.多校区办学:苏州大学的经验、问题及思考[J].苏州大学学报(哲学社会科学),2007(5)
叶进,周宏彬.金融危机背景下西部高等教育融资障碍消解与制度设计[J].福建论坛(社科教育版),2009(10)
伊曼纽尔·沃勒斯坦.知识的不确定[M].王昺译.济南:山东大学出版社,2006
易国顺,赵邦枝,李名家等.强化管理,提高大型仪器设备使用效率[J].实验室研究与探索,2010(3)
殷鸣镝,赵雪梅,刘翠.教育服务理论与学校管理理念转变的思考[J].沈阳建筑大学学报(社会科学版),2005(3)
俞建伟.学院制中学院的内部管理体制[J].江苏高教,2001(1)
袁东.高等学校人力资源配置机制与优化[M].北京:经济科学出版社,2009
袁连生.教育成本计量探讨[J].北京师范大学学报(人文社会科学版),2000(1)
袁连生.教育成本计量探讨[M].北京:北京师范大学出版社,2000
约瑟夫·E·斯蒂格利茨.经济学[M].梁小民等,译.北京:中国人民大学出版社,1997
查勇,梁樑.基于DEA模型的高等院校院系投入产出效率评估[J].战略规划与评价预测,2004(1)
张安富,沈红.合并高校融合中的管理变革[J].武汉理工大学学报(社会科学版),2003(5)
张安富.合并高校的融合与多校区管理[M].合肥:华中科技大学出版社,2008
张立.浅议高校设备的招标采购管理[J].绿色财会,2010(4)
张立文.中国文化的和合精神与21世纪[J].学术月刊,1995(9)
张萌,王彦.高校仪器设备招标采购工作的实践与探索[J].中国市场,2009(13)
张铁明,田丽."以资产置换实现规模扩张模式"的效益与思考[J].高教探索,2004(1)
张志军.高校后勤服务社会化的责任关系[J].社会科学战线,2007(5)
赵国刚.教学服务型大学转型发展初探[J].中国高等教育,2010(24)
赵万江,雷勇.科学发展观的哲学解读[J].马克思主义与现实,2007(2)
周腾蛟,史宝中,王传银.高校大型仪器共享体系的构建设计[J].沈阳师范大学学报(自然科学版),2012(2)
周晓艳,宗景才.山东省现代服务业的发展现状及对策[J].华东经济管理,2006(10)
周远清.高等教育的体制的重大改革与创新[J].中国高等教育,2001(1)
朱同发,朱赣生.高校招标离不开有效的监督工作[J].重庆工学院学报(社会科学),2008(1)
朱为鸿.理念创新:中国高等教育管理改革的实践诉求[J].教育与现代化,2010(1)

附录　层次分析法简介

(一) 层次分析法的步骤

运用层次分析法进行系统分析、设计、决策时,可分为如下 4 个步骤进行:

(1) 分析系统中各因素之间的关系,建立系统的递阶层次结构;

(2) 对同一层次的各元素关于上一层中某一准则的重要性进行两两比较,构造两两比较的判断矩阵;

(3) 由判断矩阵计算被比较元素对于该准则的相对权重;

(4) 计算各层元素对系统目标的合成权重,并进行排序。

(二) 递阶层次结构的建立

首先把系统问题条理化、层次化,构造出一个层次分析的结构模型。在模型中,复杂问题被分解,分解后各组成部分称为元素,这些元素又按属性分成若干组,形成不同层次。同一层次的元素作为准则对下一层的某些元素起支配作用,同时它又受上面层次元素的支配。层次可分为三类:

(1) 最高层:这一层次中只有一个元素,它是问题的预定目标或理想结果,因此也叫目标层;

(2) 中间层:这一层次包括要实现目标所涉及的中间环节中需要考虑的准则。该层可由若干层次组成,因而有准则和子准则之分,这一层也叫准则层;

(3) 最底层:这一层次包括为实现目标可供选择的各种措施、决策方案等,因此也称为措施层或方案层。

上层元素对下层元素的支配关系所形成的层次结构被称为递阶层次结构。当然,上一层元素可以支配下层的所有元素,但也可只支配其中部分元素。递阶层次结构中的层次数与问题的复杂程度及需要分析的详尽程度有关,可不受限制。每一层次中各元素所支配的元素一般不要超过 9 个,因为支配的元素过多会给两两比较判断带来困难。层次结构的好坏对于解决问题极为重要,当然,层次结构建立得好坏与决策者对问题的认识是否全面、深刻有很大关系。

(三) 构造两两比较判断矩阵

在递阶层次结构中,设上一层元素 C 为准则,所支配的下一层元素为 u_1, u_2,…,u_n 对于准则 C 相对重要性即权重。这通常可分两种情况:

(1) 如果 u_1,u_2,…,u_n 对 C 的重要性可定量(如可以使用货币、重量等),其权重可直接确定。

(2) 如果问题复杂, $u_1, u_2, \cdots, u_n$ 对于 C 的重要性无法直接定量, 而只能定性, 那么确定权重用两两比较方法。其方法是: 对于准则 C, 元素 u_i 和 u_j 哪一个更重要, 重要的程度如何, 通常按 1~9 比例标度对重要性程度赋值, 附表 1 中列出了 1~9 标度的含义。

附表 1　标度的含义

标度	含义
1	表示两个元素相比, 具有同样重要性
3	表示两个元素相比, 前者比后者稍重要
5	表示两个元素相比, 前者比后者明显重要
7	表示两个元素相比, 前者比后者强烈重要
9	表示两个元素相比, 前者比后者极端重要
2,4,6,8	表示上述相邻判断的中间值
倒数	若元素 i 与 j 的重要性之比为 a_{ij}, 那么元素 j 与元素 i 重要性之比为 $a_{ji}=1/a_{ij}$

对于准则 C, n 个元素之间相对重要性的比较得到一个两两比较判断矩阵

$$A=(a_{ij})_{n\times n}$$

其中 a_{ij} 就是元素 u_i 和 u_j 相对于 C 的重要性的比例标度。判断矩阵 A 具有下列性质: $a_{ij}>0, a_{ji}=1/a_{ij}, a_{ii}=1$。

由判断矩阵所具有的性质知, 一个 n 个元素的判断矩阵只需要给出其上(或下)三角的 $n(n-1)/2$ 个元素就可以了, 即只需做 $n(n-1)/2$ 个比较判断即可。

若判断矩阵 A 的所有元素满足 $a_{ij}\cdot a_{jk}=a_{ik}$, 则称 A 为一致性矩阵。

不是所有的判断矩阵都满足一致性条件, 也没有必要这样要求, 只是在特殊情况下才有可能满足一致性条件。

(四) 单一准则下元素相对权重的计算以及判断矩阵的一致性检验

已知 n 个元素 $u_1, u_2, \cdots, u_n$ 对于准则 C 的判断矩阵为 A, 求 $u_1, u_2, \cdots, u_n$ 对于准则 C 的相对权重 $\omega_1, \omega_2, \cdots, \omega_n$, 写成向量形式即为 $W=(\omega_1, \omega_2, \cdots, \omega_n)^T$.

(1) 权重计算方法

1) 和法。将判断矩阵 A 的 n 个行向量归一化后的算术平均值, 近似作为权重向量, 即

$$\omega_i=\frac{1}{n}\sum_{j=1}^{n}\frac{a_{ij}}{\sum_{k=1}^{n}a_{kj}}\quad i=1,2,\cdots,n.$$

计算步骤如下:

第一步:A 的元素按行归一化;

第二步:将归一化后的各行相加;

第三步:将相加后的向量除以 n,即得权重向量。

类似的还有列和归一化方法计算,即

$$\omega_i = \frac{\sum_{j=1}^{n} a_{ij}}{n \sum_{k=1}^{n} \sum_{j=1}^{n} a_{kj}} \quad i = 1,2,\cdots,n.$$

2)根法(即几何平均法)。将 A 的各个行向量进行几何平均,然后归一化,得到的行向量就是权重向量。其公式为

$$\omega_1 = \frac{\left(\prod_{j=1}^{n} a_{ij}\right)^{\frac{1}{n}}}{\sum_{k=1}^{n} \left(\prod_{j=1}^{n} a_{kj}\right)^{\frac{1}{n}}} \quad i = 1,2,\cdots,n.$$

计算步骤如下:

第一步:A 的元素按列相乘得一新向量;

第二步:将新向量的每个分量开 n 次方;

第三步:将所得向量归一化后即为权重向量。

3)特征根法(简记 EM)。解判断矩阵 A 的特征根问题

$$AW = \lambda_{\max} W,$$

式中,$\lambda_{\max}$ 是 A 的最大特征根,W 是相应的特征向量,所得到的 W 经归一化后就可作为权重向量。

4)对数最小二乘法。用拟合方法确定权重向量 $W = (\omega_1, \omega_2, \cdots, \omega_n)^T$,使残差平方和

$$\sum_{1 \leqslant i \leqslant j \leqslant n} [1ga_{ij} - 1g(\omega_i/\omega_j)]^2$$

为最小。

5)最小二乘法。确定权重向量 $W = (\omega_1, \omega_2, \cdots, \omega_n)^T$,使残差平方和

$$\sum_{1 \leqslant i \leqslant j \leqslant n} [1ga_{ij} - 1g(\omega_i/\omega_j)]^2$$

为最小。

(2)一致性检验:在计算单准则下权重向量时,还必须进行一致性检验。在判断矩阵的构造中,并不要求判断具有传递性和一致性,即不要求 $a_{ij} \cdot a_{jk} = a_{ik}$ 严格成立,这是由客观事物的复杂性与人的认识的多样性所决定的。但要求判断矩阵满足大体上的一致性是应该的。如果出现"甲比乙极端重要,乙比丙极端重要,而丙又比甲极端重要"的判断,则显然是违反常识的,一个混乱的经

不起推敲的判断矩阵有可能导致决策上的失误。而且上述各种计算排序权重向量(即相对权重向量)的方法,在判断矩阵过于偏离一致性时,其可靠程度也就值得怀疑了,因此要对判断矩阵的一致性进行检验,具体步骤如下:

1) 计算一致性指标 C. I. (consistency index)

$$C.I.=\frac{\lambda_{\max}-n}{n-1}.$$

2) 查找相应的平均随机一致性指标 R. I. (random index)

附表 2 给出了 1~15 阶正互反矩阵计算 1000 次得到的平均随机一致性指标。

附表 2　平均随机一致性指标 R. I.

矩阵阶数	1	2	3	4	5	6	7	8
R. I.	0	0	0.52	0.89	1.12	1.26	1.36	1.41
矩阵阶数	9	10	11	12	13	14	15	
R. I.	1.46	1.49	1.52	1.54	1.56	1.58	1.59	

3) 计算性一致性比例 C. R. (consistency ratio)

$$C.R.=\frac{C.I.}{R.I.}.$$

当 $C.R.<0.1$ 时,认为判断矩阵的一致性是可以接受的;当 $C.R.\geqslant 0.1$ 时,应该对判断矩阵做适当修正。

为了讨论一致性,需要计算矩阵最大特征根 $\lambda_{\max}$,除常用的特征根方法外,还可使用公式

$$\lambda_{\max}=\sum_{i=1}^{n}\frac{(AW)_i}{n\omega_i}=\frac{1}{n}\sum_{i=1}^{n}\frac{\sum_{j=1}^{n}a_{ij}\omega_j}{\omega_i}$$

4) 计算各层元素对目标层的总排序权重。上面得到的是一组元素对其上一层中某元素的权重向量。最终要得到各元素,特别是最低层中各元素对于目标的排序权重,即所谓总排序权重,从而进行方案的选择。总排序权重要自上而下地将单准则下的权重进行合成,并逐层进行总的判断一致性检验。

设 $W^{(k-1)}=(\omega_1^{(k-1)},\omega_2^{(k-1)},\cdots,\omega_{k-1}^{(k-1)})^T$ 表示第 $k-1$ 层上 $nk-1$ 个元素相对于总目标的排序权重向量,用 $P_j^{(k)}=(p_{1j}^{(k)},p_{2j}^{(k)},\cdots,p_{n_kj}^{(k)})^T$ 表示第 k 层上 nk 个元素对第 $k-1$ 层上第 j 个元素为准则的排序权重向量,其中不受 j 元素支配的元素权重取为零。矩阵 $P^{(k)}=(P_1^{(k)},P_2^{(k)},\cdots,P_{n_{k-1}}^{(k)})^T$ 是 $nk\times(nk-1)$ 阶矩阵,它表示第 k 层上元素对 $k-1$ 层上各元素的排序,那么第 k 层上元素对目标的总排序 W

(k)为

$$W^{(k)}=(\omega_1^{(k)},\omega_2^{(k)},\cdots,\omega_{n_k}^{(k)})^T=P^{(k)}\cdot W^{(k-1)}$$

或

$$\omega_i^{(k)}=\sum_{j=1}^{n_{k-1}}p_{ij}^{(k)}\omega_j^{(k-1)}\quad i=1,2,\cdots,n$$

并且一般公式为

$$W^{(k)}=P^{(k)}P^{(k-1)}\cdots W^{(2)}.$$

其中 $W^{(2)}$ 是第二层上元素的总排序向量,也是单准则下的排序向量。

要从上到下逐层进行一致性检难,若已求得 $k-1$ 层上元素 j 为准则的一致性指标 $C.I.j(k)$,平均随机一致性指标 $R.I.j(k)$,一致性比例 $C.I.j(k)$(其中 $j=1,2,\cdots,nk-1$),则 k 层的综合指标

$$C.I.^{(k)}=(C.I._1^{(k)},\cdots,C.I._{n_{k-1}}^{(k)})\cdot W^{(k-1)}$$

$$R.I.^{(k)}=(R.I._1^{(k)},\cdots,R.I._{n_{k-1}}^{(k)})\cdot W^{(k-1)}$$

当 $C.R.(k)<0.1$ 时,认为递阶层次结构在 k 层水平的所有判断具有整体满意的一致性。

后　　记

大学有着多个校区，这已不是高校的个别现象。它主要源起于两个方面：一是为了满足社会各方面对高等教育的渴求，政府实施了高等教育跨越发展的工作，受老校区向周边拓展成本偏高的限制，只能另辟蹊径建设新校区，由此许多高校有了多个校区。二是为了提高大学的办学效益，促进各学科知识的交融，社会各方面期盼培养出适应社会需求的复合型人才，许多地方出现了将若干所高校合并组建成新的大学，高校自然形成了多个校区的格局。

如果说对一个校区大学运行成本优化的认识，学术界和大学管理者已有了诸多的讨论，不乏真知灼见的话，那么，由于多校区大学的现象出现的时间并不太长，对多个校区大学运行成本优化的认识，目前还处于相当浅层次的探讨阶段。我们认为，多个校区的运行和一个校区的运行，在诸多方面是有着本质差异的。两者的差异告诉我们，如果简单地套用单校区大学运行的基本方式，多个校区大学运行成本的优化目标恐难实现。

正是由于上述原因，才引发我们此方面研究的强烈兴趣，由此我们申报并成功获批全国教育科学“十一五”规划教育部重点课题《多校区高校运行成本节约研究》(DFA090361)。初步的想法总是充满新意和令人兴奋的，随着逐步地思考和研究的深入，许多困难和疑惑扑面而来，我们有过困惑，但没有退缩，并一个一个问题去思考、去解决。多校区高校的运行成本与新校区的选址休戚相关，对新校区选址的研究成为首选。规模效益的优化，是多校区高校运行成本优化的前提性条件，规模过大或过小都不能认为是最优的，这方面的讨论，很具有挑战性。管理方式的优化，是多校区高校运行成本优化的基础性条件，管理方式呈现科学性，才能使成本优化落到实处。各个类别工作的过程优化，是多校区高校运行成本优化的关键性条件，所有的设想、措施都要在工作中得到验证和体现，唯有切切实实抓好每项工作的各个环节，才能使运行成本的优化真正显示出来。

我们尝试着从一个又一个小的问题着手，不断进行探索。令人欣喜的是，在讨论、调研或请教专家的时候，总能够有新的发现和收获。学术研究总是这样，不断有新的发现，不断有新的难题，不断有新的感悟。正是在这样的过程中间，我们的研究渐渐有了轮廓，思路渐渐清晰起来，相关文章在《教育与经济》等刊物发表，从一个侧面鼓舞我们继续研究。

本书是全国教育科学“十一五”规划教育部重点课题《多校区高校运行成本节约研究》(DFA090361)的结题成果。我们心中是有些忐忑的,因为我们深知,高校有着多个校区,时间还很短很短,对其运行规律的把握就比较难,对其运行成本的评点就更显仓促和不易了。好在从一开始我们就清楚,此书的面世必然是抛砖引玉,只要能为多校区高校的运行提供一个方面的思考,我们就颇感欣慰。书中一定会有诸多疏漏和欠缺,期盼得到专家和高校管理者的批评与指正。

本书的顺利完成得到众多专家、学者、亲朋的指导与帮助。教育部重点课题的资助经费,给我们研究提供了经济支撑,科学出版社领导和编辑为本书出版付出了辛勤的劳动,我们深表谢意,衷心感谢厦门大学刘海峰教授在百忙中为书作序,感谢为本书搜集资料付出辛劳的南通大学朱城、王仓老师,国内外大量文献给了我们丰富的启迪,在此也向它们的作者表示感谢。